KB265611

웃음을 팔러 다니는 전성기의 행복장사

웃음을 팔러 다니는
전성기의 행복장사

초판 1쇄 인쇄일_2009년  9월 25일
초판 1쇄 발행일_2009년 10월  2일

지은이_전성기
펴낸이_최길주

펴낸곳_도서출판 BG북갤러리
등록일자_2003년 11월 5일(제318-2003-00130호)
주소_서울시 영등포구 여의도동 14-5 아크로폴리스 406호
전화_02)761-7005(代) | 팩스_02)761-7995
홈페이지_http://www.bookgallery.co.kr
E-mail_cgjpower@yahoo.co.kr

ⓒ 전성기, 2009

값 11,000원

* 저자와 협의에 의해 인지는 생략합니다.
* 잘못된 책은 바꾸어 드립니다.

ISBN 978-89-91177-88-8 03320

행복 만들기 실전 지침서

# 웃음을 팔러 다니는 전성기의 행복 장사

전성기 지음

BIG 북갤러리

"어서 오십시오. 얼마치의 행복을 드릴까요?"
"당신이 행복하고 싶다면 꼭 이 책을 읽으십시오!"
"당신은 이 책을 읽은 만큼 행복해집니다."

· 필자 **전성기**

〈스포츠서울〉과 월간지 〈뉴스피플〉에서 명강사로 선정된 필자는 경상남도 진주의 아주 가난한 집안에서 태어났다.

공부는 초등학교 과정이 전부였고, '공부하는 구두닦이'라는 별명을 들어가면서 틈나는 대로 사과 궤짝 하나 놓고 악착같이 공부하여 중·고등학교 검정고시를 합격하였다.

필자는 어릴 때 너무 가난하게 태어나서 배고픔에 시달려 구두닦이, 신문팔이, 껌팔이, 아이스 케키 장사 등 각종 노점 행상 80여 가지를 하며 거리를 누볐다.

밤에는 찹쌀떡, 메밀묵, 김밥장사를 하며 살아왔다. 지금 조금이나마 이렇게 성공을 수 있었던 것은 '나는 항상 행복하다'고 느끼면서 살아왔기 때문이라 생각한다.

현재 나는 인터넷 쇼핑몰 '왕도매천국'이라는 유통업체를 운영하고 있으며, 많은 사람들에게 웃음과 행복을 주기 위해 '전성기 유머경영

연구소'를 운영하고 있다.

더욱 반가운 일은 얼마 전 《유머가 나를 성공시켰다》라는 책을 출간하여 독자분들께 많은 사랑을 받았는데, 이에 대하여 지면을 빌어 정말 깊은 감사를 드린다.

이제는 남을 그냥 막연하게 웃기는 것보다는 실제로 내가 뼈저리게 고생을 하면서도 좌절하지 않고 늘 웃으며 행복하게 살아왔던 그 시절 경험을 담은 이 책을 출간함으로써 독자분들 가까이 더 다가간 느낌이다.


행복이란 돈을 주고 사는 것도 아니고 누구한테 선물로 받는 것도 아니다. 아무리 재산이 많고 얼짱, 몸짱이라 해도 행복을 모르고 살면 불행한 사람이고, 아무리 내가 어렵고 힘들어도 스스로 행복하다고 느끼고 살면 그것이 바로 행복인 것이다.

누가 필자에게 "아저씨, 행복이 한 근에 얼마예요?"라고 물으면 "행복은 돈 받고 파는 것이 아니고 당신이 가지고 다니는 스트레스와 우울증을 내게 가져오면 행복으로 바꿔주겠소"라고 말한다.

행복하게 살려면 가장 중요한 것이 웃는 것이다.

웃음은 나를 행복하게 만드는 도구이다. 웃음이 없이는 돈, 사랑, 행복, 성공 등 아무것도 이룰 수 없다.

간이 안 맞으면 음식이 맛이 없듯이, 일상생활에서 웃음은 우리가 행복하게 살기 위한 하나의 수단이다.

만약 웃음이란 조미료가 없으면 평생을 행복이 뭔지 모르고 살게 될 것이다. 필자가 행복 강의를 하면서 청중에게 "여러분, 행복이 와야 웃는 것이 아니고, 웃어야 행복이 오는 것입니다"라고 말한다. 그런데도 한 번도 웃지 않는 사람이 있다. 그래서 왜 그렇게 웃지를 않느냐고 물으면 집에 가서 웃는다고 말한다. 세상에. 집에 가져갈 게 따로 있지 웃음을 집에 가져간단 말인가.

그래서 우리 인간은 꽃보다도 못하다고 하지 않던가?

꽃은 더러운 거름을 다 먹고 인간에게 아름다움을 보여주고 좋은 향기를 뿜어준다. 그런데 우리 인간은 깨끗한 것, 맛있는 것을 다 골라 먹으면서도 분노하고, 원망하고, 싸우고, 시기하고, 질투하고, 웃지도 않는 무표정으로 살고 있지 않은가.

프랑스 사람은 누가 웃기면 5초 동안 뒤집어지도록 웃어 주고, 인도 사람은 박장대소를 한다고 한다.


현재 우리나라에서 남을 웃겨주며 먹고 사는 사람이 2천명이 넘는다.

옛날에는 임금을 웃겨주는 웃음 내시가 있었고, 죽은 북한의 김일성은 일주일 내내 웃겨주는 웃음 치료사가 있었다고 한다.

우리나라도 만담이 유행하던 시절, 배삼용 씨가 박정희 전 대통령을 매일 웃겨주었다고 한다. 그러던 어느 날 사업 실패로 일이 잘못 되어 배삼용 씨가 구속되자, 박정희 씨가 경찰청장을 불러 "배삼용 씨 말야, 국민을 웃겨주는 사람인데 큰 잘못이 아니라면 한 번 용서해 주도록 해." 그래서 풀려났다는 일화도 있다.

웃음 치료사가 요즘 인기 짱이다. 이렇게 웃음 치료사가 많은 것은 그만큼 행복을 모르고 사는 사람이 많기 때문이다.


　나는 늘 사람들을 웃겨주고 희망을 주면서 즐겁고, 재미있고, 행복하게 살아가는 행복장수다. 행복한 사람은 돈을 벌어도 재미있게 번다. 회사에서도 늘 웃으면서 근무를 하면 행복이 철철 넘쳐흘러서 직원들의 분위기가 좋아져 생산성이 올라가고, 회사 수명 또한 길어지니까 꿩 먹고 알 먹고, 누이 좋고 매부 좋은 것이 된다.
　그렇다. 이제는 어떤 조직이든지 재미가 있어야 산다.
　가정도 재미가 있어야 행복이 찾아온다.
　가정이 왜 깨지는 것인가? 재미가 없으니까 깨지는 것이다.
　남자가 왜 집에 늦게 들어가는 것인가? 재미가 없으니까 집에 늦게 들어가는 것이다.
　아이들이 왜 PC방에 들리는 것일까? PC방에 가면 재미가 있기 때문이다.
　하다못해 동네 구멍가게도 재미있는 집이 장사가 잘된다. 물론 백화점에 가도 생글생글 웃으면서 재미있게 손님을 대하는 여직원한테 마음이 간다.
　그래서 재미있게 사는 것의 핵심은 늘 웃으면서 '나는 행복한 사람'이라고 외치며 사는 것이다.
　행복해야 웃는 것이 아니라, 웃어야 행복이 오는 것이다.
　평소 잘 웃지도 않고 늘 불만과 무표정으로 살다가, 나중에 행복해지길 간절히 원해도 행복이 오질 않는다. 늘 마음에 만족을 느끼면서 웃고 살아야 행복이 오는 것이다.

＊　　＊　　＊

　세계적인 마술사 미국의 데이빗 카퍼필드는 전 세계 사람을 놀라게 하는 유명한 마술사다. 가는 곳마다 대 흥행을 이룬다. 그런데 유독 한국에 두 번 와서 두 번다 실패를 보고 돌아갔다고 한다. 왜냐하면 한국 사람은 마술을 즐기는 게 아니라 부정적인 생각부터 하기 때문이라고. "저 사람 어떻게 속이나 봐야지." "야, 너 왼손 봐, 나 오른 손 볼게."

　모든 사물을 긍정적으로 봐야 행복이 찾아온다.

　물이 반밖에 없는 컵이 있다고 가정하자. 늘 부정적인 사람은 "에게~, 물이 반밖에 없네…." 그런데 늘 긍정적인 사람은 "야! 물이 반이나 남았어. 기분 좋다!"

　당신은 어느 쪽을 택할 것인가? 상대의 진실을 몰라주는 사람에게는 절대 행복이 올 수가 없다.

　옛날에 메주 총각과 메주 처녀가 살았는데, 메주 총각이 청혼을 받아달라고 애원을 했다.

　"며칠을 잠을 못 잤어. 내 청혼을 받아줘. 부탁이야."

　그러나 메주 처녀는 눈이 높아서 거들떠보지도 않았다.

　그러던 어느 날 메주 처녀가 가만히 생각하니까 메주 총각처럼 착한 총각이 없다고 생각했다. 이제는 메주 총각의 청혼을 받아줘야지 생각하고 메주 총각 집 문을 두드렸다. 그런데 메주 총각은 없고 웬 아주 머니가 나오더니 "저런, 쯧쯧! 메주 총각 만나러왔어? 어쩌면 좋아. 이 제 메주 총각을 만날 수 없어. 어제 간장 담갔어."

물론 우스갯소리지만 우리가 진실을 모르고 살아간다면 행복이 올 수 없다. 항상 내가 꿈과 열정으로 진실하게 살면 행복이 오는 것이 고, 부정적인 생각과 실망적인 마음으로 살면 불행이 오는 것이다. 늘 아이들처럼 진실 되고 순수하게 살아보자.


필자가 여러 번 사업 실패로 인생의 마지막 밑바닥까지 왔을 때 끝 까지 좌절하지 않고 늘 웃고 사니까 다시 행복이 돌아오게 되었다. 빚 쟁이들 때문에 집에도 못 들어가고 서울역 대합실에서 1년 동안 노숙 자 생활로 방황을 했다.

어느 날, 한 번밖에 없는 내 인생을 이대로 허비할 수는 없다는 생 각이 용솟음쳤다. 내가 비록 사업을 하다가 거지가 됐지만 다시 성공 은 못할망정 잃어버린 웃음이라도 되찾아야겠다는 마음이 간절했다

돈이 없어서 책 한 권 살 수 없었지만 남들이 보다가 버린 유머 잡 지나 신문을 주워 웃기는 글이나 유머가 있으면 메모를 해서 우선 노 숙자들부터 웃기기 시작했다. 처음에는 저 사람 왜 저래, 어제만 해도 멀쩡하더니 하며 이상한 사람으로 생각하였다. 그래도 매일을 배꼽 빠 지게 웃겨주니까, 드디어 재미있는 사람이라고 인정을 해주었다.

그러던 어느 순간, 내 몸에서 나는 노숙자 냄새를 맡으니 너무 비참 한 생각이 들었다. '이대로 쓰러질 수는 없어. 나 하나 때문에 굶주리

고 있는 가족을 살려야 한다' 는 마음이 생겨 동료 노숙자들에게 소리 쳤다.

"자, 여러분! 우리가 왜 여기서 자야 합니까? 우리 모두 기운을 내 서 일터로 나갑시다! 하하하하!"

그로부터 노숙자들은 "맞아, 맞아. 일해야 돼" 하며 한 사람, 한 사 람씩 직장을 찾아 떠났다.

그 후 나도 품바 각설이 밤무대(야간업소)공연을 다녔는데, 길거리 에서 택시를 안 태워주었다. 진짜 거지인 줄 알고 말이다.

어떤 날은 약속 시간이 너무 늦어 뛰어가다가 계단에서 굴러 머리가 깨졌다. 임시방편으로 상처에 담배가루를 붙이고 붕대로 싸맨 채 무대 로 뛰어 올라가니, 그것도 코미디로 알고 주객들이 웃었다.

어느 날, 역시 밤무대에서의 사건이었다.

술이 많이 취한 손님이 안주접시를 나에게 집어 던지며, "집어치워 인마! 니가 무슨 이주일이냐?"

난 웃으며 "손님, 안주를 던졌으면 술도 한 잔 주셔야지요" 했다.

주객은 "당신같이 용기 있는 사람 처음 봤다"며 술을 따라 주었고, 곧이어 옷 사 입으라며 20만 원을 내 손에 쥐어주었다.

나는 그야말로 거지차림인 채, 그 돈을 손에 꼭 쥐고 집으로 달려와 오랜만에 쌀과 고기를 사서 아내와 아이들에게 쌀밥과 고깃국을 먹이 니 저절로 눈물이 흘렀다.

"여보, 나 새 출발 할게. 그동안 고생시켜서 미안해요."

남은 빚을 갚기 위해 낮에는 서울역이나 용산역에서 노숙자들을 웃기고, 밤에는 야간업소에 출연해서 주객을 웃겼다.

그러던 어느 날, MBC 방송국에서 전화가 왔다. 황인용 씨가 진행하는 〈세상사는 이야기〉라는 프로그램이었는데, 어릴 때 구두닦이, 신문팔이했던 시절과 노숙자들을 웃겼던 얘기, 밤무대를 다니면서 주객들을 웃겼던 얘기를 해보라는 것이었다. 두 시간여 동안 녹화를 하며 방청객들의 배꼽을 빼어놓았다.

그 후로 나는 돈만 있으면 무조건 유머 책을 구해 읽고, 남을 웃기는 웃음 치료사로서 밤에는 서울역 지하도의 노숙자들을 위해 행복을 팔았고, 낮에는 병원 암환자의 영혼 치유와 영업이 부진한 회사에 가서는 펀 리더십 강의를 했다. 군부대의 장병들한테는 전쟁에서의 실제 상황을 총, 대포, 군함, 기차소리 등을 원맨쇼로 들려주었다. 불철주야로 여기저기 뛰어다니다 보니 3억 5천만 원이라는 빚을 모두 청산하였다. 그리고 지금은 가족들과 조그만 아파트에서 행복하게 살며 여기저기 분주하게 행복 강의를 다니고 있다.

이 책을 읽은 모든 분들은 반드시! 꼭! 행복이 찾아올 것이라고 확신하는 바이다.


행복장수 전성기

# 차례

행 복

# 제1부

# 행복 만들기
# 특공작전 '긍정적'

- 절벽 끝에 나를 세워라
- 그래, 이게 바로 행복이야!
- 나는 행복요리사
- 즐거운 척, 재미있는 척, 뒤집어지는 척하라
- 긍정적으로 생각하라

# 절벽 끝에 나를 세워라

초등학교 과정이 전부인 나는 어릴 때 구두닦이, 신문팔이, 껌팔이, 김밥장사, 세일즈맨 등 약 80여 가지 노점 행상을 하면서 오로지 독학으로 대학과정을 터득하였고, 지금은 많은 사람들에게 행복을 파는 행복 강연을 다니고 있다.

나는 어릴 때부터 줄곧 판매행위를 하였지만 상품을 판다는 생각보다는 즐기고 노는 행위라 생각했다.

많은 사람들은 회사 일은 '근무하는 것', 공부하는 것은 '공부'라고 생각을 한다. 공부를 하든 회사 근무를 하든 즐겁게 즐기는 것이라고 생각하고 일을 하면, 그 일이 즐거워지기 때문에 성과가 올라가고 행복하다는 느낌도 갖게 된다.

장터에서 쥐약 팔 때의 일이다. 그때만 하더라도 집집마다 쥐가 바글바글해서 쥐약장수들이 많았다. 나는 재미있게 쥐약을 팔았다.

"쥐약~. 종전의 쥐약은 쥐가 약을 먹으면 사람을 우습게 보는 경우가 있었는데 이번에 새로 나온 이 쥐약은 약을 먹고 5분 후에 춤을 추게 됩니다. 이때 쥐가 춤을 출 때 바로 잡으면 개피를 보는 수가 있사오니 쥐의 춤이 끝나고 헬렐레할 때 그때 잡아주시면 됩니다."

이 말을 들은 사람들은 폭소를 터트리면서 여기저기서 쥐약을 사주었다.

아주 추운 겨울 엿 장사할 때였다.

남들은 엿을 팔 줄 몰라 허구한 날 공칠 때 나는 대학교 시험장에 가서 떠들어댔다.

"자~, 둘이 먹다가 하나 죽어도 모르는 호박엿이 왔어요~. 산에 가야 범을 잡고 물에 가야 고기 잡고, 인천 앞바다가 사이다라 해도 컵이 없이는 못 마십니다. 누구든지 먹기만 하면 본드처럼 시험에 절대 떨어지지 않아요."

구경꾼들이 폭소를 터트리면서 수험생, 학부형은 말할 것도 없고, 줄줄이 떨어진 사법고시 재수생, 맞선볼 때마다 딱지맞은 사람들이 엿을 부적으로 알고 사가니 다 팔려 바닥이 났었다. 그렇게 즐기면서 행복하다는 마음으로 판매를 했다.

나는 가난한 집에서 태어나 무작정 상경해서 노숙을 한 어린 시절이 있었는데 같이 노숙하는 어른들을 자주 재미있게 해 드렸더니 "이렇게 웃기는 녀석 처음보네. 꼬마야, 이거 내가 먹던 빵인데 너 먹어라" 하면, 나는 덥석 받아먹곤 했었다. 그런 나를 보고 그들은 말했다.

"넌 이 다음에 크면 우리처럼 거지 생활은 안 할 거야. 절벽 끝에 세워놔도 굶어 죽을 아이가 아니야." 이 말을 들은 나는 행복했었다.

성장하여 군 입대를 하고 논산 훈련소에서도 나의 끼는 인정을 받았다. 휴식시간이면 조교의 요청에 '개그쇼'를 안 할 수가 없었다.

훈련을 무사히 마치고 소원수리에다가 이렇게 썼다.

- 희망부대 : 내가 웃길 수 있는 곳

- 특기 : 웃기는 거

- 취미 : 웃겨주는 거

- 장래 희망 : 웃기는 일

사람은 누구에게나 때가 있나 보다. 때가 있으니까 목욕탕이 있지 않겠는가?

이 소원수리를 읽어본 대대장이, "이놈 참 웃기는 놈이네. 네가 그렇게 잘 웃겨? 어디 날 한 번 웃겨 봐라."

"네, 알겠습니다."

나는 대대장을 쓰러지도록 웃겨주었고 바로 군예대(문선대)로 발령이 났다.

# 그래, 이게 바로 행복이야!

그래, 이게 바로 행복이야!

'나는 행복하다'고 말하면 흔히 사람들은 "아니 당신은 얼굴도 못생기고, 돈도 없고, 배도 나오고, 키도 작은데 뭐가 행복하냐?"는 말을 많이 한다.

그것은 잘못된 생각이다. 당신이 정말 행복하게 살고 싶다면, "저 돈이 다 내 돈이었으면…, 저 옷이 다 내 옷이었으면…, 내가 얼짱, 몸짱이었으면…, 내가 남보다 더 잘 생겼으면…" 하는 생각을 버려라.

물질을 가진 부자보다는 마음의 부자가 더 행복한 것이다.

돈은 우리가 살아가는데 약간의 도움만 줄 뿐이다. 돈은 얼마든지 가질 수 있다. 가까운 은행에 가면 돈이 금고에 꽉 차있다. 꺼내오기가 힘들어 그렇지. 하하하하하~.

나는 은행에 들어가 직원들이 돈을 세고 있으면 '다 내 돈이다' 라고 생각한다. 그러면 마음이 부자가 되고 늘 행복하다.

은행에서 볼 일을 다 보고 나갈 때도 '내 돈 관리 잘해둬요' 하면 직원이 배를 잡고 웃는다.

사람들이 내 얼굴을 보며 '마치 인민군 조합장같이 생겼네, 중국집에 가면 수배범 얼굴과 닮았네' 하고 흉을 보아도 나는 내 얼굴이 가장 잘 생겼다고 생각하며 즐겁게 산다.

배가 나왔다고 하면 '그게 아니라 가슴이 밑으로 흘러내린 거야', 키가 작다고 하면 '하늘에서 재면 내가 제일 커!' 이렇게 역으로 생각하며 살면 행복하다.

그럼 어떻게 해야 늘 행복한 삶을 살 수 있을까? 비결은 간단하다. 내가 행복해야 부부가 행복하고, 부부가 행복해야 가정이 행복하다. 그래서 나는 늘 아내에게 고마운 존재라고 생각한다.

아내는 늘 나와 함께 다닌다. 왜냐하면 내가 운전을 못하니까. 하하하~.

나는 처자식 먹여 살리려고 어제도, 오늘도 항상 행복을 팔러 다닌다.

사실 필자라고 해서 강의할 때마다 만족하는 건 아니다.

강의 끝나고 나서 뒷맛을 보면 안다. 책임자들에게서 "오늘 정말 수고하셨어요, 역시 전성기 원장님이세요, 차후에 또 모시겠습니다" 등의 인사를 받으면 난 정말로 행복하다.

어느 때는 왜 그렇게 하지 말라는 게 많은지. 강의 좀 할라치면 군대 얘기, 정치 얘기 하지 마라, 종교 얘기 하지 마라, 야한 얘기, 웃기는 말 하지 마라….

아니 웃음과 행복을 주는 강사에게 웃기는 말 하지 말라니 도대체 무슨 얘길 하라는 건지…. 강의가 잘 안 되었을 때 아내는 영락없이 야단을 친다.

"그걸 강의라고 해요. 청중들이 통 안 웃잖아요."

그런데 어느 날은 "여보, 나 오늘 강의 죽 쒔어" 하니, "아녜요, 죽이 더 맛있어요" 하지 않는가! 난 행복한 마음에 아내를 안아주었다.

마음이 행복하면 정말 좋은 것이 하나 있다. 바로 독약보다 더 독한 내 몸의 화가 없어진다.

사람이 한 번 화를 내면 한 번에 50명을 죽일 수 있는 독이 생긴다고 한다. 이 독을 풀어주는 것이 바로 웃음이다.

옛말에 내 몸에 화가 있으면 어떤 약발도 받지 않는다는 말이 있다.

화는 남을 미워하거나, 분노하거나, 원망하거나, 질투와 시기를 하면 오는 것이다.

사람이 한 번 미우면 한없이 미워질 수 있다. 그러나 미운 사람의 좋은 장점만 생각하면 점점 좋아지게 된다. 그러면 자신도 행복감을 느끼게 되니 일거양득이다.

화를 자주 내면 그 화가 결국 자신한테 돌아온다.

어떤 남자의 자식이 일곱인데, 그 중 막내가 좀 못 생겼단다.

그래서 허구한 날 막내가 미워서 야단치고 때렸다고 한다.

'막내는 마누라가 바람을 피워서 낳은 아이가 틀림없어!'

죽음을 앞두고 아내에게 물었다.

"당신, 사실대로 말해봐요? 막내가 누구 자식인지."

아내가 울면서 하는 말, "사실은…, 막내만 당신 자식이에요" 했단다.

이렇게 상대를 미워하면 그 미움이 자신에게 돌아오는 것이다.

필자의 어머니가 가수 김완선 씨를 미워하셨다. 아니 김완선 씨가 밥을 달랬어, 죽을 달랬어…. 공연히 미워하시는 것이다. 김완선 씨가 TV에 나와 노래하면 보기 싫다고 채널을 돌리신다.

김완선 씨가 '오늘밤은 어둠이 무서워요~' 하고 노래하면 "야~, 니 눈이 더 무서워."

어머님처럼 무섭다는 말 대신에 늘 고맙다는 말로 바꾸어 보면 '바로 이것이 행복이구나!' 하고 알게 될 것이다.

나는 내 책상에 쓰여 있는 다음과 같은 글을 매일 아침 문을 나서기 전 외우고 나간다.

1. 태어나 줘서 고마워요.

2. 무사히 귀가해 줘서 고마워요.

3. 건강하게 지내도록 해줘서 고마워요.

4. 당신을 만나게 해줘서 고마워요.

5. 당신은 바보, 그런 당신을 사랑하는 난 더 바보예요. 바보끼리 살게 해줘서 고
   마워요.

6. '이 세상 전부를 준대도 당신과 바꿀 순 없어요' 라고 말한 당신의 말이 너무
   고마워요.

7. 당신이 내 곁에 있다는 사실보다 더 큰 행운은 없어요. 그래서 고마워요.

8. 당신은 나의 비타민. 당신을 보고 있으면 힘이 솟고 항상 고마움을 느껴요.

9. 지켜봐 주고, 참아주고, 기다려 줘서 고마워요.

10. 내가 세상에 태어나 가장 잘한 일은 당신을 선택한 일, 정말 고마워요.

11. 당신 없이 평생을 사느니 당신과 함께 단 하루를 살겠어요. 고마워요.

12. 난 세상 최고의 보석 감정사, 당신이라는 보석을 알아봤으니까요. 고마워요.

13. 사랑해요, 그리고 고마워요.

## 톡톡 휴게소

  자동차로 출근하는 남편을 배웅하고 난 부인이 이웃집 여자와 대화를 나
누고 있었다.
  "남편 월급이 또 오른 모양이지요?"
  "왜요?"
  "새 고급차로 바뀌었으니 말예요."
  "아! 차를 바꾼 게 아니라 남편을 바꿨을
뿐이예요."

# 나는 행복 요리사

많은 사람들이 필자의 강의를 듣고 나면 이런 말들을 쏟아낸다.

"야~ 강사님, 고생을 너무 많이 하셨네요. 정말 미군들이 먹다 쓰레기통에 버린 꿀꿀이죽을 드신 거예요? 강의가 참 재미있습니다."

그건 필자가 강의를 잘 해서가 아니다. 그것은 '나는 꼭 할 수 있다'라는 꿈을 가지고 살아왔기 때문이다.

청중들 앞에서 대포소리, 총소리, 비행기소리, 유명인들의 각종 성대모사를 잘하는 것은 내가 실제 그 소리를 똑같이 내기 위해서 3개월 동안 녹음기를 들어가면서 연습을 했기 때문이지 하루아침에 그렇게 되는 것이 아니었다.

일류 요리사의 비결은 음식을 만드는 재료가 중요한 것이 아니고 그 요리사의 손맛에 달려 있다.

이처럼 똑같은 유머를 해도 얼마나 상대를 잘 웃길 수 있느냐 하는 것이 관건이다. 즉, 손맛을 내는 연습이 필요하다는 말이다. 필자의 강의는 실제로 겪은 경험을 토대로 하여 맛을 낸다.

지금 생각해 보면 필자는 초등학교밖에 나오지 못하고 어릴 때 구두닦이, 신문팔이, 자장면 배달이나 하면서 성장했다. 그 시절이 물론 불편하긴 했지만 가장 행복했던 시절이다.

이런 내가 지금 많은 지식인들 앞에서 강의를 하는 것은 결코 필자가 잘 나서가 아니라 웃음이 없이는 돈도, 사랑도, 행복도, 아무것도 이루어질 수 없다는 것을 뼈저리게 겪은 장본인으로서, 실제로 겪은 경험담을 많은 사람들에게 알리고자 해서 그들 앞에 서는 것이다.

강의를 마치고 나면 물어보는 질문은 거의 같다.

'어떻게 하면 강사님처럼 행복할 수 있나요?'

'어떻게 하면 강의를 잘 할 수 있나요?'

'어떻게 하면 나도 잘 웃길 수 있나요?'

그럼 난 한마디로 요약을 해 준다

'무조건 많이 겪고, 많이 보고, 많이 적고, 많이 읽고, 많이 들어야 합니다.'

지금 몇몇 개그맨들이 과거에 나에게 교육을 받아 방송에 진출한 사람도 있지만, 그들을 보면 '끼'가 있어야 한다는 것을 알게 된다.

그럼 끼는 어떻게 만들어지는가?

무조건 그 일에 재미를 붙이고 결국 그 일에 미쳐버리면 된다.

공부를 누가 하라고 해서 하는 것이 아니다. 하라고 하면 더 하기 싫은 게 공부다.

아무리 부지런한 자도 그 일을 즐기고 미쳐서 재미있게 하는 자를 능가하지 못한다는 말이 있듯이, 끼를 발휘하려면 그 일에 미쳐야 하는 것이다. 그래야 먼 훗날 행복이라는 총알을 장전할 수 있다.

그래서 내 경우엔 틈만 나면 산 경험을 겪기 위해 많은 곳을 돌아다닌다.

가끔 어떤 강사를 보면 마치 본인이 그 일을 겪은 것처럼 울부짖고 부르짖는 걸 많이 본다. 그래서는 안 된다. 실제 자기가 겪은 이야기를 해줘야 공감대가 이루어진다.

어떤 것을 내 것으로 만들려면 7년이 걸린다는 말이 있듯이 꾸준한 노력이 필요하다.

예를 들어서 사회자가 되고 싶다고 해서 말만 잘한다고 될 수 있는가?

마이크 잡는 법, 마이크 조절법, 무선마이크인지 유선마이크인지, 마이크 간격 유지법, 시선 처리법, 음성 고저강약법 등 여러 가지를 알아야 되듯이 그 분야의 모든 것을 알아야 자신 있게 끼를 발휘할 수 있다. 끼는 누가 시켜서 되는 것이 아니고, 내가 즐기고 재미를 붙여야 만들어진다.

난 어릴 때 초등학교 1학년부터 6학년까지 단 한 번도 '수'를 받아 본 적이 없다. 거의 '양' 아니면 '가' 이다. 공부가 필요 없다고 느꼈기 때문이다.

그 후, 공장에 취직하려는데 사장님이 중학교 졸업장이 있어야 된다는 것이다.

난 그제서야 취직하기 위해서는 공부가 필요하다는 것을 깨달았다. 낮에는 구두닦이 신문팔이를 하고, 밤에는 사과 궤짝 하나를 놓고 2년 동안 공부에 미쳐서 노력한 결과 중학교 과정, 고등학교 과정 검정고시를 한꺼번에 합격하였다. 그것은 내가 공부가 중요하다는 것을 비로소 알고 공부에 미쳤기 때문에 가능했던 것이다. 내가 청중들을 울리고 웃기는 것은 그만큼 미치도록한 연습이 뒤따랐기 때문이다.

내가 지금까지 살아온 인생을 되돌아보면 어려운 시절에도 항상 미소 띤 얼굴로 남에게 친절하게끔 나름 애써 왔다.

어릴 때 신문을 들고 아무 사무실이나 뛰어 들어가서 "아저씨, 참 미남이십니다" 하면 빙그레 웃는다. 이때 찬스를 놓치지 않는다.

"미남 아저씨, 신문 한 장만 팔아 주세요" 하면 거절하는 분이 거의 없었다.

이런 식으로 나는 다른 아이들보다 신문을 몇 배 더 팔았다.

어느 날 지하철을 타고 가는데 어떤 양복 입은 신사가 "안녕하세요, 〈천국으로 가는 길〉이라는 장례 토털 회사에서 나왔습니다. 저희 회사는 24시간 항시 대기, 최고의 수의, 최고의 관으로 모시며, 특히 부부 동반자살은 30% 할인해 드립니다. 인터넷 주소는 www.골로가.com입니다. 많은 이용 바랍니다."

그러자 지하철 안이 폭소 바다가 되었다.

웃음은 내가 행복하게 살기 위한 하나의 수단이다.

행복이란 백화점에서 한 근에 3만 원씩 파는 물건이 아니다. 행복은 내가 만드는 것이다. 행복 만들기 프로젝트는 다양하다.

사람들은 강아지를 참 좋아하는 것 같다.

그 더운 여름 삼복더위에도 여자들은 강아지를 가슴에 품고 다닌다. 그러나 남자들은 뱃속에 품고 다닌다. 하하하~.

이 시간부터라도 당신이 진정 행복하고 싶다면 '친절은행'에 백만 원, '감사은행'에 백만 원, '웃음은행'에 백만 원, '배려은행'에 백만 원, '만족은행'에 백만 원, '노력은행'에 백만 원을 입금하라. 아마 백배, 천배 이자가 붙어서 나올 것이다. 비밀번호는 깔깔깔깔!

또 행복 팔러 가야지, 바쁘다 바뻐!

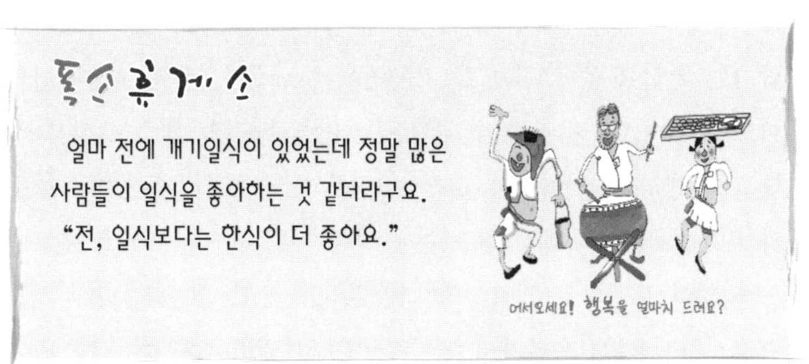

# 즐거운 척, 재미있는 척,
# 뒤집어지는 척하라

강의를 듣다보면 알고 있는 이야기라도 막 웃으면 내가 행복해진다.

남들은 배꼽잡고 웃는데 자기 혼자만 '저거 내가 아는 얘기야 칫!' 이 사람은 최소한 내가 보기엔 불행해 보인다.

상대가 말할 때 무조건 막 웃으면 내가 행복해진다.

사실 요즘 많은 사람들이 침체된 경기만큼이나 절망과 어려움에 빠져 있다.

이렇게 어려운 시기에 억지로라도 웃으면 어려움이 기쁨으로 돌아오고, 기쁨이 행복으로 돌아오는 것이다. 내가 주식투자로 인해 많은 돈을 탕진하고 인생의 최고 밑바닥까지 왔을 때, 죽고 싶은 마음이 하루에도 몇 번씩 있었다. 아무도 없는 산에 가서 고함도 질러보고, 미친 사람처럼 한없이 웃어도 보고, 서울역에서 노숙자 생활을 하며 한없이 울어도 보았다. 그런데 내가 이렇게 절망에 빠졌을 때, '울상을 하고 있다고 해서 다시 일어서는 것은 아니다' 라는 생각이 들었다. 그렇다. 내가 비록 사업을 실패하여 노숙자 신세가 됐지만 잃어버린 웃음만이라도 되찾아 보겠다고 생각하고 억지로라도 웃고 다녔다. 나는 지금도 새벽 4시경에 산에 올라가서 실컷 웃어보고 내려온다. 어느 날 산에서

막 웃고 있는데 경찰이 출동을 했다. 미친 사람이라고 신고를 받고 왔다는 것이다. 내가 이렇게 막 웃으면서 지내다보니 다시 할 수 있다는 긍정적인 생각이 들기 시작했다. 그렇게 늘 웃고 살자 인생역전이 된 것이다.

쉴새없이 바쁜 강의 스케줄로 인하여 식사를 거를 때도 많다. 하루 24시간, 한 달에 30회 정도 강의를 위해 시간을 쪼개고 쪼개서 '유머와 웃음이 나를 성공시켰다' 는 주제로 열심히 뛰고 있다. 최근에는 강의 일정을 모두 소화해내지 못할 정도로 강의 요청이 쇄도해 정신없이 바쁘다. 이것은 내가 강의를 잘해서라기보다는 그만큼 수강생을 웃겨주기 때문이다. 많은 청중들에게 '행복한 직장과 가정 만들기, 펀 리더십 강의, 유머가 경쟁력이다' 라는 강의를 하면 청중들이 웃다가 울고, 울다가 웃는 기묘한 일이 자주 벌어진다. 바로 행복한 삶과 웃음을 동기부여시켜주기 때문이다. 웃음은 코미디나 개그가 아니라 행복한 삶을 살기 위한 변화를 일으키는 것이다. 당신도 나처럼 하는 일이 잘 풀리지 않을 때는 장소와 관계없이 침대에서든, 베란다에서든, 화장실에서든, 산에 올라가서든, 바닷가에서든 뒤집어지도록 한 번 웃어보라. 마음이 후련해질 것이다. 처음에는 좀 어색하지만 자꾸 웃다보면 저절로 나처럼 웃음이 나올 때가 있다. 요즘 내가 많은 기업체에 교육 강의를 다니다보면 정말 알맹이 없는 헛다리 짚기식의 교육이 너무 많다. 그러다보니 직원들이 강의라고 하면 만족하지 못하고 웃지도 않고 멍하니 그냥 수강만 하는 경우가 많다.

어느 날 모 업체 강의를 갔는데 화장실에서 직원들이 투덜대는 소리를 들었다. "쳇, 또 강의야. 이틀 동안 지겨워 죽겠어. 피곤해 죽겠는데 에이"하며 투덜대는 것이다. 얼마나 강사들이 피곤한 강의를 하면 이런 말이 나올까? 바로 웃음이 없고 유머가 없는 강의를 했기 때문에 그런 것이다. 그렇기 때문에 백 마디의 말보다는 유머스런 말 한마디가 나은 것이다. 탈무드에서도 유머를 가지고 가르치는 것이 유머 없이 가르치는 것보다 훨씬 오래 기억에 남는다고 하지 않던가? 교육에는 반드시 재미와 감동과 웃음이 있어야 하는 것이다.

　나는 직원들의 불만을 모른 척하고 행복과 유머에 대해서 강의를 했다. 순간순간 폭소가 터져나왔다. 나의 강의에 수강생들은 너무 좋아서 어쩔 줄을 몰라 했다. '잘한다, 뒤집어진다, 즐겁다, 재미있는 강사다' 라는 말이 나오는 것은 그때그때마다 수강생을 지루하지 않게 했기 때문이다. 나는 강의에 들어가기 전에 항상 즐거운 척, 재미있는 척, 화장실에서 또는 야외 강의장이 있는 경우에는 산에 올라가서 뒤집어지도록 한바탕 웃고 내려온다. 그래서 지금도 나는 타고난 입담꾼으로 알려져 가끔 강의와는 별도로 큰 행사에 사회자로 초청이 되기도 한다. 또한 나는 매일같이 TV 개그프로, 일간지, 인터넷 등을 검색하여 항상 새로운 유머를 수집한다. 그래서 내 양복 주머니에는 항상 '유머수첩'이 빼곡히 차 있다. 이것은 항상 남을 웃겨보겠다는 열정이 있기 때문이다. 그러다 보니 강의를 들은 수강생들의 입소문이 꼬리에 꼬리를 물게 되어 나는 정신없이 강의를 다니게 되었다. 나의 특기는 자칫 지루하기 쉬운 강의 내용을 유머와 웃음으로 풀어 나가는 것이다. 내가 장담하건데 당신도 이 시간부터 즐거운 척, 재미있는 척하는 마음으로 살아라. 그러면 반드시 즐겁고 재미있는 일이 올 것이다.

# 긍정적으로 생각하라

당신이 진정 행복을 원한다면 항상 긍정적인 마음을 가져라.

나는 웃음과 행복을 파는 행복장수로서 하루를 항상 긍정적인 마음을 가지고 출발한다.

'나에게는 불가능이란 없다' 라고 말한 나폴레옹은 확실한 긍정적인 말로 병사들에게 용기를 북돋워 주어 대승을 거두었으며, 미국의 오바마 대통령은 '한 가지의 긍정적인 생각이 백 가지의 부정적인 생각을 몰아낸다며 희망과 평화의 확신을 통해 좋은 영향력과 결과가 있을 것' 이라고 당선소감을 발표했다.

이처럼 부정적인 말은 자기 자신뿐 아니라 주위의 모든 사람에게까지도 실패와 불행과 위기의식을 불어넣을 뿐 아니라 남까지도 불행하게 만드는 것이다. 하지만 이러한 부정적인 말을 멀리 떨쳐버리고 긍정적인 마음으로 살면 꿀처럼 달콤한 행복이 찾아오는 것이다.

앞서 말했듯이 물이 반만 들어있는 컵이 있다고 하자, 부정적인 사람은 물이 반밖에 없다고 투덜거릴 것이다. 그러나 긍정적인 사람은 물이 반이나 남았다며 기분 좋아할 것이다.

이처럼 긍정과 부정의 마음은 하늘과 땅 차이가 난다.

어느 시민자치 강좌에서 아이들의 행복에 관한 강의를 하고 있는데 한 어머니가 벌떡 일어나더니,

"강사님은 아이를 낳아 보셨습니까?"

"안 낳아 봤습니다."

그러자 그 어머님은 더 목에 힘을 주면서, "그런데 경험도 없는 분이 마치 아이를 낳아 본 사람처럼 어떻게 그렇게 잘 아시죠?"

이 말에 모두 그 어머님 편을 드는 눈치였다. 이때 나는 재빨리, "그럼 산부인과의 남자 의사는 아이를 낳아 본 경험이 있어서 산모의 고통을 잘 아는 것입니까?"

급소를 찌르는 나의 말에 강의실은 다시 웃음이 넘쳤고 나머지 강의를 재미있게 마칠 수 있었다. 이것이 바로 '긍정의 힘'이다.

자라 보고 놀란 가슴 솥뚜껑 보고도 놀란다는 말이 있다. 상대의 말을 긍정적으로 받아들이면 내가 행복한 것이다. 삼풍백화점 붕괴사건 때 기적적으로 살아남은 청소미화원들은 '나는 꼭 살 수 있다!' 라는 긍정적인 마음을 가졌기에 살아남을 수 있었던 것이다.

굳은 신념도 남이 여러 번 되풀이해서 부정하면 의심을 품게 된다.

내가 강의를 하다보면 두 가지형의 청중을 알아볼 수가 있다.

긍정적인 청중은 아는 이야기든 모르는 이야기든 무조건 웃으면서 '야~, 저 강사님은 생김새는 별로인데 너무너무 잘 웃기고 재미가 있다' 하고 웃으며 같이 호응을 해준다. 반대로 부정적인 사람은 '저거 난 아는 건데…' 하며 콧방귀를 뀐다.

나는 늘 행복하다고 말하면 긍정적인 사람은 저런 사람도 저렇게 행복하게 사는데 나도 행복하게 살아야지, 다짐을 하며 받아들인다. 그러나 부정적인 사람은 "아니, 당신은 얼굴도 못생기고 배도 나왔지, 학력도 없고 돈도 없지, 당신이 뭐가 행복해. 웃기고 있네!" 라고 반응을 한다.

그것은 잘못된 생각이다. 행복이란 내가 행복하다고 느끼고 긍정적으로 살면 그게 바로 행복인 것이다.

옛날에 다긍정이란 사람과 모부정이란 사람이 있었다.

다긍정은 자식보다 더 아끼던 말 한 필을 산적에게 빼앗겼다.

"자네, 참 안됐군. 자식보다 더 아끼던 말을 잃어버렸으니 어쩌면 좋은가?"

"아닐세. 만약 내 목숨을 빼앗겼다면 어찌할 뻔했는가? 말이 날 살려 주었으니 오히려 고마운 일 아닌가?"

얼마 후 잃어버린 말이 또 다른 한 마리의 말을 데리고 왔다. 나머지 한 마리는 다긍정의 아들이 타고 다니며 재미있게 놀았다.

어느 날 다긍정의 아들이 말에서 떨어져 한쪽 다리가 부러졌다.

"이보게, 자네 불행한 사람이군. 하나밖에 없는 아들 다리가 부러졌으니 재수가 없는 사람이구먼."

"그런 소리 하지 말게. 만약 내 아들이 죽었으면 어찌할 뻔했는가? 살아 있는 것만 해도 다행이 아닌가?" 이렇게 항상 긍정적이었다.

그로부터 얼마 후 청일전쟁이 일어났고, 남자들은 모두 전쟁터로 나가야 했다.

그러나 다긍정의 아들은 다리가 한쪽 없는 관계로 군대를 못 가게 되었다. 전쟁터로 간 남자들은 모두 전사했다. 다긍정의 아들만 한쪽 다리를 잃었기에 살아남은 것이다.

물론 여담이지만 긍정적으로 살면 반드시 행복이 온다는 뜻이다.

윌리엄 제임스가 말하길 "그에게 말하라. '예'와 '아니오'로 살라고, 좋은 것에는 무엇이든지 '예'라고 말하고 살아라."

앤드류 매튜스는 이렇게 말했다. "긍정적으로 생각하라. 원하는 것을 마음속 깊이 생각하고 또 생각하면 그 바람은 어김없이 현실로 나타난다. 원치 않는 것을 떠올리지 말고 갖고 싶은 것, 하고 싶은 것을 생각하라."

또 일본의 가나모리 우라코는 이렇게 말했다. "우리가 살다보면 긍정적인 생각 뒤엔 부정적인 생각이 언제나 졸졸 따라다니고 있다."

긍정적인 생각을 가진 사람은 무슨 일이든지 무조건 감사하게 받아들인다.

예를 들어 아내가 "여보, 밥이 너무 질어서 미안해요."

"괜찮아. 장화 신고 먹으면 되지."

밥을 태웠으면 "오랜만에 당신 덕분에 세 가지 밥맛을 보게 되었군!" 하며 오히려 웃어줄 줄 알아야 한다. 탄 밥 한 번 먹었다고 하늘이 무너지랴!

온 세상 사람들에게 감동을 주었던 마더 테레사는 다음과 같이 말했다.

"나는 언제나 모든 일의 좋은 면만을 본다. 매사에 걱정거리가 되는 어두운 면만 보는 사람이 있지만 나는 그렇지 않다. 비록 엄청난 고통에 짓눌린다 해도, 하늘이 온통 먹구름으로 뒤덮여 한 점도 보이지 않는다 해도 괜찮다. 나는 고통도 낙으로 여기겠다."

칼릴 지브란은 '낙관주의자는 장미에서 가시가 아닌 꽃을 보고, 비관주의자는 꽃은 망각하고 가시만 쳐다본다'고 했다.

내가 처음 모 기업체 강의 때의 일이다. 높으신 분이 담당자에게 "김 부장, 미쳤어? 어디서 저런 강사를 초청했어? 뭐? 웃음과 행복을 준다고? 김 부장이나 웃어. 우린 웃을 사람 한 사람도 없어!"

그 말을 들은 나는 마음을 가다듬고 얼굴에 웃음을 잃지 않았다. 언젠가 나를 초대할 날이 꼭 올 것이니….

그로부터 멀지 않은 어느 때, 그 사장님은 나를 초대해 주셨다.

만일 당신이 진다고 생각하면 당신은 질 것이다. 만일 당신이 이제 안 된다고 생각한다면 당신은 안 될 것이다. 만일 당신이 이기고 싶다는 마음 한구석에 이건 무리라고 생각한다면 당신은 절대로 이기지 못할 것이다.

1992년, KBS 방송국에서 '전국 개그만담 대회'를 한다는 공고가 나왔다. 나도 참가하고 싶어 방송국에 가보니 예심을 보러 온 사람들이 무려 천 명 가까이나 됐다. 그야말로 긍정적인 마음을 가지고 약 6개월 연습 끝에 나는 최우수 금상을 수상하게 되었다. 만약, '나는 할 수 없다!'라는 부정적인 마음을 가졌더라면 수상은 하지 못했을 것이다.

돌이켜 세상을 보면 마지막까지 항상 긍정적인 마음으로 성공을 소원한 사람만이 성공하여 행복한 삶을 누리게 될 것이다. 좌절을 도전으로 인식하는 태도야말로 행복의 열쇠이다.

행복은 갖지 못한 것을 바라는 것이 아니라 가진 것을 즐기는 것이다.

긍정과 행복의 안테나를 세우면 행복한 일이 생기고, 부정과 불행의 안테나를 세워놓으면 부정한 일과 불행한 일이 생긴다.

또 한 가지, 옛 말 중 내 몸에 화가 있으면 어떤 약발도 받지 않는다는 말이 있다. 화는 남을 미워하거나 분노하거나 원망하거나 질투와

시기를 하는데서 오는 것이다.

　사람은 한 번 미우면 한없이 미워지게 된다. 아무리 미운 사람도 좋은 장점만을 생각하면 그 사람이 점점 좋아지게 된다.

　나는 항상 남을 미워하는 대신에 다음과 같은 글을 벽에 붙여 놓았다.


　나 자신을 위해서 꽃을 산다.

　날씨가 좋은 날엔 석양을 보러 나간다.

　제일 좋아하는 향수를 집안 곳곳에 뿌려둔다.

　하루에 세 번씩 사진을 찍을 때처럼 환하게 웃어본다.

　음악을 크게 틀고 내 맘대로 춤을 춘다.

　고맙고 감사한 것을 하루 한 가지씩 적어 본다.

　우울할 때 찾아갈 수 있는 비밀 장소를 만들어 둔다.


　이 시간부터 당신은 모든 것을 긍정적으로 생각하고 살기 바란다. 그 행복은 바로 당신의 것이다.

제2부

# 행복 만들기 합동작전 '자기계발'

- 행복은 내가 찾는다
- 행복은 내 마음에 달려있다
- 당신이 진정 행복을 원한다면 무조건 남을 칭찬하라
- 감사하는 마음을 가져라
- 거울은 절대 먼저 웃지 않는다
- 내가 화를 내면 행복은 도망간다
- 내가 변해야 행복이 온다
- 나를 행복하게 만드는 법
- 피할 수 없다면 즐겨라
- 행복의 인맥을 넓혀라

# 행복은 내가 찾는다

많은 사람들이 날 보고 이렇게 말한다.

"원장님은 참 행복하시겠습니다. 돈도 많이 버시지, 늘 재미있게 웃고 사시지, 정말 부럽습니다. 저희들도 행복하게 해주세요."

"행복은 제가 여러분에게 드리는 게 아닙니다. 여러분이 행복을 찾아야 합니다."

이렇게 말한다. 내가 사랑을 받고 싶으면 사랑을 먼저 주어야 하고 복을 받고 싶으면 내가 먼저 남에게 복을 주어야 한다. 내가 행복하게 살고 싶으면 먼저 남에게 밝은 미소로 웃어 주고 행복을 주어야 나에게 행복이 오는 것이다.

낚시터의 낚시꾼들이 고기가 한 마리도 낚이지 않는다고 투덜거렸다.

"에이! 빌어먹을. 무슨 낚시터가 고기 한 마리가 낚이질 않아."

이때 한 할아버지가 고기를 바구니에 하나 가득 낚아오는 것이다. 사람들은 놀랐다. 아니 저 할아버지는 어떻게 했길래 한 바구니 가득 낚았을까? 사람들은 궁금했다. 이때 한 남자가 물어본다.

"할아버지, 남들은 한 마리도 낚지 못하는데 이렇게 잘 낚는 비결이 뭐예요? 비결 좀 가르쳐 주세요."

할아버지는 별거 아니라는 듯 한마디 하셨다.

"고기가 있는 곳으로 찾아다니면 됩니다."

그렇다. 내가 행복하게 살고 싶다면 행복을 찾아 나서야 한다.

어느 날 대학 교수님에게서 전화가 왔다.

"원장님, 제가 학생들에게 강의를 하면 반응도 없고 학생들이 지루해 합니다. 그렇다고 교수라는 사람이 경박스럽게 웃길 수도 없고요. 어떻해야 됩니까? 그래도 재미있게 웃기면서 해 볼까요?"

나는 이 말에 한마디로 답변을 준다.

"교수님이 강의료를 받으시려면 그렇게 하세요."

많은 사람들의 시선을 집중적으로 받으려면 먼저 청중을 웃겨서 행복하게 만들어 주어야 한다.

미국의 오바마 대통령은 연설에 들어가기 전 먼저 청중을 한바탕 웃겨 놓은 다음 시작한다.

나 역시 강의 시작 전엔 마찬가지다.

"자! 여러분, 개구리 뒷다리~ 하면서 입을 길게 찢어주세요. 그 다음 나는 행복한 사람이다~ 하면서 길게 웃어주세요. 시~작!"

이렇게 하면 강의실이 떠나가도록 웃음이 터져 나온다. 와하하하하~.

이렇게 한바탕 웃고 나서 행복 강의를 하면 성공적으로 마칠 수 있다.

강의가 끝나고 질문을 하면 한 사람씩 묻는다.

"저는 오늘 날씨도 찌뿌둥하고 기분이 안 좋았는데, 원장님 강의를 듣고 나서 속이 다 후련합니다."

그러면 나는 "날씨가 찌뿌둥할 때 기분 좋다, 기분 좋다! 마음의 주문을 하며 외치는 연습을 해야 합니다"라고 말한다.

우리 조상들은 늘 하시는 말씀이 말이 아니면 듣지 말고 길이 아니면 가지 말라고 하였다. 말도 안 되는 말을 듣고 화를 낼 게 아니라, 못 들은 척하고 무시하면 화를 낼 필요가 없지 않은가? 내가 하고 싶은 것을 선택할 수 있는 사람은 어떠한 일과 상황을 만나도 늘 즐겁고 행복하다. 가령 누가 나에게 욕을 했다고 치자. 그러면 '나 그 욕 안 가질래. 너 도로 가져' 하면 되는 것이다. 기분이 나쁠 때일수록 웃음으로 대하면 행복이 넘실거리는 것이다. 큰 소리로 웃음을 터트리면 모든 불안은 감춰지고 서로 마주보고 웃으면 원수도 사랑하게 된다. 마지못해서 웃는 웃음보다는 안 웃으려 해도 저절로 밑바닥에서부터 솟아오르는 웃음이야말로 진정한 웃음인 것이다.

한번은 일명 룸살롱에서 종업원 친절 강의 요청이 들어왔다. 막상 가보니 정말 가관이었다. 단정한 복장이 아니라 접대부 복장 그대로, 강의실에는 노래방기계, 술이 들어있는 진열장, 술을 마실 수 있는 원탁 테이블이 그대로 놓여 있었다.

그러나 나는 웃음과 행복을 파는 행복강사가 아닌가? 약 2시간여 동안 종업원들의 배꼽을 빼놓다시피 재미있게 강의를 끝냈다.

아주 즐거워하며 나에게 명함을 준다.

"원장님, 너무 웃겨요. 꼭 한 번 놀러 오세요. 서비스 잘해 드릴게요. 오셔서 미스 윤을 찾으세요. 호호호~."

정말 기가 막힐 일이다. 친절 교육 강의를 한 강사에게 이런 말을 할 수 있을까?

그러나 직업에는 귀천이 없다. 사람은 누구나 즐겁게 웃고 행복하게 살기를 원한다. 돈 싫어하는 사람은 아무도 없다. 하지만 돈 자체가 행복을 만들어주는 도구는 아니다. 명예 역시 싫어하는 사람은 없다. 하지만 참다운 행복의 결실 없이 이름만 남길 줄 안다면 오히려 불행한 사람이다. 얄팍한 정과 쾌락의 순간에 기분에 따라 움직이는 사람이 얼마나 무의미한 사람인지는 여러분이 잘 알 것이다.

아무리 한때 부귀영화를 한몸에 지녔던 사람일지라도 언젠가는 고독의 죽음을 만나게 된다. 자, 우리 모두 지금부터 찡그린 얼굴을 펴고 행복을 찾으러 떠나자.

# 행복은 내 마음에 달려있다

내 마음이 늘 행복하다고 느끼면서 살려면 우선 신용 안 가는 사람은 점점 멀리하고 적극적이고 항상 밝은 사람들을 가까이 해야 한다. 평소에 뾰로통한 표정을 지으면 다른 사람이 다가서질 않는다. 입 꼬리에 힘을 주고 눈썹이 처지지 않게 올려 줘야 되며, 연예인 사진이라도 보면서 거울을 보고 따라하며 표정을 밝게 유지하라. 내가 늘 뾰로통한 표정을 짓고 남을 원망하고, 분노하고, 미워하면 복이 생겼다 도망간다.

다음 사항은 많은 사람들이 행복해지기 위해서 이용하는 방법이다. 잘 숙지하면 도움이 될 것이다.

## ♠ 행복해지는 법

1. 나 자신을 위해서 꽃을 산다.

2. 날씨가 좋은 날엔 석양을 보러 나간다.

3. 제일 좋아하는 향수를 집안 곳곳에 뿌려둔다.

4. 하루에 세 번씩 사진을 찍을 때처럼 환하게 웃어본다.

5. 하고 싶은 일을 적고 하나씩 시도해 본다.

6. 시간 날 때마다 몰입할 수 있는 취미를 한 가지 만든다.

7. 음악을 크게 틀고 내 맘대로 춤을 춘다.

8. 매일 나만을 위한 시간을 10분이라도 확보한다.

9. 고맙고 감사한 것을 하루 한 가지씩 적어 본다.

10. 우울할 때 찾아갈 수 있는 비밀장소를 만들어둔다.

11. 나의 장점을 헤아려 본다.

12. 멋진 여행을 계획해 본다.

13. 내일은 오늘보다 무엇이 나아질지 생각한다.

## ♠ 활기차지는 법

1. 오디오타이머를 이용하여 자명종 대신 음악으로 잠을 깬다.

2. 기상 후엔 바로 생수를 한 잔 마신다.

3. 아침 식사를 거르지 않는다.

4. 즐거운 상상을 많이 한다.

5. 고래고래 목청껏 노래를 부른다.

6. 편한 친구와 만나 툭 터놓고 수다를 떤다.

7. 꾸준히 많이 걷는다.

8. 햇볕이랑 장미꽃이랑 친하게 지낸다.

9. 거울 속의 나와 자주 대화를 나눈다.

10. 박수와 칭찬을 아끼지 않는다.

## ♠ 새로워지는 법

1. 평소에 다니던 길이 아닌 길로 가본다.

2. 현재의 가장 큰 불만이 뭔지 생각해 본다.

3. 고민만 하던 스포츠센터에 등록해버린다.

4. 일주일, 혹은 한 달에 한 번 서점 가는 날을 정한다.

5. 존경하는 사람의 사진을 머리맡에 둔다.

6. 일주일에 한 개씩 시를 외운다.

7. 생각은 천천히, 행동은 즉각 한다.

8. 어제했던 실수를 한 가지 떠올리고 반복하지 않는다.

9. 할 일은 되도록 빨리 끝내고 여유시간을 확보한다.

10. 10년 후의 꿈을 적어본다.

## ♠ 사랑스러워지는 법

1. 거울 속의 자신에게 미소 짓는 연습을 한다.

2. 사람들의 좋은 점을 찾아내 칭찬의 말을 건넨다.

3. 나 자신의 잘못은 인정하고 잘한 일은 침묵한다.

4. 상대방의 말에 맞장구를 팍팍 쳐주자.

5. 고맙고 감사한 마음은 반드시 표현한다.

6. 때로는 큰 잘못도 눈을 감아준다.

7. 파트너를, 아이들을, 내 자신을 존중한다.

8. 매 순간 누구에게나 정직하자.

9. 나 자신을 가꾸는 일에 게을러지지 않는다.

10. 아무리 화가 나도 넘지 말아야 할 선은 넘지 않는다.

11. 진정 원하는 것은 진지하게 요구한다.

12. 나 자신과 사랑에 빠져보자.

13. 갈등은 부드럽게 차근차근 푼다.

14. 소중한 사람들에게 진심어린 편지를 쓴다.

15. 마주치는 것들마다 감사의 마음을 갖는다.

## ♠ 감사하는 법

1. 태어나 줘서 고마워요.

2. 무사히 귀가해 줘서 고마워요.

3. 건강하게 자라 줘서 고마워요.

4. 당신을 만나고부터 행복은 내 습관이 되어버렸어요.

5. 당신은 바보, 그런 당신을 사랑하는 난 더 바보예요.

6. 이 세상 전부를 준대도 당신과 바꿀 순 없어요.

7. 당신 없는 세상은 상상할 수도 없어요.

8. 난 전생에 착한 일을 많이 했나 봐요. 당신을 만난 거 보면

9. 당신이 내 곁에 있다는 사실, 이보다 더 큰 행운은 없어요.

10. 당신은 나의 비타민. 당신을 보고 있음 힘이 솟아요.

11. 지켜봐 주고, 참아주고, 기다려 줘서 고마워요.

12. 내가 세상에 태어나 가장 잘한 일은 당신을 선택한 일

13. 당신 없이 평생을 사느니 당신과 함께 단 하루를 살겠어요.

14. 난 세상 최고의 보석 감정사, 당신이라는 보석을 알아봤으니까요.

15. 사랑해요, 그리고 고마워요.

## ♠ 발전하는 법

1. 매주, 매달 목표를 세우자.

2. 여행을 자주 다니자.

3. 다른 분야의 사람들과 정기적으로 대화하자.

4. 신문과 잡지와 친하게 지내자.

5. 의논할 수 있는 상대를 곁에 두자.

6. 돼지 저금통에 하고 싶은 일을 적고 저축하자.

7. 특별 요리에 하나씩 도전해 보자.

8. 어린 사람과 친구가 되자.

9. 단 한 줄이라도 일기를 쓰자.

10. 한 번도 경험해보지 않은 일을 해보자.

11. 맨 처음 시작할 때의 초심을 잊지 말자.

12. TV 보는 시간을 줄이자.

13. 망설이는 일들의 리스트를 작성하고 실천 여부를 결정하자.

## ♠ 즐거워지는 법

1. 일하는 동안 낄낄낄 웃는다.

2. 재미있게 말한다.

3. 콧노래를 부른다.

4. 즐겁고 열정적으로 일한다.

5. 무언가에 푹 빠져라.

6. 가장 하고 싶은 일을 한다.

7. 지금 하고 있는 일에 최선을 다한다.

8. 고통스러운 시간의 끝을 상상한다.

9. 매 순간이 단 한번뿐이라고 생각한다.

10. 지금하고 있는 일을 사랑한다.

11. 내가 먼저 큰소리로 인사한다.

12. 유머러스한 사람과 친하게 지낸다.

13. 부정적인 사람은 되도록 멀리 한다.

14. 하기 싫은 건 열심히 해서 최대한 빨리 끝내버린다.


## ♠ 편안해지는 법

1. 잘해야겠다는 강박관념을 버리자.

2. 가방을 절반의 무게로 줄이자.

3. 기억해야 할 것은 외우지 말고 메모를 하자.

4. 부탁을 두려워하지 말자.

5. 빚을 지지 말자.

6. 중요한 일부터 처리하자.

7. 인생은 불완전하고 불안정한 것임을 인정하자.

8. 임무는 굵고 짧게 처리하자.

9. 한 번 할 때 확실하게 마무리를 짓자.

10. 남의 눈치를 보지 말자.

11. 인간관계를 넓고 얇게 만들자.


## ♠ 차분해지는 법

1. 해주고 나서 바라지 말자.

2. 스트레스를 피하지 말고 그대로 받아들이자.

3. 할 일을 내일로 미루지 말고 지금 시작해 놓자.

4. 울고 싶을 땐 소리 내어 실컷 울자.

5. 숨을 깊고 길게 들이마시고 내쉬어 보자.

6. 잠들기 바로 직전에는 마음과 몸을 평안히 하자.

7. 상처받는 것을 두려워하지 말자.

8. 하고 싶은 말은 하자.

9. 인생은 혼자라는 사실을 애써 부정하지 말자.

10. 이대로의 내 모습을 인정하고 사랑하자.

11. 나 자신을 위한 적당한 지출에 자책감을 갖지 말자.

12. 할 수 없는 것에 대한 욕심을 버리자.

13. 다른 사람은 나와 다르다는 것을 인정하자.

14. 하루 일을 돌이켜 보는 명상의 시간을 갖자.

15. 잔잔한 클래식을 듣자.


## ♠ 당당해지는 법

1. 두려움을 버려라.

2. 열정을 가져라.

3. 분석하고 평가하라.

4. 독립적 사고를 하라.

5. 현실에 만족하라.

6. 환하게 웃어라.

7. 무언가에 푹 빠져라.

8. 한순간도 자신을 의심하지 마라.

9. 허리를 꼿꼿이 펴라.

10. 당신이 믿는 것에 단호하라.

11. 부끄러움 없는 야심으로 밀고 나가라.

12. 능력을 발굴하고 약점은 무시하라.

13. 싫은 것은 당당히 'NO' 라고 말하라.

 웃음을 팔러 다니는 전성기의 행복장사

14. 웃음거리가 되는 것을 두려워 마라.

15. 어떤 것도 지나치게 심각하게 받아들이지 마라.


**♠ 여유로워지는 법**

1. 30분 일찍 일어나라.

2. 지하철을 놓쳐라.

3. 회사에 혹은 집에 휴가계를 내라.

4. 자가 운전 대신 대중교통을 이용하라.

5. 천천히 걸어라.

6. 말한 만큼의 세 배를 들어라.

7. 벌어지지 않은 상황에 대해 겁내지 마라.

8. 주는 것 자체를 즐겨라.

9. 한걸음 물러서라.

10. 목적지를 정하지 않고 걸어본다.

11. 순간순간을 즐겨라.

12. 남과 나를 비교하지 마라.


탈무드에 다음과 같은 이야기가 있다.

어떤 랍비가 당나귀를 타고 한 마리 닭과 등불과 천막을 싣고 여행을 떠났다. 아무리 가도 집 한 채 보이지 않고 해는 저물어 할 수 없이 길 옆에 천막을 치고 나귀와 닭은 천막에 묶어 놓았다. 닭을 가지고 다닌 것은 아침을 알려 주는 시계 역할을 하기 때문이었다. 랍비가 천막 속에서 등불을 켜고 성경을 보고 있는데 갑자기 강한 바람이 불어 등잔대가 넘어지고 그만 불이 꺼지고 말았다. 할 수 없이 성경을 덮고 기도를 하고 잠을 잤는데 아침에 일어나보니 밤사이 맹수들이 와서 나귀와 닭을 잡아먹은 것이 아닌가. 그가 천막을 챙겨서 주위를 살펴보니 자기가 바로 동네 가까이서 잤다는 것을 알았고, 자기의 불운을 탓하며 동네에 들어갔더니 온 동네가 야단법석이었다. 어젯밤 강도 떼가 이 마을에 쳐들어와 사람들을 죽이고, 물건을 빼앗고, 그야말로 아수라장을 만들었던 것이다.

그때 랍비는 무릎을 꿇고 하나님께 감사의 기도를 드렸다. 만일에 등불이 켜 있었거나, 닭이나 나귀가 살아서 소리라도 내었다면 자기도 틀림없이 죽었을 터인데 이 세 가지를 미리 잃었기 때문에 살 수 있었던 것이다.

살아가면서 암흑과 같은 절망을 느낄 때가 있다.

모든 것을 다 잃어버린 것 같고 모든 사람이 내 곁을 떠난 것과 같은 암울한 절망감에 좌절하고 삶에 대한 회의에 잠 못 이루는 날이 있다. 하지만 오랜 시간이 흐른 후에 돌이켜 보면, 그 모든 것이 삶을 이루는 자양분이었음을 깨닫게 된다.

## 톡톡휴게소

국회의원이 길을 가다가 강도를 만났다.
강도 : 가진 돈 다 내놔!
국회의원 : 너 내가 누군 줄 알아?
강도 : 몰라 쨔샤!
국회의원 : 국회의원이야!
강도 : 그럼 내 돈 내놔, 도둑놈아!

# 당신이 진정 행복을 원한다면
# 무조건 남을 칭찬하라

사람은 누구나 칭찬받는 것을 좋아한다.

《칭찬은 고래도 춤추게 한다》라는 책이 베스트셀러가 되지 않았는가.

내가 칭찬받고 싶어 하는 말을 상대에게 해주면 얼마나 행복한지 모른다.

부부가 처음 만날 때 '너 없이는 못살아' 했지만, 살다보면 '너 때문에 못살아' 로 된다.

"여보, 당신 넥타이가 너무 잘 어울려요, 정말 미남이예요, 가수 비가 따로 없어요, 당신이 바로 비 같아요."

이 말을 들은 남자는 누구나 기분이 좋을 것이다.

그러나 애써 칭찬해 준 아내에게 "어이, 넥타이 신경 쓰지 말고 밥이나 잘 해."

이 말을 들은 아내는 얼마나 기분이 상하겠는가?

내가 행복을 파는 행복장수라 그런지 몰라도 내 집의 가훈은 '웃자'이다.

밥을 먹다가 돌이 씹혀도 절대 아내에게 화를 내지 않는다.

"여보, 돌이 좀 덜 익었네" 하면 아내가 웃는다.

내 아내가 제일 못 하는 음식이 된장찌개인데 정말 소금 가마니를 엎은 것 같다. 그래도 어쩌겠는가? 세상에 하나밖에 없는 아내가 만들어 준 것 아닌가?

"여보~, 당신이 된장찌개 하나는 최고야."

그 후 난 그 된장찌개를 석 달을 더 먹어야 했다.

한번은 청국장을 했는데 정말 한약을 먹는 것처럼 쓰디썼다.

"여보~, 보약은 식후에 먹는 거잖아."

아내는 내 말을 재미있어 했다.

아내는 무슨 큰 걸 바라는 게 아니다. 노랫말과 같이 여자의 마음은 남자의 가슴 넓이만 하다는 노래도 있지 않은가? 지금 이 시간부터 아내를 칭찬하는 습관을 가져보라. 아마 수십 배의 보람이 돌아올 것이다.

상대가 칭찬을 받으면 행복감을 느낀다. 내가 정말 행복하게 살고 싶다면 늘 상대를 감싸 안고, 격려하고, 안아주고, 칭찬해 주어라. 그러면 많은 사람이 나에게 행복을 줄 것이다.

미국의 링컨 대통령이 이런 말을 했다. 쓰디쓴 한 그릇의 국보다 한 방울의 벌꿀을 사용하는 것이 더 많은 파리를 잡을 수 있다고 했다.

내가 많은 사람과 인간관계를 맺어 행복하게 살고 싶다면 행복을 위한 달콤한 벌꿀을 마음껏 퍼 주어라. 이렇게 상대를 칭찬해주는 것이야말로 내가 행복해지는 방법이다.

예를 들어 부장님이 "이 세상에서 예쁜 것이 죄라면 미스 김은 무기징역감이야"라고 말하면 상대 여직원이 얼마나 좋아하겠는가.

"미스 김, 아버님은 도둑이었나. 저 하늘의 별을 훔쳐다가 미스 김 눈에 쏟아 부었나 봐." 이 말을 듣고 싫어할 여자는 없을 것이다.

행복이란 이렇게 기분 좋은 말 한마디를 들었을 때 느끼는 것이다.

기분이 좋으면 기쁨이 넘친다. 기쁨이란 기를 뿜어내는 것을 말한다. 기가 뿜어 나오면 행복을 느끼는 것이다.

'공주병'이 심한 여직원이 금상첨화라는 칭찬을 듣고 싶어 '부장님, 저는 얼굴도 예쁘고, 말도 잘하고, 일도 잘하지요. 이걸 네 글자로 뭐라고 하지요?'

"아~ 과대망상!" "아이, 부장님도 저를 잘 보고 말해 보세요."

"아~ 자화자찬!" "아니, 부장님 첫 글자가 '금'으로 시작하는 거"

"아~ 금시초문!"

얼마나 칭찬을 받고 싶으면 공주병 걸린 여직원이 이러겠는가?

우리 주위에 호감 가는 사람을 잘 조사해보면 상대에게 칭찬을 잘하는 기술이 있다.

개그맨 박경림 씨가 결혼하던 날 하객이 5천명이나 왔다고 한다.

박경림 씨의 특기는 만나는 사람마다 칭찬을 아끼지 않는다는 것.

"넥타이가 어울리시네요, 매력이 있어 보이시네요, 귀걸이가 너무 예쁘세요."

이렇게 만나는 사람마다 칭찬을 해 주니까 인간관계가 맺어지는 것이다.

옛날에는 밥 잘하고, 빨래 잘하고, 애기 잘 보는 여자를 현모양처라고 했는데 지금은 다르다. 남자 마음을 알아주고 늘 칭찬을 아끼지 않는 여자가 현모양처라고 한다.

그래서 남자 마음을 알아주는 여자한테 뼈를 묻고 목숨을 바친다고 하지 않던가?

그렇다고 무조건 칭찬이 좋은 것은 아니다.

만약에 99세 되신 할머니께 "할머니, 백 살까지만 사세요" 한다든가, 화상 입은 남편한테 "당신은 정말 화끈하셔요." 이건 칭찬이 아니다.

남편의 월급이 좀 적어도 "당신 때문에 우린 행복해요. 여보, 고생이 많으세요" 한다면 남편이 좋아서 어쩔 줄 모른다.

"아이구~ 이 돈을 어느 코에 갖다 붙여. 이 웬수같은 돈!" 한다면 남편 마음이 많이 상할 것이다.

내가 칭찬받고 싶은 말을 상대에게 해주면 내가 행복해지는 것이다.

또한 칭찬을 할 때는 상대뿐만 아니라 당신도 같이 만족스러워야 한다. 만약 상대가 즐겁지 않다면 당신도 행복하지 않을 것이다. 상대에게 칭찬을 하다보면 당신의 행복 지수가 덩달아 올라가는 것이다. 칭찬은 행복 게임이다. 무조건 주위 사람에게서 칭찬거리를 찾아내라. 당신이 몰랐던 즐거움을 찾아 낼 것이다. 칭찬은 사람을 사귀는 기술일 뿐만 아니라 당신을 늘 행복하게 해줄 것이다.

미국에 아들을 끔찍이 사랑하는 갑부가 있었는데, 그는 아들을 기쁘게 해 주려고 별짓을 다 했다고 한다. 조랑말과 멋진 방, 셀 수도 없는 책과 그림, 선생님과 친구들…. 하여간 돈으로 살 수 있는 것은 뭐든지 다 사 줬는데도 아들은 항상 찡그린 얼굴로 슬픈 표정을 짓고 있었다. 생각다 못해 이 갑부가 어느 마법사를 불렀다. 법사가 아들의 찡

그린 얼굴을 보더니,

"아들을 행복하게 해 드리겠습니다. 찡그린 얼굴을 미소로 바꿔 드리겠습니다. 대신 저에게 큰 돈을 주십시오."

"좋소. 무엇이든 다 주겠소."

마법사는 갑부를 조용한 방에 데리고 가서 하얀색 물감으로 종이에 적더니 촛불을 주면서 종이 뒷면을 비추라고 했다. 그러면 글씨가 보인다는 것이다. 그래서 마법사 말대로 촛불로 비췄더니 흰 글씨가 푸른색으로 변하면서 '매일 한 가지씩 칭찬하라' 라고 적혀있었다.

마법사가 시키는 대로 아들에게 하루 한 가지씩 칭찬을 해 주었더니 미국에서 가장 행복한 사람이 되었다.

톡소휴게소

동생 : 형, 전화 왔어.
형 : 그래 어디서 왔니?
동생 : 김밥 집에서!
형 : 뭐라고?
동생 : 김밥 옆구리 터지는 소리 하지 말라고!
형 : 너한테도 전화 왔더라!
동생 : 어디서?
형 : 인도에서!
동생 : 뭐라고?
형 : 인도 코끼리 방귀 뀌는 소리 하지 말
　　라고!

# 감사하는 마음을 가져라

내가 오늘날 행복 강의를 다니는 것은 어릴 때의 고생과 역경이 밑바탕이 되었으므로, 오히려 그 시절을 감사하게 생각한다.

내가 고생을 몰랐다면 행복 강사가 되지는 못했을 것이다.

지금은 구두닦이 센터가 있지만 나 어릴 때는 구두통을 어깨에 메고 구두 닦으라고 소리치며 돌아다녀야만 했다.

겨울에는 얼마나 날씨가 추웠던지 소변을 보면 오줌이 얼어 올라올 정도였다.

내가 구두를 닦으면 다른 아이들보다 열 배 이상의 수입을 올렸다. 늘 웃음과 감사의 마음을 잃지 않았다. 보통 구두닦이들은 "신 닦으세요, 구두 닦으세요" 하며 소리치고 다녔지만, 나는 구두닦이를 좀 오래한 전문가처럼 보이려고 "구다워~예", "신닦수~아", "구닦슈~아…" 이런 식으로 외치고 다니니 사람들이 아주 재미있어 하며 여기저기서 이왕이면 날 불러주었다.

지금은 신문 판매하는 장소가 있지만 그때만 해도 신문을 옆구리에 잔뜩 낀 채 한 장씩 손에 들고 신문사라며 외치고 다녔다.

"동아일보, 조선일보, 석간입니다. 10원에 세 가지 드립니다." 다들

이렇게 소리치며 다녔지만 나는 달랐다. 이것도 구두닦이 할 때처럼 유머스럽게 했다. 같은 말을 해도 조금 더 세련되게 "억간이오. 동아일보 시보노 세 가지예" 하며 외치고 다니니까 사람들이 웃기는 꼬마라며 나에게서 신문을 많이 사 주었다. 신문을 들고 아무 사무실이나 무조건 들어가서 제일 높은 사람처럼 보이는 분 앞에서 "아저씨, 참 미남이십니더" 하면 활짝 웃는다. 이때 찬스를 놓치지 않고 "미남 아저씨, 신문 한 장 팔아 주이소" 하면 거절하는 분이 거의 없었다.

나는 이런 식으로 다른 아이들보다 10배의 판매를 했다. 이렇게 어릴 때부터 나만의 개성, 인간관계, 항상 즐겁고 행복한 표정을 보여주었다. 많은 사람들이 나에게 말했다.

"꼬마야, 난 너의 밝고 환하게 웃는 얼굴만 보면 내 속이 다 시원하다.내일 또 와라."

나 역시 "네~, 감사합니다"를 잊지 않았다.

사람은 돈으로 사귀는 것이 아니라 따뜻한 마음으로 사귀는 것이다.

눈이 펑펑 내리는 어느 날도 난 영락없이 구두통을 메고 지나가고 있었다.

한 아저씨가 "어이 꼬마야, 춥지 이리 들어와 내 구두 좀 닦아 줄래?"

"네, 아저씨."

튕기듯 뛰어 들어가며 난 너무 고마워서 눈물이 다 나왔다.

구두를 닦기 위해서가 아니라 맘 넉넉하신 아저씨께서 날 불쌍하게 보셨기에 부른 것이다.

"꼬마야, 이리와. 추운데 난로 불부터 쬐어라. 바깥 날씨가 너무 춥다."

"아저씨, 감사합니다."

그날 그 아저씨네 벽에는 다음과 같은 구절이 적혀있었다. 난 지금도 이 글을 몸에 지니고 다닌다.

돈으로 사람을 살 수는 있으나, 그 사람의 마음은 살 수 없습니다.
돈으로 호화로운 집은 살 수 있어도 행복한 가정은 살 수 없습니다.
돈으로 최고 좋은 침대는 살 수 있어도 최상의 달콤한 잠은 살 수 없습니다.
돈으로 시계는 살 수 있어도 흐르는 시간은 살 수 없습니다.
돈으로 책은 얼마든지 살 수 있으나 결코 삶의 지혜는 살 수 없습니다.
돈으로 좋은 약은 살 수 있으나 평생 건강은 살 수 없습니다.
돈으로 피는 살 수 있어도 영원한 생명은 살 수 없습니다.
돈으로 성은 살 수 있어도 진정한 사랑은 살 수 없습니다.
돈으로 쾌락은 살 수 있으나 마음속 깊은 곳의 기쁨은 살 수 없습니다.
돈으로 맛있는 음식은 살 수 있지만 마음이 동하는 식욕은 살 수 없습니다.
돈으로 화려한 옷은 살 수 있으나 내면에서 우러난 참된 아름다움은 살 수 없습니다.
돈으로 고급 장식품은 살 수 있으나 아늑한 평안은 살 수 없습니다.
돈으로 사람들의 앞자리는 살 수 있으나 천국의 자리는 살 수 없습니다.

크고 많은 것만을 원하면 그 욕망을 채울 길이 없다. 작은 것과 적은 것 속에 삶의 향기인 아름다움과 감사함이 스며있다.

사람이 웃고 있을 때 많은 변화가 일어난다.

'행복해서 노래하는 게 아니고 노래하니까 행복해진다' 라는 말이 있다.

누구 하나 삶이 힘겹지 않은 사람이 없다. 하지만 어떤 사람은 행복해 보이고, 어떤 사람은 세상의 번뇌를 다 짊어진 것처럼 인상을 쓰는 사람이 있다. 지금 자신만이 너무나 불행하다는 생각이 들거든 지금 당장 병원 응급실에 가서 10분만 구경을 해 보라.

교통사고로 팔다리 부러진 사람, 심장마비, 뇌출혈로 쓰러진 사람 등

수많은 응급환자를 보게 될 것이다. 그런 사람들에 비하면 나는 얼마나 행복하고 감사한지 모른다. 내가 아무리 어려운 역경에 있더라도 오히려 감사하다는 마음을 가지면 행복으로 바뀔 것이다.

사람이 분노의 마음을 가지면 60명을 죽일 수 있는 독이 나온다고 한다. 그렇지만 이 분노의 마음을 오히려 감사하다는 마음으로 바꾸면 엔돌핀보다 5,000배 강한 다이돌핀이 나온다고 한다.

어느 부부의 이야기다.

남편이 허구한 날 술 마시고 늦게 들어오고 생활비도 안 벌어다 주었다. 그래서 도저히 살 수가 없다고 판단이 돼서 아내가 안 살기로 마음을 먹고 짐을 싸서 떠나기로 했다. 그런데 가만히 생각해 보니 '범사에 감사하라' 는 구절이 떠올랐다고 한다.

남편한테 감사할 일이 뭐가 있나 생각해 보니 지금까지 살아 준 것만 해도 감사하고, 바람피우지 않고 늦게라도 집에 들어오니 감사하고, 친구들과 술을 마셔도 술값을 한 번 안 내니 감사하고, 아이들과 사는 것도 감사하고, 이런 식으로 감사할 일만 기억이 나더라는 것이다. 그래서 다시 잘 살았다는 일화도 있다.

당신은 지금 현재의 일에 감사하고 있는가?

아! 네, 네. 감사합니다. 감사합니다!

통소휴게소

신혼부부가 크게 싸움을 했다.
신부 : 나, 친정집에 갈거예욧!
신랑 : (지갑을 꺼내며) 자, 여기 있어 차비!
신부 : (돈을 한참 세더니 다시 대들었다) 이걸로
　　　는 왕복 차표를 살 수가 없잖아욧!

# 거울은 절대 먼저 웃지 않는다

나는 강의하러 다니면서 될 수 있으면 지하철이나 버스를 이용하지만 바쁠 때는 주로 택시를 많이 이용한다. 택시 안 거울을 보며 웃는 표정 연습을 하니까 기사님이 이상해서 묻는다.

"전 많은 사람들에게 웃음과 행복을 팔러 다니는 행복장수입니다."

"아, 사람을 웃기는 강사님이군요. 어쩐지 웃기게 생기셨네요. 하하~. 사실 이 일을 하다 보면 목적지까지 얼굴을 찌푸리고 가는 손님이 참 많거든요. 가는 동안이나마 손님을 웃기는 비법을 좀 가르쳐 주세요."

"승객을 웃길 때는 승객 얼굴이 거울이라고 생각하셔야 됩니다. 왜냐면 거울은 절대 먼저 웃지 않거든요. 기사님이 먼저 얼마나 활짝 웃으면서 승객을 웃기느냐에 따라 승객은 웃는답니다. 가령 '손님, 손가락 두 개를 펴고 택시를 세우면 요금이 따불인데 손님은 손가락 5개를 펴고 타셨으니까 요금을 다섯 배로 주셔야 합니다' 라고 하시면 손님이 어이가 없어서 웃으실 겁니다. 손님이 치킨 집에 가자고 하면 '코스닥으로 모실까요? 후다닥으로 모실까요?' 장거리 가시는 승객에게는 간단한 부부 이야기를 해주면 재미있습니다.

손님! 부부싸움 이야기 한 가지 해 드릴게요.

아내 : 퇴근하면 늘 TV만 끼고 사니…. 당신 도대체 잘하는 게 뭐
　　　가 있어?
남편 : 딱 하나 잘한 거 있어!
아내 : 뭔데?
남편 : 당신과… 결혼한 거.”

“하하하하~. 재미있군요. 저도 그렇게 하겠습니다.”
얘기를 나누다보니 요금이 2,900원이 나왔다. 3,000원을 주며 “백
원은 팁이에요.”
기사님이 웃는다.
벽에 걸린 거울은 나를 비춰주지만 내 마음의 거울은 내 소행을 그
대로 비춰준다. 때 묻은 얼굴도 보이고, 찢어진 옷자락도 보이고, 찡
그린 얼굴, 헝클어진 머리카락 등 모든 것이 보이는 무서운 거울이다.
그렇지만 꼭 있어야 하고 자주 보아야 하는 것이 거울이다.
지금 당신은 거울을 보며 마음껏 행복한 웃음을 보여줘라. 그러면 거
울도 그렇게 웃을 것이다. 또 거울 속에 비친 내 얼굴을 다시 한 번
다듬으며 아침 세수를 하고 밖을 나서는 것과 같이 거울을 보며 이렇
게 소리쳐라.
‘거울아, 거울아, 넌 누굴 닮아서 이렇게 예쁘니?’ 하하하하~.
난 지금도 거울에 비친 아름다운 모습처럼 행복하게 살기 위해서 여
기저기 행복을 팔러 다닌다. 노숙자들을 찾아가 웃음과 행복을 주고
나보다 더 어려운 사람들을 위해 열심히 뛰어다닌다. 재소자 정신교육
강의, 독거노인 돌보기, 수감자들 영치금과 면회, 장애인 봉사 활동,
사회에서 소외된 이웃들에게 따뜻한 사랑과 위로를 나누어 주려 노력

하고 있다. 과부 마음 홀아비가 안다고 내가 아파봐야 남이 아픈 것을 절실히 알 수 있다. 내가 좋은 일을 하는 만큼 거울에도 좋은 것이 비춰지는 것이다.

행복은 아주 작은 것이다. 거창하고 큰 것에서 찾지 말고 멀리서 힘들게 헤매지 마라. 비록 작지만 항상 당신 눈앞에 있다. 행복은 이기적이다. 자신을 돌보는 사람만이 가질 수 있다. 남의 시선 따위는 무시해 버려라. 스스로 행복하지 않으면 아무도 도울 수 없다. 행복은 연습이다. 그냥 주어지는 행운의 복권이 아니다. 부지런히 노력하고 연습해야 얻을 수 있는 예쁘고 값진 열매이다.

가는 길은 만 갈래지만 방법은 하나다. 거울에 나의 행복한 모습이 비춰질 수 있도록 열심히 웃음과 행복을 퍼 주어라. 우리 주위에 불행한 사람이 너무 많다. 우정도, 사랑도, 신의도 모두 버리고 돈의 노예가 되어 일생을 망쳐버리는 사람들이 얼마나 많은가? 곡식을 팔아 쭉정이를 사고, 우정을 판 돈으로 패물을 사고, 인격을 팔아 돈을 산다면 아마도 거울에 비치는 모습은 좋은 모습이 아닐 것이다.

또한 행복은 투자다. 무엇보다 자기 자신을 사랑할 줄 알며, 자신의 일을 즐겁게 하고, 그 행복의 이윤은 미래가 아닌 현실을 위해 남김없이 투자하라. 지금 행복하지 않으면 내일도 마찬가지다.

나는 여섯 식구가 칼잠을 잘 정도로 형편이 어려웠던 가난한 집에서 태어났다.

어릴 때 구두닦이, 신문팔이, 껌팔이, 넝마주이, 세일즈맨, 밤무대 생활 등 80여 가지의 어려운 경험을 했다.

낮에는 구두닦이, 신문팔이, 아이스케키 장사, 밤에는 메밀묵, 찹쌀떡장사를 했다.

같은 구두닦이 꼬마 동료들이 놀렸다. 내 별명은 '공부하는 구두닦이' 라고. 난 사과 궤짝 하나를 놓고 열심히 공부해서 고등학교 검정고시에 합격을 했었다.

이렇게 고생했던 지난 시절, 또 내가 어려웠을 때 나를 공부할 수 있도록 눈물겹게 도와주셨던 분들을 생각하며 오늘도 웃음과 행복을 팔러 다니며 신나게 살아간다.

하루 일과를 마치고 잠자리에 누워 나에게 말을 한다. 거울아, 고생 많았다. 너도 잘 자라!

# 톡소휴게소

요즘 나를 알아보는 사람들이 제법 있는 거 같다.

고속도로 휴게소에서 배가 아파 큰 걸 보려고 화장실에 들어갔는데 옆 칸에서 나를 아는 척한다.

"안녕하세요."

나도 얼떨결에 "안녕하세요" 그랬더니,

"식사 많이 하셨어요?"

"네, 많이 했습니다."

"언제 나오세요?"

"곧 나갈 겁니다."

"사장님, 전화 끊어야겠습니다.
옆 칸에서 어떤 미친 사람이 내가
할 말을 대신하고 있어요."

알고 보니 핸드폰 통화중이었다.

# 내가 화를 내면 행복은 도망간다

사람이 웃고 있을 때 몸에서는 많은 변화가 일어난다. 웃으면서 계속 뇌에 집중을 하면 뇌와 가슴이 하나로 연결되고 가슴에 있는 에너지의 샘이 열리면서 아주 순수하고 평화로운 기운이 온몸으로 퍼진다. 이 에너지에는 몸과 마음의 부정적인 기운을 정화시키는 힘이 있어 근심과 걱정에서 벗어나게 한다. 이제 기쁨에 겨워 어쩔 줄 모르는 표정을 지으며 자신에게 속삭이자.

'나는 지금 너무 행복해' 라고.

오늘도 신나게 산다. 내 몸에 화가 있으면 약발을 안 받는다는 말이 있다. 남을 미워하거나, 원망하거나, 시기하거나, 질투하거나…. 그래서 분노하면 내 몸에 화가 생긴다.

사람은 한번 미워하면 끝이 없는 것이다. 그러나 아무리 미운 사람도 그 사람의 장점만 생각하면 오히려 미움이 고마움으로 변한다.

우리가 천만 년을 사는 게 아니고 잠든 날, 병든 날, 근심 걱정하는 날, 밥 먹는 시간, 화장실 가는 시간, 모두 제하고 나면 단 40년도 못 산다고 한다. 이렇게 짧은 인생을 살면서 왜 화를 내야 하는가?

부부 중 어느 한쪽이 먼저 세상을 떠날 때 '가는 자'가 '남은 자'에게 공통적으로 하는 말은 짧다. "여보! 미안해." 이 말 속에는 참 많은 뜻을 내포한다. 세상의 많은 짐을 맡겨 놓고 가는 것이 미안할 수도 있다. 함께 살아오면서 좀 더 잘해 주지도 못하고 화만 낸 것이 미안할 수도 있다. 그동안 마음 아프게 한 것이 미안할 수도 있다. 특히, 자녀들을 모두 남겨 놓고 가는 것이 미안할 것이다.

왜 떠나는 사람은 남은 사람에게 '미안하다, 용서해 달라' 말하는 것일까? 그것은 너무나 많은 상처를 주고받으며 화만 내면서 살아온 것을 뒤늦게나마 깨달았기 때문일 것이다.

당신은 유희와 쾌락을 위해 소중한 시간과 돈을 허비하면서도 진정 소중한 가정과 내 인생의 배우자에 대해서는 너무도 무관심한 삶을 살고 있지는 않은가?

가정은 인생의 제1 사역지다. 가정을 잃으면 모든 것을 잃는 것이다. 그래서 이렇게 말한다. '있을 때 잘 합시다.'

화내지 말자. 가장 현명한 사람은 늘 배우려고 노력하는 사람이고, 가장 겸손한 사람은 아무리 화가 나도 오히려 고마움을 표시하는 사람이다.

가장 넉넉한 사람은 자기한테 주어진 몫에 대하여 불평불만이 없는 사람이고, 가장 훌륭한 삶을 산 사람은 살아있을 때보다 죽었을 때 이름이 빛나는 사람이다. 삶이 풍성하면 꿈은 반드시 이루어진다. 아무리 욕을 먹어도 화내지 말라. 그가 한 욕은 그에게로 돌아간다. 잠을 잘 때 좋은 기억만 떠올려라. 밤사이에 행운으로 바뀐다.

대인 관계에서 가장 중요한 것은 바로 표정 관리다. 화난 얼굴 표정인지 웃는 얼굴 표정인지부터 본다. 밝은 마음과 따뜻한 표정이 더없이 중요하다. 어두운 얼굴에 차가운 표정을 가지고 사람을 대하면 결코 상대에게 좋은 인상과 따뜻한 호감을 줄 수 없다.

많은 사람이 이렇게 이야기한다. 화를 내고 나면 내가 왜 그랬을까 창피하고 후회되고 부끄럽다고. 이것은 소 잃고 외양간 고치는 격이다. 내가 살면서 화나게 했던 일, 기분 나빴던 일을 다시 회상하여 분해하는 것은 현명한 태도가 못 된다. 체념도 하나의 슬기로움인 것이다. 항상 사물을 긍정적으로 보고 관심을 가지는 것은 자신의 삶을 밝게 만들어 준다. 이렇듯, 행복은 행복하다고 생각하는 사람의 마음속에서 더욱 견고하게 그 뿌리를 내리는 것이다.

밤무대 출연할 때의 일이다.

연예인 대기실에서 공연준비를 하고 있는데 나에 대한 말이 들렸다.

"아니, 박부장 미쳤어? 여기는 유명 나이트클럽인데 저런 이름도 없는 각설이를 무대에 올렸다가 손님들이 야유라도 하면 어떡할 거야. 재수가 없으려니까, 당장 보내! 저런 각설이는 무대에 올릴 수 없어!"

이 말을 듣는 순간 너무 분하고 화가 났다. 그렇지만 누군가가 한 말이 생각났다. 화를 참으면 살인도 면한다는 말. '언젠간 꼭 여기에 출연할 거야' 라고 매일 외치며 웃었더니 얼마 후 그 나이트클럽에 출연할 기회를 갖게 되었다.

"그때 그 말 들으시고 제가 상당히 미웠지요?"

"아닙니다. 그 말씀 덕분에 제가 더 열심히 노력할 수 있었습니다. 오히려 감사합니다."

오늘도 '나는 지금 너무 행복해' 라고 신나게 외치며 산다.

- 마늘쪽처럼 정갈한 시간을 보내는 참 개운한 사람
- 커피 한 잔 여유 있게 마실 수 없으면서도 인사할 사람은 절대 놓치지 않는 사람
- 그렇게 욕을 먹어도 한마디 불평 없이 오히려 내일의 찬란을 보는 소망의 사람
- 모두가 축배의 글라스로 환호하고 있을 때 빗자루를 들고서도 행복해하는 사람
- 모진 세월에 짐승 같은 어려움을 그리 많이 당하면서도 항상 밝기만한 사람

- 고즈넉한 시간을 만나서 흘러가는 구름을 볼 시간이라도 있을 때면 버스를 타는 사람
- 정처 없는 인생임이 분명한데도 하루를 푸른 보석으로 만드는 사람
- 막무가내로 모함을 당하면서도 가슴에 긍휼이 넘치는 사람
- 모두가 피하는 문제 투성이를 내가 아니면 누가 하느냐며 그 문제를 찾아가는 사람

　험한 세상이지만 앞에 제시된 사람이 되기 위해 나는 오늘도 신나게 산다. 살다 보니 돈보다, 잘 난 거보다, 많이 배운 거보다, 마음이 편한 게 좋다.

　내가 살려하니 돈이 다가 아니고, 잘 난 게 다가 아니고, 많이 배운 게 다가 아닌 마음이 편한 게 좋다. 사람과 사람에 있어 돈보다는 마음을, 잘남보다는 겸손을, 배움보다는 깨달음을 반성할 줄 알아야 한다.

　내가 너를 대함에 있어 이유가 없고, 계산이 없고, 조건이 없고, 어제와 오늘이 다르지 않은 물의 한결같음으로 흔들림이 없어야 한다.

　산다는 건 사람을 귀하게 여길 줄 알고, 그 마음을 소중히 할 줄 알고, 너 때문이 아닌 내 탓으로 마음의 빚을 지지 않아야 한다. 내가 세상을 살아감에 있어 맑은 정신과 밝은 눈과 깊은 마음으로 눈빛이 아닌 시선을 볼 수 있어야 한다.

　가슴 가득 행복을 심자. 모든 행복은 행복한 생각에서 출발한다. 생각은 눈에 보이지 않는다. 보이는 것은 보이지 않는 것에서부터 온다.

　가시적인 현실은 비가시적인 생각이 자란 열매이다. 행복한 생각을 심으면 행복한 인격이 나오고, 행복한 그 인격을 심으면 그곳에 행복한 인생이 나온다.

　헤헤헤헤~ 행복해서 웃고, 호호호호~ 호탕하게 웃고 화내지 않는 얼굴로 웃고 살자!

# 내가 변해야 행복이 온다

많은 사람들이 무슨 잘못된 일이 생기면 자기의 잘못은 조금도 생각하지 않고 일단 그것을 상대에게 돌린다.

'사장님이 월급을 많이 줘야 내가 일을 열심히 하지.'
'남편이 잘 해야 나도 잘 해주지.'
'아내가 먼저 웃어야 나도 웃어주지.'
'선생님이 공부를 잘 가르쳐야 내가 공부를 잘 하지.'
'정치인이 정치를 잘 해야 내가 잘 살지.'

이러한 생각은 모두 헛된 생각이다. 내 인생의 주인은 나일 뿐이지, 그 어느 누구도 대신할 수 없다. 그러나 우리는 문제의 본질을 찾을 때 스스로를 돌아보지 않고 외부에서 그 원인과 본질을 찾는다.

세상은 모두에게 동일한 것이다. 하늘에서는 누구에게나 똑같이 비를 내려준다. 이 비를 많이 맞는 사람이 있고 장독 뚜껑을 덮어둬서 하나도 맞지 못하는 사람이 있다.

단지 사람들이 바라보는 시각과 성향이 다를 뿐인데도 우리는 세상이 틀렸다고 생각한다.

아니, 세상이 틀렸는데 어떻게 지구가 하루에 한 번씩 자전을 하고, 일 년에 태양을 한 바퀴씩 도는가? 지구가 나를 위해 하루에 한 번씩 자전을 하는 것이 아니고, 태양이 나를 위해 일 년에 한 번씩 태양을 도는 것이 아니다. 그러니 우리가 삶을 풍요롭고 평화롭게 살기 위해서는 우리의 마음을 다스릴 줄 알고, 우리의 마음을 들여다봐야 한다.

삶을 어떻게 살아야 할지 태도와 방향을 결정하면 그 다음 우리의 마음은 알아서 제 갈 길을 간다. 또한 우리는 흔히 모든 일에 있어서 남을 탓하는 사람을 많이 목격한다.

일이 잘못되거나, 음식이 맛이 없거나, 길에서 누군가와 부딪히거나, 교통사고를 당하거나, 뭐든지 남의 탓만 하게 된다. 그런데 거기에 만약 내가 없다면 일이 잘못되지 않았을 것이고, 음식 맛이 다른 사람에게는 좋았을 것이고, 누군가와 부딪히지도 않았을 것이고, 교통사고를 당하지도 않았을 것이다. 단지 내가 거기에 존재하고 있었다는 이유 하나로 이 모든 것이 발생한 것이니 결국 내 탓이라고 생각해야 될 것이다. 그러기 위해서는 내가 먼저 변해야 한다. 장마로 인해 천장에서 비가 새면 벽지만 자꾸 바를 것이 아니라 아예 다시는 비가 새지 않도록 천장을 때워버려야 한다. 이렇게 집도 낡으면 리모델링을 하듯이 뭐든지 남의 탓으로 돌리는 사람은 다 내 탓이라는 생각을 가질 수 있도록 마음의 리모델링을 해야 한다. '내 탓이요!' 라고 하는 생각은 내가 비굴해지는 것이 아니라, 나의 부족함을 먼저 헤아려보는 마음일 것이다. 만약 내가 관심을 보인 사람에게서 반응이 없든지, 관심 베푼 만큼 돌아오는 것이 없을 때, 나의 부족함을 먼저 생각해야 한다.

내가 한 말이나 한 행동들이 오해를 받을 때는 나의 말과 행동이 경망스럽지는 않았는지 먼저 생각해야 하고, 사람들을 존경하고 사랑함에도 나는 그들에게 존경을 받지 못하거나 사랑을 받지 못한다면, 자신의 부족함을 먼저 살펴야 한다.

살아가면서 나의 잘못이나 나의 부족으로 오해받을 일까지 저질러 놓고 남을 탓하고, 변명하며, 오히려 화를 내기에 이르기까지 하는 것을 보게 된다. 자기 실수를 알고, 자기 잘못을 알면서도 체면이나 알량한 자존심이라는 것 때문에.

내 탓이라고 말할 줄 아는 사람은 자존심의 훼손이 아니라, 남을 배려하는 마음이요, 진정 나 자신을 변화시킬 줄 아는 사람이다.

물론 하루아침에 고치기는 힘들지만 점차 아이 같은 마음으로 먼저 미안함을, 고마움을, 배려함을, 용서함을 말하는 사람이야말로 21세기가 원하는 핵심 인재이다.

사실 요즘 말도 안 되는 문제를 가지고 이혼하는 부부가 얼마나 많은가? 남편이 치약을 허리부터 짜서 쓴다고 부부싸움하다가 헤어지는 부부도 있다고 한다. 상대의 타고난 습관을 고치려 하지 말고 내가 먼저 내 마음에 변화를 주면 된다.

실례로 어떤 신혼부부가 살고 있었는데 아내의 손버릇이 안 좋아서 아내가 이웃집에 놀러만 가면 물건을 한 가지씩 훔쳐온다고 한다. 하루는 이웃집 아주머니가 오더니 다짜고짜 "새댁, 어제 우리 집에서 진주반지 훔쳐 간 거 내놔! 안 내놓으면 경찰에 신고할 거야"라고 했다.

아내가 끝까지 훔치지 않았다고 발뺌을 했다. 동네 사람들이 모여 웅성거렸다.

이때 평소에 손버릇이 안 좋은 아내라는 걸 알고 있는 남편은 큰소리로 말했다.

"제 아내는 절대 그럴 사람이 아닙니다. 왜 제 아내에게 그런 누명을 씌우는 겁니까? 나는 아내를 믿습니다. 그러니 모두 돌아가 주십시오."

기가 죽은 이웃 사람들과 경찰은 모두 그냥 가버렸다. 남편은 아내가 훔쳐 온 반지를 들고 주인에게 찾아가 반지를 건네며 무릎을 꿇고 용서를 빌었다.

"죽을 죄를 지었습니다. 제 아내를 한 번만 용서해 주십시오. 다 이 못난 남편 때문입니다."

멀리서 남편의 행동을 지켜본 아내는 하염없이 눈물을 흘렸습니다. 남편의 진실한 사랑 그 큰 사랑이 주인의 용서를 받게 하였고, 아내에게는 잘못을 뉘우치고 반성하는 자세를 갖게 하였던 것이다.

35살 노총각이 집을 나갔다. 과연 누구 탓일까?

이것은 부모의 잘못도 아니고 바로 내 탓이다. 나부터 고치려고 노력을 해야 한다. 그래서 누군가 노벨상보다 더 큰 상이 '노력상' 이라고 하지 않았던가. 어느 할머니는 운전면허 시험을 50번만에 합격을 했다고 한다. 이 또한 노력인 것이다.

세계적으로 유명한 오프라 윈프리는 어린 나이인 9살 때 사촌오빠한테 성폭행을 당했고, 13살에 가출을 했고, 14살 때 미혼모로 사생아를 출산하였다.

이런 사람이 지금은 세계적인 토크쇼의 여왕이 되었다. 오프라 윈프리의 성공담은 바로 '내가 자라온 과정은 모두가 내 탓이요' 라고 했다.

이와 같이 상대가 변하기를 바라지 말고 모든 걸 내 탓이라 생각하고 나부터 변해야 파랑새가 날아오는 행복이 온다.

# 나를 행복하게 만드는 법

이 세상에서 가장 중요한 존재는 바로 '나' 라는 존재이다.

내가 있어야 아내가 있고 자식도 있다. 또한 내가 행복해야 가족도 행복하다. 내가 불행하다면 가족이 불행한 것은 틀림없는 사실이다. 그러니 나라는 존재가 얼마나 중요한가?

그래서 나는 나 자신이 먼저 행복하기 위해 아침 5시에 일어나면 맨먼저 3분 동안의 명상을 하며, 나에게 주문을 건다.

'나는 오늘도 행복하고 싶다. 나는 오늘도 행복하고 싶다….'

그 다음 상쾌한 아침 공기를 가르며 조깅을 하고 가족들과의 아침식사에서 한바탕 웃으며 오늘도 행복한 하루가 되자고 외친다.

행복이란 내가 만드는 것이지 남이 만들어 주는 것이 아니다.

나는 하루의 행복을 만들기 위해서 강의장을 적어도 1시간 전에 도착하여 관계자들과 큰소리로 인사부터 하며 명함을 건넨다.

"좋은 아침입니다. 행복한 하루 되세요."

그럼 관계자들도 덩달아 "행복하세요" 하고 서로 정겨운 인사를 한다.

강의를 시작하면 청중들만 행복한 것이 아니라 나 자신도 행복하기에 즐겁게 웃으며 강의에 임한다. 그리고 강의 시작 전에 청중에게 큰

소리로 한바탕 웃긴다.

"안녕 하세요~, 인사드립니다. 저는 지구 사람이 아닙니다. 경기도 화성에서 태어났습니다. 제 이름은 전쟁터에서 성공한 기적 같은 남자 전성기라고 합니다. 자~, 저의 왼 손을 잘 봐 주십시오. 여러분의 순발력을 한 번 테스트 해보도록 하겠습니다. 이 손이 왼손입니다. 이 손이 아래에서 점점 위로 올라갑니다. 올라가면 올라갈수록 박수를 빠르고 힘차게 쳐야 합니다. 아래로 내려오면 약하고 천천히, 아시겠죠? 자, 한 번 해보도록 하겠습니다."

손을 점점 위로 올린다. 박수 소리가 점점 빠르고 커진다. 갑자기 팍 내린다. 이때 박수 소리가 딱 멈춰야 한다. 이때 치는 사람이 있다면 "순발력이 떨어지는 분이 몇 분 있네요. 다시 한 번 해보도록 하겠습니다. 이번에는 정신 바짝 차리시고 틀리신 분에게는 벌칙을 드리겠습니다. 자~~ 올라갑니다. 와~ 무척 잘하십니다. 모두들 대단하시네요. 자, 그럼 이번에는 오른손에 도전해 보겠습니다. 오른손은 함성을 지르는 것입니다. 오른손이 올라갈수록 함성이 점점 더 커지는 것이죠. 물론 이렇게 내려오면 작아지고, 자~ 준비되셨죠? 자~~ 올라갑니다 ~."

이렇게 하면 함성 소리가 점점 커진다.

"이번에는 두 손을 같이 해보겠습니다. 엄청 어렵겠지만 잘하시리라 믿습니다. 분명이 왼손은 박수, 오른손은 함성입니다. 박수를 쳐야 할 때 함성 지르시는 분은 앞으로 불러 모시겠습니다. 정신 바짝 차리십시오. 자, 왼손 올라갑니다."

이렇게 하면서 왼손을 서서히 올리고 오른손도 뒤따라 올린다. 그러면 박수와 함께 함성도 나온다. 박수 소리와 함성이 최고조에 달했을 때 나는 의자에서 내려와 인사를 한다.

"이렇게 열렬히 환영해 주셔서 대단히 감사합니다. 여러분의 뜨거운 환영에 몸 둘 바를 모르겠습니다. 제가 열정적인 강의로 그 박수에 보답하겠습니다."

이렇게 깊게 인사를 하면 청중들이 속았다는 기분이 들면서 멋진 반전에 웃음과 박수를 다시 보내준다.

다시 정식으로 감사하다는 인사말과 함께 강의를 시작한다.


행복하게 만드는 방법으로 나는 무조건 나에 대한 감사를 늘 외친다.

'나는 내가 좋아, 나는 내가 정말 좋아, 눈아! 감사해, 코야! 감사해, 입아! 감사해!'

이런 식으로 우선 나의 신체에 대해 감사를 느낀다. 이렇게 감사하는 마음이 생기면 나누어 주고 싶은 마음이 생기므로 내가 행복하다. 이웃에게 베풀어야 하는 것을 돈만 두고 하는 말이 결코 아니다. 소유하는 재산도, 소장품도, 지식도, 기술도 너그럽게 아낌없이 나누어 주고 가야 한다.

그것을 가족에게 또는 자녀에게만 주고 가겠다고 몸부림하다가 갑자기 돌아가니까 비난이 쏟아지는 것이다. 나의 알량하고 쥐꼬리만한 지식을 가지고 나 혼자 알고 떠들고 즐기다가 가면 무슨 보람이 있겠는가.

강의와 모임을 통해 기회가 되면 가슴속에 담아 두었던 이야기를 학생들과 모두에게 남김없이 토해내고 가야 한다.

친구나 후배들을 만나 내가 먼저 저녁식사 값을 내고 베풀면 내가 행복해지는 것을 느낀다.

남보다 지식과 지위와 돈을 좀 더 가졌다고 자랑할 것이 아니라, 더 큰 삶의 가치를 창조하려면 내가 먼저 그것을 이웃과 지역사회에 나누어 주어야 행복의 기쁨을 알게 된다.

또 내가 행복하려면 내가 먼저 웃어야 한다. 내가 행복해지기를 기다리지 말고 그 전에 웃어야 한다. '자칫하다가는 웃어 보지도 못하고 죽게 된다' 라는 말도 있다.

17세기의 작가 라 브뤼예르가 말했다.

어떤 스포츠에서든 다양한 작전과 전술이 있다. 권투 시합 중 상대 방에게 난타를 당했을 때 움직여지지 않는 몸을 움직이는 것보다는 클린치를 하는 것이 더 적합한 전술이다.

그러나 그 시련과 장애를 껴안고 몸으로 부딪친다면 우리는 그것에 의해 쓰러지는 것이 아니라, 그것을 극복하게 되어 행복이 찾아온다.

행복해지고 싶다면 행복하려고 노력하라.

집을 깔끔하게 정리하듯 내 마음에서 버릴 것은 버리고 간수할 것은 간수해야 하는 것이다.

자, 그럼 여기서 내가 행복하고 싶다면 먼저 등을 꼿꼿이 세우고 앉아 보자. 그리고 이제껏 살아오면서 행복했거나 성공했던 일을 떠올려 보자. 이제 양손을 깍지 끼고 무릎 위에 올려라. 그 다음 눈을 감고 그러한 만족스런 순간들이 벌어지고 있는 것처럼 생생하게 머릿속으로 그려보라. 또 그 배경 속에서 벌어지는 세부적인 상황을 떠올려 보라. 그 다음 당신이 어떻게 웃고 어떻게 말하고 있는지를 잘 지켜보라. 이 모습이야말로 진짜 당신이 행복해지고 싶은 모습이다.

그리고 어느 누가 날 유혹해도 내가 행복하다는 마음을 가져야 한다.

만약 누가 내 앞에서 돈을 세고 있으면 '나도 알부자야, 어제 계란 두 판 들여 놨어' 라고 생각하면 행복하다.

또한 남을 도와 줄 때는 항상 흐뭇함을 느끼고 칭찬이나 대가는 바라지 말아야 행복하다.

# 피할 수 없다면 즐겨라

내가 구두닦이를 했을 때의 일이다. 이 세상 누구도 그 일에 만족해서 하는 사람은 거의 드믈다. 정말 마지못해 하는 경우가 많다.

나 역시 구두닦이가 좋아서라기보다는 그 당시 그것을 해야만 허기진 배를 채울 수가 있고, 하고 싶은 공부도 할 수 있었기 때문에 어쩔 수 없이 하였다.

어차피 해야 하는 일이라면 즐기면서 재미있게 하자는 마음으로 하니 남보다 구두를 잘 닦는다는 말을 듣게 되었다. 똑같은 구두를 닦아도 나에게 닦으면 며칠이 지나도 광택이 반짝반짝 살아있다. 그만큼 구두 닦는 기술을 남모르게 연마했기 때문이다.

또 그 당시에는 지금처럼 구두 닦는 장소나 센터가 있는 것이 아니라 구두통을 어깨에 메고 구두 닦으라고 소리치며 다녔었다. 다른 아이들이 "구두 닦으세요. 신 닦으세요" 하면 나는 좀 더 오래 한 숙련공처럼 보이려고 "구 다워~예~. 신 닦수~아~"라고 했다.

구두를 잘 닦고 못 닦는 것은 요리사가 음식을 만드는 것과 똑같은 이치이다. 나에게 구두를 닦은 손님마다 한마디씩 한다.

"야~ 꼬마야, 넌 어쩌면 구두를 그렇게 잘 닦니? 잘 닦으니까 너한테만 닦게 되는구나. 비법이라도 있니?"

"비법은 없어요. 미쳐서 즐기며 재미있게 닦으면 실력은 저절로 느는 걸요."

난 마술사처럼 구두 솔을 높이 돌리는 묘기까지 보여준다. 그러기에 단골을 많이 확보하고 돈도 더 많이 벌 수 있었다.

그 당시 같은 구두닦이 아이끼리 하숙생활을 했다. 하숙비를 못내는 아이들을 대신해 하숙비를 내주었고, 배고픈 아이들한테는 밥도 사주었다. 나는 그 일이 너무너무 즐겁고 행복했었다.

"꼬마야, 너는 죽도록 벌어서 남 다 도와주면 어떻게 살려고 그래?"

"괜찮아요. 또 벌면 되지요!"

주인아주머니는 내가 기특하다고 식사시간에 반찬도 한두 가지 더 챙겨준다.

나에게 있어 구두 닦는 일은 그렇게 고마울 수가 없었다. 돈 벌어 남을 도울 수도 있고, 공부도 할 수 있고, 즐겁게 미쳐서 하니 재미도 있고, 하여튼 나에게는 하늘이 내려준 천직이었다.

아무리 어렵고 피와 땀이 범벅이 되어도 그 일을 즐기는 자는 오히

려 행복하다.

우리 인생은 장애물 투성이다. 인생의 장애물을 이기려면 시련을 즐길 줄 알아야 한다. 주어진 환경과 처지를 탓하기 전에 내 앞에 놓여 있는 현실을 직시하여 시련을 즐거움으로 생각하고 그 환경을 스스로 만들어 가야 한다.

한번 살고 가는 인생은 생방송이다. 인생은 절대 NG가 없다. 우리는 그 인생의 감독이고, 제작자이고, 작가이다. 나의 길을 가는데 가장 중요한 것은 바로 나의 꿋꿋한 의지이다.

그것이 비록 초라하고 남이 날 부러워하지 않아도 내가 만족하고 행복하면 되지 않겠는가.

한니발 장군은 이렇게 말했다.

"인생은 장애물의 연속이다. 때때로 상처와 비통과 슬픔을 주기도 한다. 고로 길을 찾을 수 없다면 만들라!"

생각해 보라. 만약 내 등에 짐이 없다면 오히려 즐거움과 기쁨을 잃을 수도 있다. 물살이 센 물을 건널 때는 오히려 등에 짐이 있어야 물에 휩쓸리지 않고, 화물차가 언덕을 오를 때는 짐을 실어야 헛바퀴가 돌지 않는 것이다.

1960년 내 나이 10살 때 열차에서 김밥 장사를 할 때의 일이다.

팔다가 붙잡혀 가면 매도 많이 맞고 김밥을 다 빼앗긴다. 그러니까 공안원이 오는지를 살피면서 팔아야 하니 나도 모르게 이렇게 소리를 질렀다.

"두리번, 두리번, 두리번 김밥요. 김밥, 뚤뚤 말아 김밥."

나는 지금 강의를 할 때도 가끔 그 당시 고생했던 시절 이야기를 하면 청중들은 웃다가 울다가 얼굴이 얼룩져 버리고 만다.

고생담 얘기를 하는데 내 나이 또래 정도 되는 분이 일어나더니 "강사님, 나도 강사님 이상 고생한 사람입니다. 그 정도 고생 안 해본 사람이 어디 있습니까? 난 이래 뵈도 구청장 직인을 가지고 다니는 사람입니다"라고 하는 것이다.

무슨 일로 구청장 직인을 가지고 다니시냐고 묻자, 자신의 주민등록을 꺼내더니 주민등록증 밑의 직인을 가리켰다. 그리곤 한 말씀하셨다.

"구민으로서 저도 한마디 했습니다."

청중들과 나는 유쾌하게 웃었었다.

또 한 가지 기억, 내가 남대문 시장 좌판 옷 장사할 때의 일이다.

지금 생각하면 웃음이 절로 나오는 일로, 오직 먹고 살기 위해서 피할 수 없는 일을 내가 즐겼기 때문에 남보다 옷을 많이 판 것 같다. 박수를 막 치면서 신나게 소리쳤다.

"자~ 골라, 골라. 아버지 바지 합바지, 엄마 바지 당꼬 바지, 아가씨 바지 맘보 바지, 할머니 바지 몸빼 바지, 할아버지 바지 통바지, 아줌마 바지 쫄쫄이 바지. 자, 골라 봐요. 앗사라비야 쿵따리싸바~."

자, 이제 우리 모두 즐기며 살자. 피할 수 없다면 즐겨라.



어느 속옷 가게에 30대 중반의 젊은 남자가 물건을 사러 왔다.
여종업원은 여러 가지 브래지어의 장점을 설명했다.
"이 브라는 재봉선이 없어 착용감이 끝내 줍니다.
이 브래지어는 밑에서는 받쳐주고 옆에서는 모아주어
가슴을 아주 예쁘게 만들어 줍니다.
그 밑의 것은 스킨브라로 에로틱한 분위기를 연출
해주고요."
이 말을 들은 남자는 한마디 했다.
"이것저것 다 필요 없고, 벗기기 쉬운 걸로 하나 골
라 주세요."

# 행복의 인맥을 넓혀라

우리가 행복하기 위해서는 가장 중요한 것 두 가지가 있다.

첫째는 건강이고, 두 번째는 인맥이다.

나는 행복하기 위한 방법 중 하나를 선택하라고 하면 인맥관리를 잘해야 된다고 자신 있게 말한다. 아무리 돈 한 푼 없는 사람이라도 인맥관리가 잘되어 있다면 일단 행복한 사람이라고 봐야 하지 않을까.

가령 결혼식에 아무도 안 왔다고 가정하자. 얼마나 우울할 것인가? 대한민국에서 친구도 없이 나 혼자라고 하자. 얼마나 쓸쓸하겠는가?

내가 행복한 인맥을 넓히려면 모든 것을 아낌없이 주어야 한다. 줄 때는 무엇을 바라고 주면 안 되며 우선 물질이 아닌 내가 알고 있는 모든 것을 주도록 한다. 간혹 나의 모든 걸 알려 주면 손해라고 생각하는 사람이 있는데, 절대 그렇지 않다. 내가 알고 있는 모든 것을 알려 줌으로써 그만큼 신뢰가 쌓이고 많은 사람을 알게 된다.

내가 어릴 때 구두 잘 닦는 꼬마라고 소문이 났다. 그래서 단골손님이 많았다. 같은 동료들에게 나의 실력을 아낌없이 가르쳐 주었다. 그것이 인연이 되어 후에 큰 회사에서 구두를 닦는 계기가 됐다. 그렇기 때문에 젊었을 때는 돈을 빌려서라도 훌륭한 인맥을 만들어야 한다.

"물은 어떤 그릇에 담느냐에 따라 모양이 달라지지만, 사람은 어떤 친구를 사귀느냐에 따라 운명이 결정된다."

히구치 히로타로 아사히맥주 회장의 말이다.

"그대의 친구를 말해 보라. 그대가 어떤 사람인지 알아 맞출 테니."

이 말은 돈키호테의 작가 미구엘 데 세르반테스가 한 말이다. 사귀는 친구를 보면 그 사람이 어떤 친구인지 알 수 있다는 뜻이다.

당나라 시인 백낙천은 고문진보(古文眞寶)에서 '백년의 고락이 남을 따라 생기는구나. 인생행로의 어려움이여, 산 넘기보다 어렵고 물 건너기보다 어렵구나' 라고 하였다.

인생 100년의 기쁨과 슬픔이 곧 다른 사람과의 관계에서 비롯된다는 것으로 결국 인맥은 우리의 삶이요, 행복이다. 인맥은 인간관계이며, 인맥관리는 태어나서 죽을 때까지 맺는 여러 인간관계가 올바로 형성, 유지되도록 관리하는 것이다. 따라서 인맥관리는 성공을 위한 것이라기보다 행복을 위한 것이다. 성공을 위해 좋은 인맥이 필요한 것이 아니라 좋은 인맥, 좋은 인간관계는 이미 큰 성공이자 행복이다.

그래서 미국 휴렛 팩커드 창업자인 데이빗 팩커드(David Packard)는 "좋은 사람을 만나는 것은 신이 주는 축복이다. 그 사람과의 관계를 지속시키지 않으면 축복을 저버리는 것과 같다"라고 말하였다.

개그맨 박경림 씨는 자신이 지닌 최고의 자산을 '인맥' 이라고 말했다.그녀가 자랑하는 인맥이 3,000~4,000명이라니 놀랍다. 박경림 씨는 선물할 때 무엇을 바라고 준 적이 단 한번도 없다고 한다. 만나는 사람마다 맞장구 잘 쳐주고 칭찬해 주니까 사람들이 따르게 되었다. 그녀가 결혼할 때 그 사람들이 거의 참석을 했다고 한다.

인맥을 넓히려면 먼저 당신이 매력 있는 사람이 되어야 한다. 당신이 매력이 있으면 주변 사람들도 모여드는데, 매력이 없으면 있는 사람들도 떨어져 나간다. 그러기 위해서는 많은 재능을 연마해서 주변

사람들에게 아낌없이 가르쳐 주어야 한다. 지금, 국내에서 연 매출 천
억 이상 올리는 유명 패션업체 여성 사장에게 재산도 무일푼인 당신이
이렇게 성공한 비결이 무엇이냐고 하자, '인맥' 이라고 했다.

이 여성 사장이 성공한 비결은 매일같이 새벽 5시에 고급 사우나에
가서 부잣집 사모님들께 음료수를 나누어 주었다고 한다. 그러던 중 3
년이 지난 어느 날 모 회장 사모님이 그냥 해보라며 매장을 주었는데,
이 매장에서 엄청난 매출이 올랐다고 한다. 지금은 연간 천 억이 넘는
판매로 재벌 여성 사장이 된 것이니 자신의 목표를 위해 인맥 쌓기에
기울인 노력이 가상하다. 당신이 관계하고 있는 인맥 가운데 누가 보
물이 될지 아무도 모르는 일이다. 지금 당신 주변의 가까이 있는 사람
을 아주 중요하게 생각해야 한다.

이 세상에서 가장 못생긴 내가 아름다운 여성들에게서 강연 초청을
받는 것은 잘 나서가 아니다. 그 여성들께서 성공할 수 있도록 가치관
을 심어주었기 때문일 것이다.

나는 항상 주위 사람들이나 청중들에게 말한다. '부정적인 사람들
하고는 눈도 마주치지 마라' 고. 항상 나에게 꿈을 줄 수 있는 사람, 내

가 성공할 수 있도록 도움을 줄 수 있는 사람을 만나라고 권한다. 왜냐하면 만남이라는 것이 그만큼 중요한 까닭이다.

우리가 행복하려면 돈을 만나지 말고 사람을 만나야 한다. 내가 행복하면 돈은 저절로 따라온다. 사람! 다시 말해서 인맥이 중요한 것이다. 돈을 쫓아 다니면 절대 돈이 따르지 않는다. 잘 사는 사람은 잘 사는 짓을 하고, 못 사는 사람은 못 사는 짓을 하는 것이다.

인맥관리는 꿈을 이룰 수 있게 한다. 내가 만나는 사람들은 내 꿈과 내 목표에 영향을 준다고 생각해 보라. 그리고 그것은 바로 행복으로 이어지는 것이다. 인맥은 행복뿐만이 아니라 기회까지 가져다주는 것이다. 그뿐인가. 살다가 위기를 만날 때도 인맥은 큰 도움을 준다. 마치 보험과 같은 것이다. 돈, 명예도 좋지만 인맥이 가장 큰 행복이다. 외로운 부자는 없다고 부자들은 인맥관리를 아주 중요하게 생각한다.

이 모든 것들이 모여 행복이 되는 것이다. 인맥은 곧 행복이다.



어떤 남자가 술에 취해 걷다가, 흙탕물에 쓰러져 자고 있었다.
그 앞을 지나던 아줌마 세 명, 누구 집 아저씨인지 얼굴이 흙탕물 범벅이 되어 알 수 없었다. 혹시나 내 신랑인가 싶어 첫 번째 아줌마가 남자의 지퍼를 내려 빼꼼히 거시기를 쳐다보며
"어, 울 신랑은 아니네….”
그러자 옆에 있던 또 한 아줌마, 지퍼 속의 거시기를 쳐다보고 하는 말
"맞어! 니 신랑은 아니네….”
그러더니 옆에 있던 마지막 아줌마, 지퍼 속의 거시기를 쳐다보더니 하는 말
"울 동네 남자는 아니네 그려."

# 제3부

# 행복 만들기 가족작전 '트레이닝'

- 행복 가정을 경영하라
- 부드러운 여자가 행복한 가정을 꾸린다
- 아~ 웃음이 바로 행복이구나!
- 사랑이 식으면 행복도 떠난다
- 부부의 존경 속에 파랑새가 날아온다
- 욕심은 행복을 가로막는 무서운 적이다
- 사람이 모여야 행복하다
- 웃음과 유머는 보약 중의 보약
- 행복을 끌어내는 행복 웃음법
- 참다운 행복
- 행복은 정말 아름다운 것

# 행복 가정을 경영하라

행복 가정 경영이란 서로 아껴주고 칭찬해 주고 감싸 주는 것을 말한다.

남녀가 처음 만났을 때는 잠깐만 떨어져 있어도 보고 싶다. 그 후 결혼해서 아이를 낳으면 아이가 너무 예뻐서 마치 인형처럼 업었다, 안았다, 쪽쪽 빨고 난리가 난다. 어디 그것뿐인가? 서로 존경해 주고 감싸 준다.

"저희 남편은요 너무 남자답구요, 지적이시구요, 핸썸하시구요, 나를 너무 사랑해 줘요."

그런데 살다보면 뭐라고 하는가?

"아이구 웬수! 지겨워 죽겠어. 못 살겠어"라고 한다.

남녀가 처음 만나 데이트할 때 같이 식사하다가 국을 쏟으면 재빨리 수건으로 닦아주면서 어디 데지는 않았는지 걱정하며 살갑게 묻기라도 한다. 그런데 결혼해 어느덧 살다 똑같은 경우가 닥치면 "아이구 등신! 바보같이 국을 쏟아?" 이렇게 면박을 준다.

얼마 전 우리 동네 신혼부부 집에서 불이 났다. 같이 산 지 2년밖에 안 됐는데 남편이 홧김에 불을 질렀다는 것이다. 싸운 원인을 알아보니 국가를 위해서 싸운 것도 아니고, 글쎄 남편이 돈도 못 벌어 오면 서 반찬투정을 했다는 것이다.

그러고 보니 나도 신혼 때 반찬투정한 기억이 난다.

"여보, 반찬이 왜 이래. 당신이나 먹어. 당신 손재주가 왜 그렇게 없어?"

지금은 완전히 바뀌었다. 아내가 소고기 해주면 "역시 당신의 쇠고기 맛은 천하일품이야." 돼지고기 해 주면 "역시 고기는 돼지고기 맛이 최고야."

어쩌다 아내가 생선을 구워주면 "그래 이 맛이야. 어떤 반찬이 이 맛을 따라와. 감히."

"이야~, 살살 녹는다. 간장 하나만 올려놔도 이렇게 맛있는 밥 처음 먹어 봐"라고 하면 아내의 만면에 희색이 돈다. 그것뿐인가. 반찬이 점점 진수성찬이다.

이 세상에 털어서 먼지 안 나는 사람 어디 있는가? 그것을 뜯어 고쳐 수리하고 정비해서 행복하게 사는 것이 행복 가정 경영이다.

부부의 권태기란 상대보다는 내가 변해서 그런 경우가 태반이다. 바로 모든 문제는 나로부터 출발한다.

부부는 서로 이해하고 용서할 줄 알아야 한다. 마치 한 번 쓰고 버리는 일회용 휴지에 비유를 해보자. 이 일회용 휴지를 다시 빨아서 말려서 쓸 수는 없다. 일회용 휴지처럼 조금씩 서로 흉보는 걸 아낄 줄 알아야 한다. 모르는 사람끼리 만나서 어떻게 서로 입맛에 꼭 맞을 수 있겠는가? 항상 서로를 존경하라.

나는 강연가기 전날 꼭 아내 앞에서 오디션을 본다.

"여보, 내일 여성 주부대학 강연 가는데 오디션 좀 봐줘요. 오징어 굽는 춤춰볼게요."

내가 연탄불에 오징어 구워지는 춤을 보이면 아내는 배꼽 빠진다고 웃어제낀다.

"이번에는 한 마리에 5천 원짜리 구워봐요."

그럼 천천히 양손을 비틀어 가면서 간신히 구워지는 모습을 보여 준다. 그 다음 이주일 춤. "콩나물 무쳤냐. 미원 넣고, 간장 넣고, 소금 넣고 팍팍 무쳤냐. 일단 무치시라니깐요."

그럼 또 아내가 자지러지게 웃고 내일의 강연이 참 재미있을 거라며 아낌없는 박수를 쳐준다. 오늘도 변함없이 칭찬을 아끼지 않는 나의 아내. 아내는 나에게 둘도 없는 고정 관객이다. 관객이 있어야 나는 훌륭한 연기자가 될 수 있고 훌륭한 강사가 될 수 있다. 내가 연기와 강의를 할 때면 언제나 아내는 잘못된 점을 지적해 주고 아낌없는 박수와 크나큰 웃음을 보여준다. 내가 여러 가지 표정과 춤 그리고 강의를 보여 줄 때마다 아내는 항상 만족스러운 표정이다. 이것이 바로 서로를 아껴주는 의사소통이다.

회사에는 사훈(社訓)이 있고, 가정에는 가훈(家訓)이 있다. 그래서 우리집 가훈은 '행복하게 웃자'이다. 지금 생각해 보면 너무 잘 지은 것 같다. 가장과 가족 구성원과의 대화의 폭과 깊이에 따라 행복의 질이 결정된다. 많은 대화가 오가는 가정은 절대 불행할 수 없다. 많은 대화 속에는 서로에 대한 신뢰(信賴), 배려(配慮)가 듬뿍 묻어 있기 때문이다.

'연분이 따로 있나 짝이 맞으면 연분이지. 호박꽃도 꽃이라네. 이왕에 만났으니 잘 살아 보자구요' 라는 노래도 있지 않은가!

# 부드러운 여자가
# 행복한 가정을 꾸린다

얼마 전 연극인 윤석화 씨의 커피 광고가 생각난다.

'저도 알고 보면 부드러운 여자예요'라는 커피 광고를 하여 상당한 실적을 올린 바 있다. 또 정덕희 씨가 쓴 《부드러운 여자가 남자를 지배한다》라는 책이 날개 돋힌 듯 팔린 적이 있다. 남편에게 존경받는 부드러운 여자의 공통점은 칭찬과 맞장구를 잘 쳐주는 여자라고 한다. 아내의 기분 좋은 부드러운 말 한마디가 남편의 하루의 기분을 좌우한다.

실례로 10만 명의 남성을 조사한 결과 아침마다 부드러운 말 한마디와 함께 볼에 키스를 받고 출근한 남편의 연봉이 40% 이상 올랐다고 한다. 그 이유는 남자들의 공통점은 모든 걸 지배하고 싶은 욕망과 자존심이기 때문이다.

부드러운 여자는 바로 이 자존심을 건드리지 않는다는 것이다.

'어느 누가 뭐라고 해도 내 남편이 최고야'라는 걸 보여 줘야 남자는 좋아한다. 평강공주가 바보온달을 장군으로 만든 것도 평강공주의 아낌없는 칭찬과 배려와 맞장구를 잘 쳐주었기 때문이다.

"장군님은 꼭 해내실 수 있어요." 이 말을 매일 바보온달에게 반복해 주었다고 한다.

감동은 감격을 낳고 감격은 행복을 잉태한다. 특히, 남편은 이런 것에 감동을 받는다.

저녁에 와인 한 잔 나누며 그윽하게, '여보 사랑해요.'

힘없는 남편에게, '여보 여기 보약 한 첩 지어 왔어요.' '당신 없으면 하루도 못 살 거야. 여보, 고마워요.'

확신에 찬 어조로, '당신은 다른 남자와는 질적으로 달라요.'

노래방 가면 부를 노래, '당신 없이는 못 살아~.'

조금만 잘했어도, '와 어떻게 그런 생각을?'

**〈남편에게 상처 주는 말, 말, 말〉**

주위에 사람 있을 때 남편을 깎아 내리는 언어

- '당신은 무엇을 해도 절대 안돼. 그 주제에 뭘 하겠어!'
- '자식 꼴 봐라. 꼭 지 애비 닮아 가지고!'
- '내가 사장이라도 당신 진급 안 시키겠다.'
- '왜 밤에 힘을 못 써. 누구 생긴 거 아냐?'
- '이런 날강도! 내 옆에 오지도 마, 재수 없어! 당신이 먼저 고쳐!'
- '놀고 있네. 꼴깝 떠네. 아이구 지겨워. 나가 죽어라.'

아마 당신이 부드러운 여자라면 위와 같은 현상을 반대로 운영해 나갈 것이다.

**〈부드러운 여자의 공통점〉**

- 남편이 선물하면 고맙다는 인사를 꼭 한다. (개떡 같은 선물이라도)
- 남편이 흥분했을 때 맞받아치지 말고 침묵을 지켜준다.
- 남편의 실수를 지적하지 않는다. (아무데서나 충고 금물)

- 내 남편과 다른 남편 비교하면 불난데 부채질
- 남편의 좋은 점을 칭찬하라. 바보도 장군 된다.
- 남편의 잘못에는 한 눈 감아라. 잘함에는 두 눈을 크게 떠라.
- 언짢은 이야기는 한 번만 하라. 두 번 다시 말하면 치매로 오인받는다.
- 남 앞에서는 반드시 위신을 세워줘라.  으쓱으쓱!
- 집에 들어오고 싶은 분위기를 만들어 주어라.


남편이 집에 들어오는 것을 즐겁게 하려면 집안이 편안하고 아내가 부드럽다는 느낌을 받아야 할 것이다. 회사에서 하루 종일 긴장과 스트레스 속에서 일했는데 집에 들어가서 또 다시 긴장하고 스트레스를 받는다면 어느 누가 집에 들어가고 싶겠는가?

부드러운 여자는 남편이 집에 들어오는 것에 대한 보람과 충분한 보상을 느끼게 해준다는 것이다.

또한 시댁 식구에게 안부전화 자주해 주고 신경을 써주니까 남편 입에서 '장모님 온천여행 보내드리라' 는 말이 절로 나온다.

다시 말해서 부드러운 여자의 살아가는 방침이란 남편이 먼저 해주길 바라지 않고, 남편을 향한 서비스 정신이 훌륭하다는 것이다.

'하늘을 봐야 별을 따지' 가 아니라, '별이 예쁘게 보여야 하늘을 보지' 라는 개념이 부드러운 여자의 특징이다. 그렇게 하려면 남편의 성격과 그외 모든 스타일을 알면 도움이 될 것이다.

# 아~ 웃음이 바로 행복이구나!

나는 웃음과 행복 강의를 하기 전에 항상 화장실에서 혼자 5분 정도 실컷 웃고 난 다음에 강의에 들어간다. 한바탕 웃고 나면 마음이 행복해지면서 강의가 술술 잘 풀린다.

내가 각설이 공연을 다닐 때의 일이다. 식당에 들어가 식사를 시키니 주인은 내가 정말 거지인 줄 알고 음식을 팔지 않는다는 것이다.

"아주머니, 난 거지가 아니고 각설이 공연 다니는 사람이예요. 돈을 드릴 테니 걱정 말고 음식을 주세요."

주인은 돈을 먼저 보여달라고 했고, 돈을 보여주자 음식을 가져왔다.

식사 후 나는 "아주머니, 사람이 살다보면 그럴 수도 있죠. 늘 웃으시면서 행복하게 사세요"라고 말했다.

나는 홀가분한 마음으로 떠나올 수 있었다.

사람이 우연의 일치라는 것이 있나 보다.

그 얼마 후에 바로 그 식당 옆 건물 핸드폰 가게에서 개업기념 이벤트공연을 하게 되었다.

내가 신나게 각설이 공연을 하고 있을 때 바로 그 식당 주인아주머니가 날 보게 되었다.

“아이구~, 세상에. 이렇게 재미있는 분이신 줄 몰랐네. 이런 분을 거지인 줄 알고 음식 안 판다고 나가라고 했으니 나는 천벌받아 죽어야 돼”하며 아주 미안해 하셨다.

“아주머니, 살다보면 그럴 수 있지요. 그만 하세요”하며 팔고 있는 엿을 손에 쥐어드렸다.

각설이 공연을 무사히 마치고 집에 들어가니 막내가 집 앞에서 놀고 있었다. 막내가 날 보더니 도망치듯 집으로 달음질 한다.

“왜, 무슨 일 있었니?”

“아빠, 나 학교 가기 싫어요. 친구들이 아빠 거지라고 놀려요.”

“아빠는 공연을 하는 사람이지 거지가 아니다. 친구들에게 오히려 자랑을 해도 된다. 우리 아빠는 공연하는 연예인이라고….”

아이를 이해시키며 타일렀다.

다음날, 학교에 다녀온 아이의 표정이 아주 밝았다.

“그럼, 그럼. 우린 행복한 연예인 가족이지. 하하하하하하~.”

우리가 살다보면 오해를 받을 일이 많이 생긴다.

이런 말이 있다. 5-3=2! 이게 무슨 말인가. 아무리 오해할 일도 세 발만 물러서서 생각하면 무엇이든지 이해할 수 있다고 하지 않는가? 이럴수록 우리는 활짝 웃으면서 ‘긍정의 초’를 한 방울 뿌려서 초긍정적으로 살아야 한다. 그렇다면 이내 웃음이 나오고 내 마음이 행복하다.

한 번은 공연 출연문제로 전화가 왔다.

“여보세요. 거기 품바 각설이 하는 전성기 씨 맞지요? 여기 인천입니다. 주민 노래자랑에 선생님을 초대하고 싶습니다.”

나는 너무 좋아서 “감사합니다. 할 수 있습니다”라고 말했다.

다음날 또 다시 거지 분장에 각설이 공연을 하기 위해서 부랴부랴 공연장소로 달려갔다.

잠시 후 사회자가 멘트를 한다.

"주민 여러분, 감사합니다. 지금부터 주민 노래자랑을 하기 전에 축하공연이 있겠습니다. 인기가수 배일호 씨를 모시겠습니다."

사람들은 일제히 박수를 치며 엉덩이를 들썩이면서 좋아라 따라 불렀다.

배일호 씨의 순서가 끝나자 다음 가수를 소개했다.

"네, 감사합니다. 이번에는 여러분이 좋아하시는 인기가수 남진 씨가 나오십니다."

환호의 박수 속에 남진 씨의 노래가 끝나고 사회자가 나를 소개했다.

"자, 이번에는 신나고 살판 나는 전성기 씨의 각설이 공연을 보시겠습니다."

그런데 이게 어찌된 일인가? 사람들이 남진 씨의 사인을 받기 위해서 모두 가버리고 없었다. 이것이 무명의 설움이구나….

기대하던 공연을 못하고 그냥 돌아가야만 했다.

아무리 어려운 일이 닥쳐도 웃다보면 행복이 오는 것이다. 나는 하늘을 향해 소리쳤다.

"나는 행복할꺼야~!"

지하철을 타고 집에 가는 길에 팔다리가 없는 장애자가 노래하며 구걸하는 것을 보게 되었다. 사람들은 냉대하는 표정으로 아무도 도와주지를 않았다. 나는 잠시 생각했다. 내 비록 가진 것 없어 돈은 못 줄망정 그냥이라도 돕고 싶은 마음이 들었다. 그래서 장애자와 함께 신나게 노래를 불러주니까, 사람들이 재미있다면서 여기저기서 돈을 던지는 것이다.

그렇다. 사람들은 재미가 있어야 지갑을 여는 것이다. 재미있으면 기분이 좋고 기분이 좋으면 기쁨이 넘치는 것이다. 기쁨이 무엇인가. 기를 뿜어낸다는 것이다. 슬픔은 반으로 줄고 기쁨은 두 배로 늘어난다. 당신이 행복하게 살고 싶다면 항상 웃어라! 웃음은 행복을 만들어 주는 도구이다.

아침 출근시간에 지하철을 타고 관공서로 웃음 행복 강의를 가는 길이었다. 출근시간이라 발 디딜 틈이 없었다. 갑자기 발등에 구멍이 날 정도로 통증을 느꼈다. 옆의 여자 분이 하이힐 구두로 내 발등을 밟은 것이다. 밟은 여자분 또한 많이 놀라며 "죄송해요. 많이 아프시면 약이라도 사서 바르시지요."

"아닙니다. 내 발등에 복을 내려 주셔서 너무 감사합니다. 저는 웃음과 행복을 파는 행복 강사입니다. 연락이나 한 번 하세요. 하하하." 그렇게 말하며 명함을 건네고, 다음날 차 한 잔 대접하겠노라는 전화를 받았을 때 난 또 깨달을 수 있었다. 위기의 상황에서 웃으면 반드시 행복이 뒤따른다는 걸.

우리 모두 마음껏 웃으면서 행복의 종착역까지 달려가자. 하하하하 하하하~.

 웃음을 팔러 다니는 전성기의 행복장사

# 사랑이 식으면 행복도 떠난다

나는 이 세상에서 가장 중요한 것은 부부라고 생각한다.

많은 사람들도 그렇게 하겠지만 나 역시 핸드폰 단축번호 1번은 아내의 핸드폰 번호다.

아내 역시 그렇다. 이 세상의 모든 숫자는 1부터 시작된다. 일, 십, 백, 천, 만, 십만, 백만…. 어떠한 숫자라도 1부터 시작이다. 바로 그 1이라는 숫자가 가정인 것이다.

부부가 행복하면 가정이 행복하고, 가정이 행복하면 직장이 행복하고 나라가 행복하다.

그러나 부부가 서로 사랑을 하기 위해서 얼마나 간사한지 모른다.

결혼하기 전에 여자가 물어 본다

"저~, 무슨 색깔을 좋아하세요?"

"빨간색요."

"어머나, 정열적이시군요. 너무 멋있어요."

결혼하면 이렇게 바뀐다.

"무슨 공산당이냐. 남자가 치사하게 빨간색을 좋아하게!"

결혼 전에 남자가 물어본다.

"저~, 뭘 드시겠어요?"

"철수씨 좋아하는 것 저도 좋아해요."

"여기 자장면 둘 주세요!"

결혼하면 이렇게 바뀐다.

"놀구 있네. 왜 내가 먹을 걸 당신이 시켜?"

남자가 왼손으로 밥을 먹으면,

"어머 당신 멋지다. 왼손도 쓸 줄 아시네요."

결혼 하면, "당신 빙신야? 왜 오른손을 못 써!"

이렇게 달라진다.

또 결혼하기 전에 달 구경을 가서 여자가 말한다.

"저 보름달 좀 보세요. 너무 아름다워요."

남자가 말한다.

"아, 정말 아름답군요. 제게로 가까이 오세요. 보름달처럼 둥글둥글 안아드릴게요. 하하~."

결혼만 하면 또 달라진다.

"여보, 저 달 좀 봐. 아름답지?"

"와 이라노? 저 달이 니한테 뭐라 카드나?"

정말 기가 막힐 일이다.

어떤 여자가 신혼 때는 참 행복했었다고 한다.

남편 퇴근시간에 향수를 뿌리고 맞이하면,

"향수 뿌렸네. 냄새가 너무 좋아. 이리와 향기롭게 사랑해 줄게."

어느 정도 살다 신혼 때처럼 향수를 뿌렸다. 아내는 남편의 반응을 잔뜩 기대하였다.

"니 방구 끼나. 이게 무슨 냄새야!"

신혼 때는 아내가 방귀를 뀌어도 모른 척하고서,

“오늘은 냄새가 바뀌었네.”

오히려 아내의 건강을 체크해 준다. 그런데 좀 살다 보면,

“아유 냄새야! 여자가 웬 방귀를 자주 뀌어?! 냄새나서 못 살겠어.”

어느 날 연인끼리 만나서 데이트를 하다가 여자가 갑자기 방귀를 참을 수가 없었다. 그래서 꾀를 내어 남자의 귀에 대고 ‘사랑해’ 하면서 참았던 방귀를 뀌었다.

시원하게 방귀를 뀌고 남자 친구의 얼굴을 쳐다보니 얼굴이 일그러져 있었다.

“뭐라고? 방귀 소리 때문에 못 들었잖아.”

방귀 뀐 사람들의 행동을 보면 그 사람의 성격을 알 수 있다고 한다.

엘리베이터에서 맘 놓고 방귀 뀌는 사람은 간 큰 사람이고, 자기 방귀에 놀라 펄쩍 뛰는 사람은 소심한 사람이고, 여자보고 방귀 뀌었다고 핀잔주는 사람은 시대 파악 못하는 사람이고, 재채기하면서 방귀 뀌는 친구는 영특한 사람이라고 한다.

“오늘 따라 자기 예뻐 보이네~.”

“당신은 간사한 여자야!”

“아니, 간사한 여자라니? 그게 무슨 말이야?”

“으응~, 그건 말이야. 내가 당신을 ‘간절하게 사랑하는 여자’ 라는 뜻이야! 하하하.”


아내에게 밥 대신 라면 하나 끓여달라 하니까 라면만 달랑 끓여준다. 아들이 공부하고 들어와 간식을 달라하니까 계란 넣어 끓여준다.

억울한 마음이 들어 인터넷에 글을 올렸더니 댓글이 달렸다.

‘뭐 그런 거 갖고…. 난 10년 전부터 그려~.’

‘나는 그런 걸 대비해서 집에 갈 때 아예 계란 사들고 갑니다. 하하하.’

평소 사소한 일에도 툭하면 울음을 터뜨리는 마누라가 있었다. 그날도 울면서 하는 말,

"당신은 이제 더 이상 나를 사랑하지 않는 거죠? 엉엉!"

남편이 아내를 달래며 말했다.

"아니야. 왜 그런 소리를 하지? 난 변함없이 당신을 사랑한다구."

"거짓말 말아요. 요새는 내가 울면 왜 우는지 물어보지도 않잖아요!"

"그건 그렇지. 하지만 왜 우느냐고 질문을 하고 나면 상당히 많은 돈이 들어간다는 것을 깨닫게 되었거든."

물론 웃자고 하는 얘기지만 부부가 서로 눈빛만 봐도 서로의 마음을 알아차려야 한다.

아내의 숨은 뜻은 따로 있다.

- 자기, 나 사랑해? (나 사고 싶은 게 생겼어)
- 자기, 날 얼만큼 사랑해? (나 오늘 일 저질렀는데…)
- 쓰레기 봉지가 꽉 찼네. (쓰레기 좀 버리고 와)
- 오늘밤은 기분이 안 좋아요. (그날이야)
- 무슨 소리가 들린 것 같아요. (너 혼자 먼저 자니?)
- 개가 짖는 것 같아요. (당장 나가서 무슨 일이 있는지 알아봐)
- 나 화 안 났어요. (당연히 열 받았지, 이 멍청아!)
- 맘대로 해요. (하기만 해봐)
- 부엌이 불편한 것 같아요. (이사 가자)
- 우리 얘기 좀 해요. (나 불만 있어요)

일찍 죽은 아내의 묘를 찾아온 남자가 울면서 말했다.

"여보, 왜 나를 두고 먼저 갔어. 제발 부탁이야. 한 번만 다시 돌아와 줘."

그러자 갑자기 묘가 약간 들썩거리더니 뭔가가 나오려 하는 것이었다.

잠시 후 묘에서 두더지 한 마리가 튀어나왔지만, 너무나 깜짝 놀란

남자는 혼비백산해서 도망가며 소리쳤다.

"으악~, 하나님! 제가 농담 한 번 한 걸 갖고 뭘 그러십니까?"

이렇게 서로 우스갯말도 하며 사는 것이 사랑인 것이다. 사랑이 식어버리면 우스갯소리도 안 나온다. 부부가 항상 사랑하며 살려면 남자는 아내에게 절대 이기주의로 나가지 말고 '저기주의'로 나가야 된다. 아내는 '이겼소 부인'이 아니라, '옳소, 맞소, 졌소' 부인이 되어야 한다. 서로 아픔을 나누고 사랑하면 늘 행복한 생활을 할 수 있다.

오늘 아침 정말 기적같은 뉴스를 보았다.

말기암 환자가 절망의 상태에서 한 가닥 희망의 끈을 놓지 않고 지극정성을 다하여 기사회생하였다. 이 환자는 마지막 심정으로 돌아가신 천주님의 뼛조각이 든 묵주를 가지고 지극 정성 9일 기도에 들어갔고, 어느 의사도, 어느 누구도 모두 이 환자에게서 손을 떼었으나 퍼져있던 모든 암이 신기하게도 그 9일 안에 씻은 듯이 나았다. 정말 대단한 일이다.

나는 행복 강의를 하기 위해 복지원을 간 적이 있는데, 거기에 다음과 같은 글이 쓰여 있었다.

'당신을 사랑하기에 나 행복합니다. 행복한 마음에 당신을 더욱 사랑합니다. 당신을 더욱 사랑하므로 나의 행복도 커져만 갑니다. 님이여, 나 이렇게 행복해도 되는 걸까요? 가슴이 터질 듯한 행복을 살포시 누르며 당신을 사랑하기에 나 행복합니다.'

그렇다. 사랑은 열 중에 아홉을 다 주고도 나머지 하나를 더 주지 못해 미안해하는 게 바로 사랑이다. 사랑은 주는 것도, 받는 것도 내 뜻이 아닌 하늘의 뜻이며 헛되이 주고받을 수 없는 게 사랑이다.

옛날, 임금에게 세 딸이 있었다. 어느 날 임금이 세 딸에게 물었다.

"내 딸들아, 너희는 나를 얼마나 사랑하느냐?"

첫째 딸이 말했다.

"저는 세상의 황금보다 더 사랑합니다."

임금이 무척 기뻐했다. 둘째 딸이 말했다.

"저는 세상의 모든 은보다 사랑합니다."

역시 임금은 기뻐했다. 셋째 딸이 말했다.

"저는 세상의 모든 소금보다 사랑합니다."

그 말을 들은 임금은 실망스러운 표정만 지을 뿐 아무 말도 하지 않았다. 흔한 소금에 비교하니 섭섭했던 것이다. 이 소식을 들은 요리사가 며칠 동안 음식에 소금을 넣지 않았다. 그제서야 임금은 소금의 가치를 깨닫고 기뻐했다 한다.

사람들은 대부분 황금과 같이 빛나는 삶을 꿈꾸게 된다. 그래서 재물을 구하고 명예를 얻고 권세를 누리고자 한다. 하지만 아무리 많은 재물을 모으고, 높은 이름을 얻고, 큰 권세를 누려도 그것이 그 사람의 진정한 가치는 아니다. 사람의 진정한 가치는 그가 속한 사회에서 얼마나 필요한 존재가 되었느냐 하는 것이다.

소금 자체는 돈으로 살 수 있지만 그 진정한 가치는 돈으로 잴 수 없을 것이다. 이 세상에 소금이 없다면 부패하는 것들이 얼마나 많을 것이며, 음식들은 또 얼마나 맛이 없을 것인가!

이처럼 사람도 꼭 필요한 사람이 있다. 특별하게 눈에 뜨이지 않아도 그가 없으면 존재감이 드러나는 사람! 사람들 사이에서 관계를 조율하고 모든 일을 형통하게 이끌어 가며, 남모르게 희생하는 사람이 있는 것이다.

오늘 하루, 소금과 같은 사람이 되어 이기적인 삶이 아니라 이타적인 삶을 살아 보자. 그러면 세상은 좀 더 맛스러워지지 않을까? 정말 내가 어렵고 힘들게 하는 보잘것없는 이 세상을 새삼 충만하게 살아갈 수 있는 힘을 주는 게 사랑이다.

당신도 행복하고 싶다면 이제부터 당신의 아내와 남편 그리고 자녀를 마음껏 소금과 같이 맛있게 사랑하라. 사랑이 식으면 행복은 떠나고 만다.

**톡소통계소**

**[나이가 들수록 색깔을 잃지 말자]**

50대 : 배운 사람이나 안 배운 사람이나

60대 : 예쁜 사람이나 못 생긴 사람이나

70대 : 남편 있는 사람이나 없는 사람이나

80대 : 돈 있는 사람이나 없는 사람이나

90대 : 죽은 사람이나 산 사람이나

하하하. 하지만 이래선 안 된다. 나이는 숫자에 불과한 것이다.

색깔만은 잃어선 안 된다.

# 부부의 존경 속에 파랑새가 날아온다

요즘 우리 주변을 보면 아이들 때문에 마지못해 사는 부부가 얼마나 많은가?

알콩 달콩 물고 빨고 깨가 쏟아지게 살아도 얼마 못 사는 인생인데, 왜 그렇게 서로 아등바등 다투며 살아야 하는가? 이왕에 만난 사이인데 '서로 존경하면서 행복하게 살아봐야지' 하는 적극적인 마인드로 생각을 바꿔야 하겠다.

세계적인 성의학자 에드리언 레인이라는 박사 연구팀이 조사를 했다.

아내에게 존경받는 남편, 남편에게 존경받는 아내가 오랜 동안 헤어지지 않고 행복하게 산다는 것이 확인되었다.

남편이 돈을 많이 벌어오고 아내가 김치를 잘 담그고 처갓집에서 돈 많이 가져온다고 해서 존경심이 생기는 것은 아니다. 존경이란 비록 가진 게 없이 어렵게 살아도 나보다 더 어려운 이웃을 도울 줄 알고, 부부끼리 서로 칭찬해 주고, 사랑해 주고, 아껴줄 때 존경하는 마음이 생기는 것이다.

85년을 넘게 같이 살아온 노부부가 있었다. 그렇게 오래 함께 지냈으면 싸우기도 하고 의견이 엇갈리기도 할 텐데, 이 노부부는 한 번도 언성을 높여 싸운 적이 없었다고 한다.

"정말 오누이 같으셔. 보기 좋아요. 세상에 저런 부부는 다시 없을 거야."

이렇게 아름답게 살아 온 노부부는 어느덧 세월이 흘러 머리에 하얀 서리가 내려앉은 노인이 되었다. 거기다 부인은 병이 더 악화되어 이제는 움직일 수조차 없는 상태가 되었다. 그런데도 남편은 주위 사람을 감동시킬 정도로 부인을 보살폈고, 매일같이 따뜻한 밥을 해서 부인 앞에 놓아주었고, 한시도 부인 곁을 떠나지 않았다.

주위 사람들은 그런 남편을 보고 놀랐다.

"어떡하면 한결같을 수가 있습니까? 이제는 짜증이 나거나 힘들어서 그만두고 싶어질 수도 있었을 텐데요."

그런 물음에 남편은 허허 웃기만 했다. 그리고 한참 후 입을 열었다.

"별다른 이유 없어. 그저 이 사람이 내가 가장 존경하는 소중한 사람임을 생각하면 돼. 오랜 세월을 나와 함께 살아준 고마움을 한시도 잊지 않았을 뿐이야."

이처럼 사랑은 이유가 없다. 그저 사랑하기 때문에 존경심이 생기는 것이다.

어느 날 나는 모 기업체에서 3박 4일간의 연속적인 일정을 마치고 지하철을 타고 돌아오는 길에 과로로 쓰러진 적이 있었다.

정신을 차려보니 나의 팔에는 주사기가 꽂혀 있었고, 병실 창문으로 가로수가 눈에 띄었고, 나의 아내가 병실을 지키고 있었다. 나의 아내는 눈물을 닦으면서 말한다.

"여보, 이제 정신이 좀 나요? 천만 다행이예요. 젊은 청년이 당신을 업고 병원에 왔어요."

언제나 자상하고 고마운 내 아내, 내가 아프면 땅이 꺼지듯 놀란다. 나는 아내의 손을 꼭 잡았다. 놀랐을 아내에게 미안했다.

그 후로 어느 날 내가 그렇게 좋아하는 술, 담배를 끊었다.
안방에 들어가 보니 대자보가 붙어 있었다.

자수하여 광명 찾고 금연하여 건강 찾자!
피어오르는 담배연기, 사라져가는 우리 행복!
돈 버리고 몸 버리고 당신은 바보야!
우리의 소원은 통일, 우리 집 소원은 금연!
- 무공해 가족일동

부부가 서로 존경하는 마음이 생기면 안 되는 일이 없을 것 같다. 존경심이란 상대에게 돈을 준다고 나를 존경스럽게 보는 것이 아니다. 휴일엔 아이들 데리고 고아원이나 양노원에 가서 어르신들 씻겨드리고 봉사활동을 통해 아이들의 눈과 마음을 통해 존경스러운 아빠 엄마가 탄생된다. 다시 말해서 존경이란 우리가 살아가면서 가장 인간임을 느꼈을 때 존경을 알게 되는 것이다.

어느 한 어머니가 비만 오면 아이에게 우산을 두 개 손에 쥐어 학교에 보냈다. 선생님이 너무 고마워서 어머니께 전화를 했다.

"어머니, 어떻게 1년을 한결같이 우산을 아이에게 보내셨습니까? 너무 고마웠습니다."

"저는 선생님께 우산을 보낸 것이 아닙니다. 제 아이에게 선생님 존경하는 마음을 심어주고 싶었습니다. 선생님은 귀한 분이니 비를 맞으면 안 된다고 말하고 우산을 주었더니 제 아이가 선생님을 존경하는 마음을 배웠습니다. 오히려 제가 감사합니다."

이렇게 존경이란 저절로 존경하고 싶은 마음에서 배어 나와야 할 것이다.

# 욕심은 행복을
# 가로막는 무서운 적이다

이런 말이 있다. 사람은 서면 앉고 싶고, 앉으면 눕고 싶고, 누우면 자고 싶다. 이와 같이 사람의 욕심은 끝이 없다.

어떤 남자가 산신령에게 소원을 빌었다.

"산신령님, 제발 나에게 앞에는 바다가 보이고, 뒤에는 아름다운 산이 있고, 옆에는 맑은 호수가 있고, 집 주위 또한 맑은 호수가 있는 집에서 살게 해 주시면 소원이 없겠습니다."

그러자 산신령이 나타나,

"좋다. 너의 소원을 들어 주마. 대신 더 이상의 욕심은 부리지 말아라."

"네" 하고 대답하자, 정말 이 남자의 소원대로 되었다.

얼마 후 이 남자는 이렇게 좋은 집에 혼자 살기가 아깝다는 생각이 들었다. 그래서 산신령께 또 빌었다.

"산신령님, 제 소원을 한 번만 더 들어 주세요. 이렇게 좋은 집에 예쁜 여자와 같이 살게 해 주세요."

그렇게 하자 산신령이 나타나더니,

"좋다. 너의 소원을 한 번만 더 들어 줄 테니 더 이상 욕심은 부리지 말아라."

곧 이어 펑 소리가 나더니 아주 예쁜 여자가 이 남자에게 달려가면서,

"서방님, 제가 서방님하고 같이 살 여자예요."

그래서 이 예쁜 여자와 아주 행복하게 잘 살았다.

그러던 어느 날, 창문을 열어보니 호수 건너편에서 어떤 남자가 자기가 살고 있는 똑같은 집에서, 같이 살고 있는 여자와 똑같이 생긴 여자를 두 명이나 데리고 사는 것이 아닌가?

이것을 본 이 남자는 또 욕심이 나 결국은 세상을 보기 싫어 자신의 두 눈을 바늘로 꿰매버렸다는 이야기가 있다.

이렇듯 욕심은 끝이 없다.

어느 산적이 지나가는 선량한 나그네에게 칼을 들이대면서,

"이 세상에 행복이라는 게 있느냐? 말하지 않으면 죽여버리겠다."

"허허. 행복을 강제로 빼앗으려는 것은 욕심에 불과한 것이요."

그러자 산적이 곧 무릎을 꿇으며 행복을 가르쳐달라고 했다.

비로소 나그네가 웃으며 "하하하, 그게 바로 행복이요"라고 말했다고 한다.

이 세상에 태어날 때 빈손으로 왔으니 가난한들 무슨 손해가 있으며, 죽을 때 아무것도 가지고 갈 수 없으니 부유한들 무슨 이익이 되겠는가! 덜 갖고도 우리는 얼마든지 행복하게 살 수 있다. 덜 갖고도 얼마든지 더 많이 존재할 수 있다. 소유와 소비 지향적인 삶의 방식에서 존재 지향적인 삶의 태도로 바뀌어야 한다. 소유 지향적인 삶과 존재 지향적인 삶은 우리 일상에 두루 깔려 있다. 거기에는 그 나름의 살아가는 기쁨이 있다.

그러나 어떤 상황에 이르렀을 때, 어느 쪽 삶이 우리가 기대어 살아갈 만한 삶이며, 가치를 부여할 수 있는 삶인가 뚜렷이 드러난다. 똑같은 조건을 두고 한 쪽에서는 삶의 기쁨으로 받아들이고, 다른 한 쪽

에서는 근심 걱정의 원인으로 본다. 작은 것과 적은 것으로 만족할 줄 알아야 한다. 우리가 누리는 행복은 크고 많은 것에서 보다 작은 것과 적은 것 속에 있다.

오랜만에 두 친구가 커피숍에서 만났다. 갑이 을에게 말했다.

"자네 얼굴 표정이 왜 그리 안 좋은가? 무슨 일이라도 있는가?"

"난 지금 말할 기분이 아냐. 이제 나에게는 희망이 하나도 없어졌어."

갑이 또 물었다.

"도대체 자네답지 않게 왜 그래. 무슨 슬픈 일이라도 있어?"

을이 체념한 듯이 말했다.

"지난달에 고모가 돌아가셨지. 나에게 3억을 물려주고 말이야."

갑이 놀라며 "아니, 그 많은 재산을 물려줬는데 뭐가 슬퍼."

"그런데 어제 고모부님이 또 돌아가셨어. 나에게 10억을 물려주고 말이야."

갑이 놀라며 "그럼 전부 13억의 재산을 물려받았으니 자네는 이제 부자 중의 부자가 아닌가?"

그러자 을이 고개를 떨구며 절망하듯이 말했다.

"하지만 내가 슬플 수밖에 없는 것이, 이제 더 이상 나에게 재산을 물려 줄 고모가 없지 않은가…."

이렇게 헛된 욕심을 부려서는 안 되는 것이다.

어떤 남자가 갖은 고생을 해서 돈을 벌어 자식들 키우고 시집장가 보내고 그만 덜컥 간암이 걸렸다. 그러나 자식들은 오직 아버지의 재산에만 눈독을 들였다.

그리고 재산분배 문제로 싸움까지 벌이는 모습을 보고, 내가 돈만 버느라 자식들을 잘못 키웠구나! 크게 반성을 하며 5억의 재산을 자식에게 물려주지 않고 사회에 기부했다고 한다. 결국 돈 욕심 때문에 형제 간의 의리마저 깨졌다.

《다 쓰고 죽어라》라는 책을 쓴 스태판 폴란은 말했다.

'최고의 자산 운영이란 자기 재산에 대한 성공을 과시하기 위해서 트로피처럼 모셔두지 않고 행복을 위하는 일에 쓸 줄 아는 것'이라고.

그는 멋진 삶을 위하여 다음과 같은 네 가지를 제시했다.

첫째, 오늘 당장 그만둬라. 똑같은 일을 죽을 때까지 하지 말라. 2~3년마다 돈이 몰리는 곳을 찾아 새로운 일을 시작해라. 기업은 당신에게 평생을 약속하지 않는다. 당신은 직장에서 '용병'일 뿐이다. 더 좋은 조건을 제시하는 곳이 있으면 서슴없이 옮겨라.

둘째, 현금으로 지불해라. 카드를 사용하면 자기에게 과도한 물건도 덥석 사게 된다. 땀 흘려 번 빳빳한 지폐로 물건을 사라. 자기도 모르게 낭비가 없어진다.

셋째, 은퇴하지 말라. 은퇴만 하면 영원한 휴가를 즐길 수 있다는 환상에서 깨라. 20년간 신통찮은 연금으로 연명하면서 빈둥거리는 것뿐이니까. 그러다보면 건강도 나빠지고 정신도 녹슨다. 65세를 넘긴 뒤에도 새로운 일을 얼마든지 찾을 수 있다.

넷째, 다 쓰고 죽어라(Die Broke). 만약 당신이 첫째~셋째 충고에 따라 살아왔다면 이미 충분한 재산을 모았을 것이다. 자식에게 물려줄 생각 말고, 여생을 최고로 즐겨라.

그 원수 같은 돈을 이제 멀리하고, 마음을 비우고, 웃고 살자. 하하하하하~.

# 사람이 모여야 행복하다

내가 야시장이나 풍물시장에서 공연을 하면 사람들이 벌떼처럼 모여든다. 난 저절로 신이 나 엿가위를 치고 북을 치며, 신나게 각설이 타령을 하고 엿을 판다. 그리고는 맨 앞에 쪼그리고 있는 아이들에게 엿을 듬뿍 집어 한 개씩 먹으라고 나눠 준다. 또 다시 신명나게 각설이 공연에 들어간다.

"얼~씨구 씨구 들어간다. 절~씨구 씨구 들어간다. 작년에 왔던 각설이가 죽지도 않고 또 왔네~. 이내 비록 거지라도 한번 먹은 일편단심 죽으면 죽었지 못 잊겠네. 얼~씨구 씨구 들어간다~."

이렇게 한바탕 하고 나면 많은 사람들이 박수를 치며 엿을 하나씩 팔아준다.

사람들이 많이 모여야 흥이 난다. 관객이 없는 공연은 아무 소용이 없다,

요즘 내가 기업체나 관공서에 가서 웃음과 행복 강의를 할 때 많은 청중들이 즐거워하고 행복한 표정을 지으면 난 너무너무 행복하다.

이렇게 우리 주위에 많은 사람이 있어야 한다. 많은 사람들이 사람을 챙기려 하지 않고 돈만 챙기려고 하니 사람이 자기 곁을 떠난다.

동대문운동장 앞에 있는 행복식당이라는 음식점은 점심시간이면 구름떼 같은 사람들로 발 디딜 틈이 없다. 수많은 옷 장수들이 찾아와 순서를 기다리며 점심을 먹는 곳인데, 그곳에 가면 음식도 식당이름처럼 푸짐하게 제공한다. 배가 불러 참으로 행복하다.

그 식당 주인은 이문을 조금 덜 남기더라도 많은 손님들에게 최대한의 서비스를 제공한다. 그 식당을 찾는 손님들도 아주 만족한 표정이다. 그렇다고 그 식당 주인이 절대 손해를 보는 것이 아니다. 이익을 적게 남긴 대량 판매방식이다.

이와 같이 장사는 이익을 남기는 것보다는 사람을 남기는 것이다. 사람이야말로 장사로 이익을 얻을 수 있는 최고의 가치이다.

내 주위에 한 사람도 없다면 얼마나 외로울까?

아주 잘 사는 부잣집 할머니가 자살을 했다. 경찰이 와서 조사를 했지만 살인사건은 아니었다. 단서를 찾기 위해서 한참을 뒤적거리자 조그만 쪽지 하나를 발견하였다. 경찰이 이 쪽지를 보더니 고개를 끄떡이면서 "음~ 그랬군!"

이 쪽지에는 이런 글이 쓰여 있었다.

'오늘도 한 사람도 오지 않았음.'

결국 사람이 그리워서 죽은 것이다.

인생은 공수래공수거다. 빈손으로 왔다가 빈손으로 가는 인생! 살아생전에 내 이웃과 형제와 친구들에게 베풀어야 한다. 그래서 즐거운 마음으로 이웃과 형제와 친구를 만날 수 있다는 것 역시 행복한 일임에 틀림없다.

생각해 보면 스스로 불행하다고 생각하는 사람이나 행복하다고 생각하는 사람이나 이 세상은 하나이다. 그러기에 행복은 자신의 삶 속에서 발견하는 것이요, 느끼는 것이 아닐까 싶다. 또한 그래서 존경할 스승이 있고 섬겨야 할 어른이 있으며, 격의 없이 대화할 수 있는 친구

나 이웃이 있으니 얼마나 좋은 일인가.

　사람을 챙기지 않고 너무 돈만 챙기려하면 사람들이 떠난다. 사람 사는 곳에 사람이 많이 찾아와야 하는데, 됨됨이가 되어 있지 않은 집에는 두 번 다시 사람이 가지 않는다. 베풀며 사는, 됨됨이가 되어 있는 집안에는 늘 많은 사람들이 모여들고 찾아와서 큰 환영을 해준다. 남이 보잘것없다고 여길지라도 내가 열심히 할 수 있는 일을 갖는다는 것 또한 행복한 일이다. 가진 것만 많고 아무것도 할 일이 없는 사람은 따분한 인생을 산다. 할 일이 없어 누워있는 사람보다는 거리에 나가 남이 버린 휴지라도 줍는 사람이 몇 배의 행복을 누린다. 기쁨은 반드시 커다란 일에서만 오는 것이 아니다. 남의 평가에 신경 쓰지 말고 내가 소중하게 여기고 보람을 찾으면 된다. 비록 작은 일이라도 거짓 없이 진실로 대할 때 행복한 것이지 아무리 큰일이라도 위선과 거짓이 들어 있으면 오히려 불안을 안겨주고 불행을 불러오게 된다. 그래서 작은 것을 소중하게 여기고, 명성보다는 베풀 줄 아는 사람이 행복한 사람이다. 지나간 일에 매달려 잠 못 이루지 말고 잊을 것은 빨리 잊도록 해야 한다.

한 성자에게 여쭈었다.

"당신은 가진 것이라곤 없는데 어찌 그렇게도 밝게 살 수 있습니까?"

"저는 비록 가진 건 없지만 있는 대로 베풀며 살다보니 많은 사람이 날 찾아와 반겨줍니다. 그래서 나는 행복합니다."

'한 방울의 꿀이 수많은 벌을 끌어모으지만 1만 톤의 가시는 벌을 모을 수 없다' 는 서양 속담도 있다. 당신이 정말 행복하고 싶다면 이제부터라도 베풀어라. 그리고 한 번뿐인 내 인생 삼류 인생을 살지 말고 일류 인생을 살아라. 재산만 모으려는 사람은 삼류 인생이고 가진 건 없어도 베풀고 살면 일류 인생이다.

이웃도 등 돌리고, 친구도 없고, 찾아오는 사람이 없으면 삼류 인생이고, 없이 살아도 늘 오순도순 함께 웃고 사는 사람은 일류 인생을 사는 것이다.

간호사가 한참 곤히 자고 있는 환자를 깨우자, 그가 신경질을 냈다.
"아니, 왜 한밤중에 깨우는 거요?"
그러자 간호사가 약봉지를 내밀면서 다정하게 말했다.
"수면제 드실 시간 이예요."

# 웃음과 유머는 보약 중의 보약

얼마 전만 해도 누가 웃기는 말을 하면 "야! 웃기지마. 배고파 죽겠어. 웃기고 자빠졌네…" 했었는데, 지금은 웃기는 사람이 인기 짱이다.

보통 남을 웃기는 유머 실력을 보면 세 가지로 나누어진다.

초급, 중급, 고급과정 중, 초급과정은 웃음치료를 말한다.

'자, 웃어 봐요. 안 웃으면 입을 찢어버릴 거야.' 이렇게 해서 한 2, 3시간 웃고 나면 '턱이 빠진 거 같아. 눈알이 빠진 거 같아' 라고 한다.

중급과정은 남이 나를 웃기지 않아도 내 스스로 웃을 수 있는 과정이다. 자다가도 웃고, 밥 먹다가도 웃고, 화장실에서도 웃고, 책 보다가도 웃고. 이와 같이 시도 때도 없이 웃어대는 연습과정이 중급과정이다.

고급과정은 뭘까? 이것은 고단수를 말한다.

바둑으로 말하면 유단자이다. 내가 직접 남을 웃길 수 있는 과정을 말한다. 유머를 확실히 배우려면 내가 직접 남을 잘 웃길 수 있는 연습을 많이 해야 한다. 그러기 위해서는 먼저 가정에서부터 연습을 해야 직장에서도 웃길 수가 있다.

나는 하루 한 번씩 꼭 아내에게 유머 문자를 날린다.

'여보, 옛날에 암말하고 숫말이 행복하게 살았대. 그런데 어느 날 암말이 그만 세상을 떠났대. 그래서 숫말이 막 울면서 하는 말이 이젠 할 말이 없네 하드래. 그 후 숫말이 다시 재혼을 해서 살았는데, 이번에는 숫말이 세상을 떠나버렸어. 그래서 암말이 하는 말이 이젠 해줄 말이 없네 하드래. 그래서 암말이 숫말을 정성껏 묻어 주었는데 묻은 자리에서 아름다운 꽃이 피드래. 그래서 암말이 어, 말이 씨가 됐나?! 하드래.'

이렇게 문자를 보내고 나면 벼락같이 아내의 답장이 온다.

'문자 잘 봤어요. 당신 할 말 있어요. 나도 해줄 말이 있어요.'

그러면서 한바탕 웃는다. 요즘 세상에 괜히 잘난 척하고 똑똑한 척해봐야 남한테 손가락질이나 받는다. 내가 먼저 망가져야 상대가 웃는다. 내가 상대를 이기려니까 화가 생긴다. 상대에게 일부러라도 져주면 절대 화가 안 생긴다.

부부끼리도 서로 바보처럼 유머를 날려주면 행복한 나날이 되는 것이다.

어떤 바보가 찐빵을 일곱 개 사서 바보가 세 개 먹고 아버지가 네 개 먹었다. 다 먹은 후에 아버지가 배부르냐고 하니 바보가 하는 말,

"아버지, 세 개 먹은 놈이 배부르면 네 개 먹은 놈은 배 터져 뒤지겠네."

귀공자처럼 잘생긴 청년이 취업을 하는데 서류시험은 항상 합격이지만 면접시험에선 노상 떨어진다고 한다. 원인은 말을 너무 심하게 더듬었다.

"당신은 뭘 잘 합니까?"

"저, 저, 저… 의, 의, 의, 의…."

항상 말 할 기회를 놓쳐버리고 만다. 그러던 어느 날 이 청년이 아동 동화책 판매 영업사원으로 취직을 했는데 놀랍게도 최고의 영업사

원이 된 것이다. 그렇게 말을 심하게 더듬는 사람이 어떻게 판매왕이
됐을까?

그 비결은 다름 아닌 말 더듬는 것 때문이었다.

이 청년은 아동용 동화책을 팔기 위해서 아파트를 다니며 초인종을
눌러서 주인이 문을 열어주면 재빨리 한쪽 발부터 걸치고 이렇게 말했
다고 한다.

"음, 저, 저, 저… 새, 새, 새…새로 나온 아동, 동, 동…동화책을 사,
사, 사…사시겠습니까? 아, 아, 아…니면 제가 드, 드, 드…들어가서,
서, 서… 그냥 동화책을 읽어, 어, 어… 드, 드, 드…릴까요?"

그럼 거의가 이런 반응을 보였다고 한다.

"아, 내, 내…내가 그, 그…그냥 살게요."

물론 웃자고 하는 소리지만 유머라는 것은 자기 약점을 감추지 않고
드러내야 웃음이 터진다. TV에 나오는 연예인 인터뷰를 보면 거의가
실수담을 말해서 웃음을 터트린다. 그래서 우리는 노홍철 씨처럼 '들
이대 정신'으로 살아야 유머가 쉽게 나올 수가 있는 것이다. 나 역시
처음부터 웃음과 유머 강사가 된 것은 아니다. 내 나이 12살까지 남
앞에서 말 한마디 할 줄 모르는 말치였다. 그런 내가 극장 쇼 사회자
가 되고, 웅변대회에서 각종 상을 휩쓸고, 연극과 코미디프로그램에도
출연한 바 있는 이유는 '나의 바보스러움을 그대로 드러냈더니 사람들
이 이래서 웃는구나'를 알게 된 것이다.

유머라는 것은 말을 아주 유창하게 잘하는 것보다는 나의 우연한 말
한마디에 사람들이 박장대소하면 그게 바로 나만의 노하우인 것이다.

이렇게 내가 남을 웃기고 내가 웃을 수 있는 유머 한마디는 그야말
로 보약 중의 보약이다.

# 행복을 끌어내는 행복 웃음법

나는 항상 강의 들어가기 전에 행복을 끌어내는 레크레이션을 빼놓지 않는다. 수강생이 실컷 뒤집어지도록 웃다가 강의를 들으면 기분이 아주 좋은 상태에서 강의를 듣게 된다.

행복 웃음법은 행복한 단어로서 행복을 끌어내는 웃음법이다. 입을 크게 벌려 웃으면 광대뼈가 자극이 되는데, 광대뼈의 신경은 뇌하수체를 자극해 행복 호르몬인 엔돌핀의 분비를 촉진시킨다. 아름다운 미소 연습을 할 때 흔히 '위스키', '막걸리'라는 단어를 이용해서 입을 벌리는 운동을 한다. 하지만 이 말보다는 가급적 기쁘고 행복한 단어를 사용하자. 언어 중추신경은 전체 신경에 매우 강하게 영향을 미치기 때문에 행복하고 기쁜 언어를 사용하면 자신도 모르는 사이에 그런 기분에 빠져들게 된다. 우선 '행복하게', '신나게', '기쁘게', '즐겁게' 등의 행복한 단어를 말해보자. 이때 행복한 생각을 하고 최대한 입을 옆으로 크게 벌리는 것이 중요하다. 이 행복 웃음법은 말과 함께 실제로 행복하고, 기쁜 것처럼 행동하는 것이 중요하며, 실제로 과거에 행복했거나 즐거웠던 일을 떠올리면서 웃게 되면 더욱 효과적이다.

그리고 발음할 때 가급적 입을 크게 벌려주면 실감할 수 있다.

행복웃음 1단계 = 우선 좋아하는 노래를 머릿속에 떠올린다. 그리고 모든 노래의 가사 대신에 '하, 히, 후, 헤, 호'로 노래를 부르면 된다. 방법은 지긋히 눈을 감고 입을 옆으로 최대한 벌린 채 노래를 부르는 것이 좋다. 초보자의 경우, '하'를 이용해서 동요 〈송아지〉라는 노래를 불러본다. 이때 배를 가볍게 부풀렸다 가라앉혔다를 반복하면서 배가 움직일 수 있도록 해야 한다. 배를 움직이면 더 신나게 노래를 부를 수 있다.

웃음은 좋은 운동이자 인체의 면역력을 높여주고 사람을 행복하게 만들어주는 특효약임이 밝혀졌다. 사람은 웃을 때와 감사를 느낄 때 엔돌핀이라는 건강 호르몬이 분비되고, 이 호르몬에 자극을 받아 임파구의 생성이 활성화되며 면역능력과 병균에 대한 저항력이 강화된다. 웃음은 자연이 인간에게 제공한 가장 효과적인 약 중의 하나라고 한다.

마음이 밝고 긍정적인 상태일 때에는 뇌로부터 인체의 기능을 활성화시키는 호르몬이 분비되어 뇌의 활동 자체에도 활력이 넘쳐나게 된다. 이것이 알파파라 불리는 조화 진동이다. 모두를 사랑하고, 늘 감사하고,

기뻐하며 욕심을 부리지 않는 평화스러운 마음을 유지한다면 몸속의 엔돌핀은 무한히 생성되고 혈액 속의 T-임파구도 강해진다고 한다.

미국의 플라이 교수는 웃으면 심장기능을 활발하게 하는 힘이 생기고 10초 동안 배꼽을 잡고 깔깔 웃으면 3분 동안 힘차게 보트의 노를 젓는 것과 같은 운동 효과가 있다고 했다. 그는 '웃음은 대체의학이 아니라 참 의학'이라고 강조하기도 했다. 웃을 때 많이 분비되는 엔돌핀은 모르핀보다 200배나 효과가 큰 몸속의 천연 진통제로, 기분을 좋게 하고 통증과 근심을 줄여주는 신경 호르몬이다. 통증이 심한 환자도 웃으면 강력한 천연진통제인 엔돌핀이 분비되어 고통이 줄어들게 된다. 마음이 기쁘고 즐거우면 엔돌핀이 많이 생성되지만, 우울하면 엔돌핀과 반대의 효과를 내는 아드레날린이 분비되어 심장병, 고혈압과 같은 질환의 원인이 되기도 한다.

만일 한 사람이 한 시간 동안 계속 화를 낸다면 80명을 죽일 정도의 독소를 만든다는 것이 게이츠 박사의 실험 결과다. 병 든 마음이 병 든 몸을 낳고, 즐거운 마음으로 웃고 사는 것이 좋은 건강법이라는 사실을 잘 말해주는 연구 결과인 것이다.

긍정적인 사고는 우리 몸을 건강하게 유지하기 위하여 가장 필요한 요소다. 엔돌핀은 몸의 통증을 완화하고, 스트레스를 감소시키며, 편안한 기분을 만들어 주며, 스트레스를 감소시키는 역할을 한다. 긍정적인 의욕을 북돋워 주는 작용도 있다. 아드레날린은 긴장감과 스트레스를 고조시키고, 통증을 더 많이 느끼게 되고, 모든 일에 의욕을 감소시키는 역할을 하며, 아드레날린의 과다 분비는 혈압 상승을 부르며, 장기간 경련 상태가 지속되면 고혈압, 동맥 경화, 심장 질환, 중풍, 암 등의 성인병으로 연결되기 쉽다. 웃음은 '코티졸'이라는 호르몬의 과다 분비를 방지하여 스트레스를 극복할 수 있도록 공급해 준다. 웃음은 의학적인 가치뿐만 아니라 우리가 행복하게 살 수 있도록 해주는 생활의 활력소가 된다. 겉모습을 아름답게 하고, 인간 관계를 친밀하게 하고, 사회에서의 성공의 밑거름이 되기도 하며, 억압된 감정을 발산해 감정을 정화해 낸다. 그리고 사람과 사람의 마음을 이어주는 데 큰 구실을 한다. 웃음이 가득한 밝은 얼굴은 자석처럼 사람들의 얼굴을 강하게 끌어당긴다.

**〈웃음에 관한 명언, 격언, 속담〉**

- 웃음이 보약보다 좋다 (동의보감)
- 한 번 웃으면 한 번 젊어진다 (一笑一少)
- 소문만복래(笑門萬福來 : 웃는 문으로 만복이 들어온다)
- 그대의 마음을 웃음과 기쁨으로 감싸라. 그러면 천 가지 해로움을 막아주고 생명을 연장시켜 줄 것이다 (셰익스피어)
- 마음의 즐거움은 양약 (구약성경)
- 웃으면 복이 온다
- 웃는 얼굴에 침 뱉으랴
- 웃을 때마다 젊어지고 노할 때마다 늙는다 (一笑一少一怒一老)
- 웃음은 만병통치약
- 웃음은 어떤 핵무기보다도 강하다 (오쇼 라즈니쉬)
- 웃음은 최고의 미용제다
- 웃음은 유통기한, 부작용 없는 최고의 명약
- 웃음은 최고의 피로회복제
- 15초 웃으면 이틀 더 오래 산다

이처럼 웃음 없이 큰 부자가 된 사람도 없고, 웃음을 가지고 정말 가난한 사람도 없다.

웃음은 가정에 행복을 더하며, 사업에 활력을 불어 넣어주며, 친구 사이를 더욱 가깝게 하고, 피곤한 자에게 휴식이 되며, 실망한 자에게는 소망이 되고, 우는 자에게 위로가 되고, 인간의 모든 독을 제거하는 해독제이다. 그런데 웃음은 살 수도 없고, 빌릴 수도 없고, 도둑질할 수도 없는 것이다.

내가 행복하게 살 수 있는 비법은 다음과 같다.


1. 힘차게 웃으며 하루를 시작하라. 활기찬 하루가 펼쳐진다.

2. 세수할 때 거울을 보고 미소를 지어라. 거울 속의 사람도 나에게 미소를 보낸다.

3. 밥을 그냥 먹지 말라. 웃으며 먹고 나면 피가 되고 살이 된다.

4. 모르는 사람에게도 미소를 보여라. 마음이 열리고 기쁨이 넘친다.

5. 웃으며 출근하고, 웃으며 퇴근하라. 그 안에 천국이 들어있다.

6. 만나는 사람마다 웃으며 대하라. 인기인 1위가 된다.

7. 꽃을 그냥 보지 말라. 꽃처럼 웃으며 감상하라.

8. 남을 웃겨라. 내가 있는 곳이 웃음 천국이 된다.

9. 결혼식에서 떠들지 말고 큰 소리로 웃어라. 그것이 축하의 표시이다.

10. 신랑신부는 식이 끝날 때까지 웃어라. 새로운 출발이 기쁨으로 충만해진다.

11. 집에 들어올 때 웃어라. 행복한 가정이 꽃피게 된다.

12. 사랑을 고백할 때 웃으면서 하라. 틀림없이 점수가 올라간다.

13. 화장실은 근심을 날려 보내는 곳이다. 웃으면 근심 걱정 모두 날아간다.

14. 웃으면서 물건을 팔라. 하나 살 것 두 개를 사게 된다.

15. 물건을 살 때 웃으면서 사라. 서비스가 달라진다.

16. 돈을 빌릴 때 웃으면서 말하라. 웃는 얼굴에 침 뱉지 못한다.

17. 옛날 웃었던 일을 회상하며 웃어라. 웃음의 양이 배로 늘어난다.

18. 실수했던 일을 떠올려라. 기쁨이 샘솟고 웃음이 절로 난다.

19. 웃기는 책을 그냥 읽지 말라. 웃으면서 읽어 보라.

20. 도둑이 들어와도 두려워 말고 웃어라. 도둑이 놀라서 도망친다.

21. 웃기는 개그맨처럼 행동해 보라. 어디서나 환영받는다.

22. 비디오도 웃기는 것을 선택하라. 웃음 전문가가 된다.

23. 화날 때 화내는 것은 누구나 한다. 화가 나도 웃으면 화가 복이 된다.

24. 우울할 때 웃어라. 우울증도 웃음 앞에서는 맥을 쓰지 못한다.

25. 힘들 때 웃어라. 모르던 힘이 저절로 생겨난다.

26. 웃는 사진을 걸어 놓고 수시로 바라보라. 웃음이 절로 난다.

27. 웃음 노트를 만들고 웃겼던 일 웃었던 일을 기록하라. 웃음도 학습이다.

28. 시간을 정해놓고 웃어라. 그리고 시간을 점점 늘려라.

29. 만나는 사람을 죽은 부모 살아온 것 같이 대하라. 기쁨과 감사함이 충만해진다.

30. 속상하게 하는 뉴스를 보지 말라. 그것은 웃음의 적이다.

31. 회의할 때 먼저 웃고 시작하라. 아이디어가 샘솟는다.

32. 오래 살려면 웃어라. 1분 웃으면 이틀을 더 산다.

33. 돈을 벌려면 웃어라. 5분간 웃을 때 5백만 원 상당의 엔돌핀이 생산된다.


내가 정식 강의 전에 10분간 웃기는 것도 이 때문이다.

**톡신유게소**

**남아일언이 중천금** : 웃기구 있네. 요새는 남아일언이 풍선 껌이야.

**가는 말이 고와야 오는 말이 곱다** : 천만의 말씀, 만만의 콩떡! 지금은 목소리 큰 놈이 이겨. 가는 말이 거칠어야 오는 말이 부드럽다오.

**돌다리도 두드려 보고 건너라** : 이런 쯧쯧! 성수대교 두드리지 않아서 무너졌나?

**젊어서 고생은 금을 주고도 못 산다** : 웃기지마, 천만에. 젊어서 고생은 늙어서 신경통만 오더라!

# 참다운 행복

참다운 행복이란 현재 자신이 느끼는 심적 가치이다. 이것은 지극히 주관적이며 어떠한 객관률이 적용되지 않는 사항이다.

예컨대 바나나만 먹고 가진 게 아무것도 없는 오지의 원시인도 지극히 행복하다고 느낄 수 있는 것이며, 최첨단 현대사회에서 온갖 최신식 가구와 아름다운 부인과 자식이 있는데도 불구하고 불행하다고 느끼는 사람이 있을 수 있는 것이다. 예로써 부모님이 죽거나, 집이 쫄딱 망하거나, 불에 다 타버리거나, 사랑하는 여자가 다른 남자와 결혼해버리거나, 자신의 꿈이 산산조각 나버렸을 때 우리는 좌절을 경험하고 우울과 허무와 불행에 빠지게 된다.

초등학교 저학년 아이들에게 언제가 제일 행복하냐고 물어봤더니 이런 말들이 나왔다.

1. 선생님께서 칭찬해 주셨을 때
2. 엄마가 용돈 주셨을 때
3. 성적표에 좋은 점수를 받았을 때
4. 아빠랑 숙제 같이할 때
5. 아이스크림 먹을 때

6. 엄마, 아빠랑 영화볼 때

그외 엄마가 안아줄 때, 학교에서 상 받았을 때….


청중들에게 '지금 행복하신 분 손들어 보라'고 하면 거의가 손을 들지 않는다. 그것은 참다운 행복을 느끼지 못해서 그렇다고 본다.

참다운 행복이란 오늘 이 시간을 즐겁게 느끼는 것이다.

내가 운영하고 있는 사무실에 건물 청소를 하는 아주머니가 매주 토요일이면 비닐봉지에 소주 몇 병과 담배 몇 갑을 꼭 사 가지고 들어가신다. 궁금해서 물으니 활짝 웃으시며 말한다.

남편이 실직한지 오래 되었는데, 그 마음 오죽하겠는가! 그래서 술도 드시고 담배도 마음껏 피우시라고 주급 받는 날마다 사다 준다고 한다. 이 말을 들은 나는 코끝이 찡했다.

폐암을 30년 동안 앓고 계시는 할머니께 물었다.

"할머니, 아픈 데 없으세요? 건강하시지요?"

"아픈 데 없어, 건강해. 폐암 빼 놓고는."

인생은 불과 같은 것! 한 번 왔다 가면 끝이다. 인생은 왕복 티켓이 없다. 고생이 되더라도 기꺼이 즐겁고 떳떳하게 웃으며 살다가 생을 마감하는 것이 참다운 행복이라 생각한다.

내 나이 10살 때 함박눈이 펑펑 쏟아지는 추운 겨울날이었다. 한밤중에 날씨가 너무 추워서 발을 동동 구루고 손을 호호 불어가면서 찹쌀떡 상자를 어깨에 메고 동네를 소리치며 다녔다.

"찹~쌀~떡~. 메밀묵 사~려~. 찹~쌀~떡~."

이렇게 소리치고 다니다 보면 어디서 부르는 소리가 난다.

"꼬마야~, 이리와. 찹쌀떡 하나 다오."

이때 찹쌀떡 한 개 파는 기분은 빌딩 몇 채 가진 사람 부럽지 않다.

이렇게 참다운 행복이란 아주 작은 것일 수 있다. 찹쌀떡 하나 팔아서 국수 한 다발 사다가 멸치 넣고 삶아 여러 동료 아이들과 나누어 먹는 그 행복의 순간을 생각하면 지금도 코끝이 찡하다.

지금부터라도 우리가 참다운 행복의 삶을 살려면 입에서 나오는 슬픈 말은 하지 말자.

가능하면 가슴 찢어지는 얘기, 눈물 나는 얘기는 피하자. 슬픈 노래 하는 사람은 늘 마음이 슬프다는 뜻이다. 긍정적인 사람은 희망에 찬 노래를 한다. 말이 씨가 된다는 말이 있다. 세치 혀에서 나온 그 말대로 뜻이 이루어질 수도 있다. 누가 뭐라 해도 나는 행복한 사람이라고 주문을 걸고 살면 늘 행복한 사람이다.

나에게 초등학교 선생님이 늘 해주신 말씀이 있다.

"너는 커서 남을 웃기는 재미있는 사람이 될거야."

그래서 내가 행복을 팔러 다니나보다. 하하하~.

참다운 행복이란 말 그대로 거짓이 없는 행복을 말한다. 당신이 어떤 일을 하든, 아무리 힘든 일을 하든 거짓 없이 긍정적으로 살면 참다운 행복이 온다.

# 행복은 정말 아름다운 것

어느 추운 겨울날 한 어머니가 사형수에게 면회를 왔다.

"어머니, 이제 면회 그만 좀 오세요. 내일 모래면 제가 하늘나라에 갈 것 같아요."

"무슨 소리야. 네가 형 집행을 당한 후라도 너의 시신을 찾아서 이 에미가 아주 좋은 곳에 묻어 줄 거야."

이 말을 들은 아들 사형수는 눈시울이 뜨거웠다.

사형수의 어머니는 아들 셋을 훌륭히 키운 어머니였다. 큰아들은 자수성가 하여 중소기업체 사장님이고 둘째 아들은 고위급 공직자가 되었으나, 막내아들은 그만 길을 잘못 들어 나쁜 친구들과 어울리는 바람에 사람을 죽이고 사형선고를 받게 된 것이다.

막내아들이 깡패생활을 하다 사람을 죽이고 처음 구속되는 날, 두 아들은 이렇게 말했다.

"어머니, 막내는 이제 잊어버리세요. 남은 여생이나마 좋은 차에 좋은 집에서 저희들의 효도를 받으시면서 행복하게 잘 사셔야지요. 칼로 사람을 죽인 놈이 사람입니까? 이제 그만 잊으세요."

그러나 어머니의 마음은 그렇지가 않았다.

"너희들 모르는 소리 하지 말아라. 나는 좋은 차, 좋은 집도 필요 없다. 너희들이나 잘 살아라. 열 손가락 깨물어서 안 아픈 손가락이 어디 있느냐. 나는 막내와 함께 살련다. 그리 알아라."

그 후로 이 어머니는 비가 오나 눈이 오나 단 하루도 빠지지 않고 새벽에 제일 먼저 면회 접수를 하여 아들 면회를 다녔던 것이다. 그리고 제일 먼저 면회 접수를 하기 위해서 늘 교도소 담벼락에서 가마니를 덮고 잠을 청하였다.

눈이 펑펑 쏟아지는 어느 날, 법무부장관과 그 일행이 교도소 순시를 나왔다.

높은 사람이 깜짝 놀라며 "아니, 이 가마니가 무엇인가?"라고 물었다.

"웬 할머니가 가마니를 덮고 주무십니다."

조사를 하여보니 사형수의 어머니임이 확인되었다. 법무부에서는 이 사형수 어머니의 아들을 향한 마음이 너무 아름다워서 사형수인 아들을 무기징역으로 감형시켜주었다고 한다.

옛날, 효성이 아주 지극한 아들이 있었는데 어머니가 위독하여 운명하기 직전이었다.

효자는 사방팔방을 뛰어다니며 좋다고 하는 약초를 캐다가 어머니를 정성껏 다려드렸다. 그렇게 정성을 드려서 봉양해 드려도 어머니의 병은 날로 악화되었다.

그러던 어느 날, 이 효자 아들이 잠을 자는데 꿈에 산신령이 나타났다.

"효자야, 너의 정성은 지극하나 어머니의 병을 고치려면 세상에 단 한 사람밖에 없는 너의 5대 독자인 아들을 약재로 써야 나을 것이다."

다음날 효자는 산신령 이야기를 자기 부인에게 했다.

이 말을 들은 부인은 울면서 말했다.

"아니, 하나밖에 없는 우리 아들을 어머니 약재로 쓰다니 그건 절대 안 될 말이예요. 차라리 나를 죽여주세요."

부인은 펄쩍 뛰면서 거절했다. 그러자 효자가 말했다.

"부인, 자식은 또 낳으면 되지만 세상에 어머님은 한 분뿐이잖소. 그러니 아들을 약재로 씁시다."

효자는 부인이 울면서 매달리는 거절을 뿌리치고 아들을 찾아 나섰다. 아들은 천진난만하게 친구들과 재미있게 놀고 있었다. 효자가 부르자, 아들은 이를 눈치라도 챈 듯 있는 힘을 다해 도망을 쳤다. 효자는 도망치는 아들을 붙잡아 집으로 안고 와서 어머니의 약재로 바쳤다. 이것을 먹은 어머니는 씻은 듯이 몸이 나았는데, 아들을 잃은 두 부부는 서로 끌어안고 하염없이 울었다. 이때 저 쪽 끝에서 싸리나무 문을 열면서 아들이 달려오며 소리친다.

"아버지, 어머니, 배고파요. 밥 주세요" 하는 것이다.

"아니, 이게 어떻게 된 거야. 꿈이야 생시야."

그래서 아들을 약재로 썼던 가마솥을 열어 보니 그 솥 안에서 사람만한 커다란 인삼 한 뿌리가 담겨 있었다고 한다. 이 말은 효성이 지극하면 하늘도 돕는다는 이야기이다.

이 세상에 아무리 나쁜 사람이 많다 해도 밥에 쌀보다 돌이 많을 수는 없다.

여기서 우리는 잠깐 큰 병에 걸려 한시도 멈추지 않는 통증 속에서 눈물을 삼키는 친구를 떠올려 보고 또 불의의 사고로 재산과 집을 잃고 건강까지 잃은 친구를 떠올려 보자. 가장 소중한 이들의 아프고 소중한 삶은 당신은 잠시 잊고 있지는 않았는지?

나는 오늘도 많은 사람들에게 웃음과 행복에 관한 강의를 하면서 혹시 강의를 재미없게 하지는 않았는지 항상 곰곰이 생각해 본다. 그리고 돌보다는 쌀들에 대해서 생각해 본다.

어떤 사람은 지하철에 떨어진 할머니를 구하기도 하고, 어떤 사람은 길바닥에 맥없이 쓰러진 사람을 일으켜 아픈 상처를 싸매주고 조용히 사라지는 사람도 있다.

내가 처음 아내와 만날 때 돈이 없어서 어묵 한 개를 사서 서로 한 입 먹으라고 권했던 시절이 있었다. 너무 배가 고파 국화빵을 허겁지겁 먹고서 아저씨께 다음에 꼭 갚겠다고 하니 오히려 행복하게 잘 살라며 빵 값은 5년 할부로 갚으라며 웃어 주셨으니, 평생 잊지 못할 은혜에 그 고마운 아저씨가 종종 떠오른다.

인생은 뜬구름과 같다. 빈손으로 왔다 빈손으로 간다. 살아생전에 얼마나 아름다운 일을 하느냐는 정말 중요하다.

어떤 장의사가 장례를 치르다 갑자기 심장마비로 세상을 떠났다. 그런데 죽음을 애도하는 사람이 너무 많았다.

"정말 좋은 사람이었는데 쯧쯧! 참 안타까워라!"

장례식이 끝나자 미망인은 그의 장부를 공개했다. 1965년 김갑순 씨 혼자됨. 1966년 최손덕 씨 혼자됨. 죽은 장의사는 해마다 장부 속 주인공들을 집으로 초대해서 식사도 같이 하고 아픔의 위로를 같이 했었던 것이었다. 그는 이별을 겪고 힘들어 하는 사람들의 마음을 보살피는 일로 일생을 보냈다. 그렇게 다른 사람을 돌보고 배려하면서 살아왔기에 장례식장이 눈물바다가 된 것이다. 우리의 삶은 너무 단순하고 명료하다.

사랑과 웃음으로 인생을 받아들일 때만 사랑과 희망이 발견되는 것이다.

# 제4부

# 자녀 행복 만들기
# 사랑작전 '5단계'

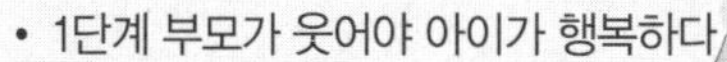

- 1단계 부모가 웃어야 아이가 행복하다
- 2단계 자녀 행복 만들어주기
- 3단계 유머 있는 아이가 가정을 행복하게 한다
- 4단계 아이와 놀아주면 가정이 행복하다
- 5단계 가정이 행복해야 자녀가 뜬다

# 부모가 웃어야 아이가 행복하다

나는 요즘 3살짜리 손주 재롱떠는 맛에 산다.

어느 날 손주가 병원놀이 장난감을 가지고 오더니, 의사처럼 내 가슴에 청진기를 대고 고개를 끄덕끄덕~. "할아버지, 다리가 아프시죠?" "그렇단다." 그러더니 병원놀이 완구에서 망치를 꺼내서 내 무릎을 두 번 탕탕 치더니 "할아버지, 이제 다 고쳤어여." "그래, 고맙구나." 과연 청진기를 가슴에 대고 다리가 아픈 것을 알 수 있을까? 하하. 이번에는 손주가 핀셋을 꺼내들었다. 그래서 핀셋으로 솜을 집어서 약을 발라주려나 했더니, 내 다리털을 뽑는 게 아닌가! 손주 녀석의 재롱에 다리털이 뽑히는 아픔을 행복으로 치료하면서 얼마나 웃었는지 모른다.

부모가 꼭 알아 두어야 할 것이 있다면 아이는 부모의 소유물이 아니다. 아이는 부모와는 분리된 가치 있는 한 인간이다. 그러므로 아이도 당당히 권리를 주장할 수 있는 인격체이다. 부모의 과잉보호를 막고 절제된 사랑을 하기 위해서 나는 아이들에게 절대 용돈을 주지 않는다. 준다면 반드시 대가성으로 지불한다.

구두를 닦으면 5백 원, 심부름하면 3백 원, 웃기는 얘기하면 5백 원, 노래를 잘하면 1,000원, 이런 식으로 메뉴판을 짜서 가격을 표시해 놓는다. 그렇게 하면 아이들이 노력한 만큼 용돈이 생기고, 재미도 느끼고, 돈의 귀중함을 알게 된다. 어디 그것뿐이랴! 늘 집안이 웃음꽃이 피니 참 행복하다.

이것은 우리 아이들의 유머 한 자락이다.

"아빠, 아빠, 각 나라 대표들이 자기 나라 자랑을 했대요."

소련의 고르바초프가 자기의 대머리를 만지며, "우리는 넓은 땅덩어리가 있소."

영국의 대처 수상이 가슴을 만지며, "우린 풍부한 자원이 있소."

미국의 부시, 바지를 내리며, "우린 막강한 무기가 있소."

한국의 노태우 대통령이 엉덩이를 보이며, "우린 분단된 조국이 있소."

"아빠, 웃기지?"

"야~, 되게 웃긴다. 옛다, 5백 원!"

유머의 대가를 지불하니 아이는 좋아한다.

그럼 우리 어른의 대부분은 어떻게 하는가?

"야, 그게 뭐가 웃겨. 입 다물고 밥이나 먹어!"

어떻게 입을 다물고 밥을 먹으란 말인가.

그러면 두 번 다시 아이들이 부모와 말을 하지 않으려 한다.

행복한 집은 또한 아이들 노는 것을 보면 알 수 있다.

"오늘 무슨 일 있었니?"

아이는 즐겁다.

"응, 엄마. 나 산수 백점 받았어."

"아이구, 우리 딸 착해라. 공부 잘 하고 말도 잘 듣고! 옛다, 용돈! 이리 온, 안아보자."

행복이 넘친다.

웃음 없는 집에 가보자.

“오늘 무슨 일 있었니?”

“어제랑 똑같아.”

“어제 무슨 일 있었는데. 오늘이랑 똑같아.”

아이가 말하는 것을 재미없어 한다.

외출 시, “공부 잘 하고 있어. 맛있는 것 사다 줄게~.”

아이가 좋아서 어쩔 줄 모른다. 하기 싫은 공부도 저절로 한다.

그러나 “너, 공부 안하고 밖에 나가면 가만 안 돼. 몽둥이로 패버릴 거야!”

아이가 얼마나 공포심을 가지며 스트레스를 받겠는가?

아이가 물어 볼 때 칭찬해 주면 행복을 느낀다.

“아빠, 사람은 왜 못 날아가?”

“야~ 우리 딸, 이 담에 과학자 되겠네. 그런 걸 다 알고.”

물론 아이의 기분이 좋아진다.

그러나 우리의 부모들은 어떠한가?

“넌, 왜 바보 같은 말만하니? 사람이 어떻게 날아다녀. 슈퍼맨이냐?

날아가게."

아이는 그만 기가 죽고 만다. 학용품 살 돈 좀 달라고 하면,

"아이구, 내 팔자야! 꼭 지 아빠 닮아서 돈밖에 몰라. 커서 뭐가 되려고 그래."

이런 식이라면 그 아이는 행복을 느끼지 못하고 살 것이다.

아이가 허구한 날 꼴지만 하니 "너, 한번만 더 꼴찌하면 너의 엄마 안한다" 하며 혼을 내주었다.

다음날 시험 보고 돌아온 아들에게, "시험은 잘 보았니?"

"아줌마, 누구세요?"

물론 웃자고 하는 얘기지만 정말 현명한 부모라면 원하는 대로 해주어라.

"엄마, 나비하고 꽃하고 왜 서로 색깔이 다르지? 응, 그건 우주를 창조하신 분이 다 다르게 해 주었단다."

그럼 아이가 좋아서 기분 '뽕' 간다. 그런데 다들 어떻게 하는가. "그걸 왜 물어. 꽃은 꽃이고 나비는 나비니까 그렇지 바보야. 그것두 몰라?"

이런 식으로 아이에게 면박을 준다.

공부만 잘한다고 성공하는 건 아니다. 오히려 똑똑한 부모가 자녀를 망친다는 말이 있지 않은가?

피아노를 잘 치는 아들과 운동을 잘하는 딸이 있었다고 한다.

아들에게는 "남자가 피아노 같은 거 해서 뭘해. 운동을 해야지."

딸에게는 "여자가 무슨 운동이야. 공부나 열심히 해."

두 아이가 좋아하는 것을 못하도록 했다. 물론 그 후 세월이 흐른 뒤 두 아이가 잘못되어 인생의 낙오자가 되었다 하니 이처럼 무조건 부모의 말을 따르라는 이기적인 사고방식은 이제 버려야 한다.

공부 못하는 아이가 시험지에 전부 '가'를 받았고, 그 중 한 가지만

'양'을 받았다고 한다. 그러자 부모는 "아들아, 한 가지에만 너무 치중하는 거 아니니" 하며 오히려 칭찬을 해주었다고 한다. 그 아이가 바로 그 유명한 발명가 에디슨이었다.

여러분은 아마 미운오리새끼 이야기를 잘 알 것이다. 당신이 진정 자녀를 사랑하고, 아끼고, 그래서 가정 또한 행복하기를 바란다면 서로 늘 사랑하면서 자녀에게 관심을 가지고 도와주어라. 자녀의 일을 해결하려 하지 말고 많이 도와만 주어라.

부모는 누구나 자녀가 행복하길 바란다. 스스로 걷고 친구들과 좋은 관계를 유지하길 바란다. 그렇다면 잡고 있는 자전거를 살며시 놓아줄 줄도 아는 용기가 필요하다. 아이가 집에서 놀다가 어항을 깨트렸다고 하자. 그럼 부모는 대부분 이렇게 말한다. "아이쿠 큰일 났네. 이게 돈이 얼마짜리인데 깨트려 이것아. 넌 누굴 닮아서 말썽만 부리니." 그런다고 일이 해결되는 건 아니다. 오히려 아이에게 더 반항심이 생긴다. 그러므로 일단 미안해 하는 아이의 마음부터 달래야 하는 것이다. "다친 데 없는 것이 큰 다행이야. 어항은 이 다음에 또 사면 돼. 우리 다음에는 어항을 깨지 않도록 노력해보자. 괜찮아. 마음 풀어 해지야." 그러면 아이가 "엄마, 죄송해요. 다음부터는 실수 안 할게요" 하며 활짝 웃을 것이다.

그리고 아이가 공부하는 과정에서 숙제를 하는데 필요한 책을 함께 사러 가는 것과 숙제를 대신해 주는 것은 다르다. 해결해 줄 필요도 없고 해결해 주어서도 안 된다. 그럴 시간이 있다면 차라리 자녀들과 한바탕 수시로 웃어주어라. 그래서 자녀의 마음을 경청하는 방법을 배우고 부모가 적극적인 청취자가 되었을 때, 비로소 자녀들의 불만이 해소되고 행복한 가정을 이룰 수 있을 것이다.

# 자녀 행복 만들어주기

자녀가 매사에 부정적인 마음을 가지고 하루종일 투덜거리는 경우는 마음에 분이 쌓여 있기 때문이다. 이런 자녀에게 "입 다물어. 밥이나 먹어" 하는 부모가 있다. 말도 안 된다. 어떻게 입을 다물고 밥을 먹는가?

"초콜릿 사줄게, 아이스크림 사줄게, 한 숟가락만 먹어다오."

이런 행동은 오히려 아이를 버려놓는다.

이 세상에 3일 굶어서 먹이 찾지 않는 동물은 없다. 그냥 계속 내버려 두면 자기가 찾아서 먹는다.

"밥 안 먹으려면 나가 있어! 추운데 얼어 죽을지 모르니까 감기 조심하고." 이러면 아이 생각에 '아고! 부모라고 아주 독종을 만났구나' 생각하면서 그때부터 자기 스스로 행동할 줄 알게 된다. 그러기 위해서는 어떡해야 하는가?

자녀의 문제는 자녀에게 맡겨라. 해결해 주지 말고 도와주어라. 명령하지 말고 협조를 구하라. 비난하지 말고 설득하라. 강요하지 말고 의논하라. 학교에서의 문제는 스스로 결정하도록 하라. 자신감을 갖도록 격려해 주어라.

아이의 성장에는 실패의 경험이 꼭 필요하다. 부모는 자기 자식이 실패 없는 인생을 살게 하려고 이것저것 미리 손을 써주는 경향이 있다.

사자는 새끼를 낳으면 전부 절벽에 떨어뜨리고 살아 올라오는 새끼만 젖을 먹여 키운다고 한다. 자녀가 실패 없는 인생을 살게 하려고 애쓰기보다는 실패해도 다시 일어설 수 있게 하는 힘을 갖추도록 하는 것이 참된 애정이다. 그럼으로써 자녀들은 '지식'이 아니라 '지혜'를 배우게 된다.

자신의 의견을 상대방에게 잘 전달하고 상대방의 이야기를 능숙하게 듣는 대화법이나 친구를 소중히 여기는 마음, 약속은 반드시 지켜야 한다는 생각 등 당연하게 여겨지는 지혜가 인생에서는 더욱 중요하다. 그렇기 때문에 아이의 부탁을 전부 들어줄 필요는 없다.

아이가 부탁을 할 때는 용기를 내기 위해 뭔가 해달라고 부탁하고 있는가, 아니면 단순히 자기 사정 때문에 부탁하고 있는가를 분간할 필요가 있다. 또한 아이의 부탁은 금방 들어주지 말고 그 대안을 생각하게 하는 것도 좋다. 단 자녀가 어떤 행동을 하는가에 대해 항상 염두에 두어야 한다.

자녀 행동에 있어서 다음과 같이 위험 신호가 나타나는 것을 주시해야 한다.


**1. 아이는 주위의 관심을 끌기 위해 '문제 행동'을 한다.**

아이는 부모가 가장 관심을 가지는 부분에서 곤란한 짓을 한다. 문제 행동의 초기에 관심을 기울여야 다음 단계로의 발전을 막을 수 있다.

**2. 아이는 '관심'을 끌지 못하면 부모에게 '도전'해 온다.**

아이가 부모에게 도전해 올 때는 일방적으로 이기려 하기보다는 서로 타협하여 무승부로 이끄는 것이 어느 쪽도 상처를 입지 않는다.

**3. 아이는 '도전'에 실패하면 '복수'를 시작한다.**

비행이나 자살은 복수심에서 나온다. 대부분 이런 행동은 무의식적으로 행해지기 때문에 어른이 적극적으로 도와주어야 한다.

**4. 아이는 복수에 지치면 '무기력'을 가장한다.**

좋아서 과묵한 것과 무기력해서 과묵한 것은 다르다. 절망적일 만큼 무기력에 빠진 아이에게는 전문가의 도움이 필요하다.


아이가 다 커 고등학생이 됐는데 초등학교 2학년으로 보는 것은 안 된다.

막내딸이 어릴 때의 일이다. 한밤중에,

"아빠, 오줌 마려워."

"다음부터는 오줌 마렵다고 하지 말고 '휘파람이 불고 싶어요'라고 해라."

며칠 후,

"아빠, 휘파람이 불고 싶어요."

난 내가 지시했던 말을 까맣게 잊고 있었다.

"밤에 무슨 휘파람을 불어?"

"그래도 조금만 불고 싶어요."

"그럼 조금만 불어라."

하하하하~.

아이의 성장을 인정하고 부모도 변해야 한다.

만약 부모가 아이와 함께 있어 주며 힘을 북돋워 주지 않는다면 아이는 중요한 문제들을 친구들과 의논할 수밖에 없게 된다. 부모의 열린 마음으로 대화를 하고 함께 문제를 풀어 나가는 과정은 부모와 자식간의 관계를 더욱 돈독하게 만들어 주어 자녀를 책임감 있고 창의적인 사람으로 성장시켜준다.

당장이라도 분노를 터뜨리고 싶은 마음을 꾹 누르고 진실한 마음으로 얘기를 들어줌으로써, 문제가 해결되는 것을 보면 미소 짓게 될 것이다. 또한 부모의 비난이나 간섭 없이 자기 스스로에게 실망해 보는 자리도 갖게 되며, 이를 통해 아이는 그런 모든 것들을 성장의 디딤돌로 이용하는 법을 배울 수 있다.

행복이란 별거 아니라는 생각이다.

집이 없는 사람보다는 있는 사람이 행복하고 혼자 쓸쓸히 사느니 배우자가 있는 것이 행복하다. 이렇듯이 자녀가 반항을 하면 그건 아이가 거리에서 방황하지 않고 집에 잘 있다는 것이고, 지불해야 할 세금이 있다면 그건 나에게 직장이 있다는 것이고, 파티를 하고 나서 치워야 할 게 너무 많다면 그건 친구들과 즐거운 시간을 보냈다는 것이고, 옷이 몸에 좀 낀다면 그건 잘 먹고 잘 살고 있다는 것이고, 깎아야 할 잔디, 닦아야 할 유리창, 고쳐야 할 하수구가 있다면 그건 나에게 집이 있다는 것이고, 난방비가 너무 많이 나왔다면 그건 내가 따뜻하게 살고 있다는 것이고, 세탁하고 다림질해야 할 일이 산더미라면 그건 나에게 입을 옷이 많다는 것이다.

자녀와 함께 늘 행복하게 살기 위해서는 사랑 표현을 자주하고, 칭찬을 아끼지 말고, 늘 관심을 가지며, 가족간 스킨십을 해줘야 한다. 스킨십은 아이에게만 필요한 것이 아니다. 부부 사이에도 안정되고 활기찬 삶을 살아갈 수 있으며, 스킨십이 많은 부부는 최고 8년은 더 젊고 건강하다는 통계도 있는 것처럼 아이에게, 부부끼리의 스킨십은 매우 중요하다고 본다.

# 유머 있는 아이가
# 가정을 행복하게 한다

"아빠, 아빠, 오늘 내가 웃기는 얘기 하나 해줄게."

"그래, 한 번 웃겨 봐라."

이렇게 말을 해주고 아이 이야기가 재미가 있든 없든 마음껏 웃어줘라. 아이가 좋아서 매일 부모 앞에서 싱글벙글 웃고 지낸다.

모처럼의 아이 유머에 '그게 뭐가 웃겨. 밥이나 먹어' 하며 오히려 핀잔을 주면 그 아이는 다시는 부모와 말을 안 하려고 한다.

유머 있는 아이는 재치와 창의력이 뛰어나다. 창의력과 유머는 직결된다.

미국 하버드 대학을 수석으로 졸업한 학생들을 조사해 본 결과 재치와 유머감각이 뛰어났다고 한다.

웃음이 넘치는 가정은 즐거움과 행복이 가득하다. 그러므로 아이가 부모를 웃게 하는 일은 가정의 큰 행복이다. 한마디로 웃음은 행복한 가정을 만드는데 너무 소중한 요소이다.

유머감각이 뛰어난 자녀에게는 친구들이 잘 따른다. 그리고 은근히 부러워한다.

한 설문 조사에 의하면 아이들이 가장 하고 싶은 장래희망이 개그맨이라고 한다.

유머란 재치 있는 말솜씨와 웃음으로 분위기를 즐겁게 만드는 기술이다.

어느 날 아이가 놀다가 거실 유리를 깼다. 엄마가 당연히 화가 나서,

"너는 하는 짓마다 왜 그 모양이냐. 유리를 깨면 어떻게 해 이 못난아! 너 학교에서도 청소하다가 유리 깨지?"

"네, 엄마. 학교에 멀쩡한 유리가 하나도 없어요. 그래서 더 이상 청소할 유리가 없어요."

엄마가 그만 웃음을 터트리고 말았다. 이처럼 유머는 부모와 자식간을 더욱 가깝게 해주는 도구이다.

"엄마, 내 친구 철수 아빠가 엄마를 잘못 만나서 백만장자가 됐대요."

이 말을 들은 엄마가 어리둥절하며,

"백만장자가 됐으면 잘된 거잖아."

"아니야, 엄마. 철수 아빠가 결혼 전에는 억만장자였거든."

엄마는 깜짝 유머에 그만 웃고 만다.

어느 가족이 모처럼 중국집에 가서 외식을 했다. 20분이 되도록 자

장면이 안 나오자, 아이가 말했다.

"아저씨, 배고픈데 자장면 아직 멀었어요? 중국에 가서 자장면 만들어 오나봐!"

아빠가 종업원을 불렀다. 종업원이 달려오자 아빠가 젊잖게 말했다.

"부탁 좀 드릴게요. 너무 지루하니까 자장면 나올 때까지 어디 가서 간식 좀 사다 줄래요? 먹으면서 기다릴게요."

모두 같이 웃었고 종업원은 웃으며 미안해 하였다.

아이가 웃으면 "실없이 왜 웃어. 여자애가 웃음이 헤프면 못 써!" 이런 식으로 아이들 기를 죽이는 부모가 있다. 그것은 가정의 행복을 깨는 일이다. 아이가 재미있는 이야기를 하면 잘 듣고 같이 웃어줄 줄 아는 아량이 필요하다.

똑같은 코미디 영화를 보면서 어떤 아이는 배꼽을 잡고 떼굴떼굴 구를 지경으로 웃는다. 어떤 아이는 얼굴이 굳어있다.

"쳇! 뭐가 웃겨. 난 하나도 안 웃기는데…."

이런 아이는 평소에 부모들이 아이와 같이 자주 웃는 시간을 갖지 않았기 때문이다.

아이들과 자주 웃음소리가 울려 퍼지는 행복한 시간을 만들어야 한다.

아주 옛날 유머와 재치가 뛰어난 이항복의 일화를 잘 알 것이다.

자기 집 감나무 가지가 앞집 권 대감 댁 담을 넘어가 권 대감이 자주 따 먹자, 이항복이가 권 대감을 찾아가 주먹으로 창호지문을 뚫어 집어넣으며 말했다.

"대감님, 이 주먹이 누구의 주먹이옵니까?"

"네 이놈! 이게 무슨 짓이냐! 당연 그건 네 주먹 아니냐!"

"그럼, 저희 감나무 가지가 대감 댁으로 넘어갔으면 그 감은 누구의 것입니까?"

"그것도 네 것이지."

“그런데 어찌 대감께서는 저희 감나무의 감을 따 먹습니까?”

권 대감은 이항복 아이의 말을 듣고 그만 말문이 막히며 자신의 실책을 뉘우쳤다.

이항복은 이러한 재치와 유머 때문에 병조판서를 다섯 번이나 지내면서 나라에 큰 공을 세웠고, 영의정의 자리까지 올랐다고 한다. 이렇게 어렸을 때 유머를 잘하는 아이는 훌륭한 리더가 되어 행복을 누릴 수 있다고 한다.

또한 아이는 항상 즐거워야 창의력이 발달된다고 한다. 그러니까 아이가 들어서 기분 나쁜 말인 바보, 멍청이, 등신, 머저리, 못난이 등과 같은 말은 절대 해서는 안 된다.

실제 내가 교도소에서 정신교육 강의를 할 때 죄수들에게 어릴 때 부모에게서 많이 들었던 말이 뭐냐고 물어보면 대다수가 “너 같은 놈은 감옥에 가야 돼”라는 말을 들었다고 한다. 만약에 이 죄수들이 어린 시절 희망적이고 긍정적인 말만 들었다면 이곳에 오지 않을 수도 있었던 것이다.

‘말이 씨가 된다’ 는 속담처럼 한마디의 말이 큰 영향을 미친다.

자녀의 창의력과 멋진 장래를 위해 유머와 재치를 가미한, 보다 희망적이고 긍정적인 말을 해야겠다.

# 아이와 놀아주면 가정이 행복하다

큰딸이 여섯 살 때 이야기다. 한참 안방에서 장난감을 가지고 놀더니 자기 방에 가면서 한마디 하는데 얼마나 웃기는지 밤새 웃었다. "두 분 행복한 밤 되세요"라고 하는 것이다. 그 어린 딸이 지금은 시집을 가서 손자를 낳았다. 나는 너무 좋아서 손자를 보려고 갔더니 큰딸이 한 번 안아달라고 하는 것이다. 그래서 "내 딸 현주야" 하며 안아주니까, 큰딸이 내 엉덩이를 세 번 때리더니 "우리 아버지 다 컸네~"라고 농담을 하는 것이다. 아이가 무슨 말을 하든 부모 입장에서는 같이 웃어주기만 하면 가정이 행복한 것이다.

나는 딸만 셋이다. 그래서 '딸딸이' 아빠다. 딸들이 철없을 때의 일이다. 제일 명랑하고 재미있는 아이가 막내딸 혜지다. 막내는 항상 나에게 웃음을 준다. 한번은 "혜지야, 너 이 다음에 커서 뭐가 될꺼니?"라고 물었더니 서슴없이 "환경미화원이 되고 싶어요"라고 하는 것이다. 그래서 나는 재빨리 "우리 딸 혜지가 좋은 꿈을 가지고 있구나. 너도나도 대통령 되고 과학자가 되면 누가 우리 주위의 오물을 치우냐." 오히려 아이에게 칭찬을 해주었다. 어른들은 꿈이 목표이고 현실이다. 하지만 아이들은 시시각각 변하는 꿈이 바로 그때그때 느껴지는 행복이지, 어른처럼 종착점이 아니다. 그래서 아이들이 어릴 때부터 나는 시간만 나면 아이들과 같이 놀아주었다. 재미있는 이야기, 유머, 웃기는 이야기 등 최대한 아이들을 즐겁게 해주고, 웃기게 해서 말을 많이 붙여가면서 아이들의 얘기에 귀를 기울이고 항상 가깝게 지냈다.

"혜지야, 아빠가 아주 재미있는 이야기 해줄게~. 옛날에 맹구라는 아이가 살았는데 그 맹구는 받아쓰기를 할 줄 몰랐어. 그런데 하루는 선생님이 '맹구야, 받아쓰기의 뜻이 무엇인지 알아오렴'이라고 말했어. 맹구는 집에 와서 '엄마, 받아쓰기가 뭐에요?' 전화를 받고 있던 엄마는 갑자기 전화기에 대고 욕을 했어. '요념의 자슥아, 뭐라꼬? 미쳤나?' 그래서 맹구는 그것을 받아쓰기 노트에 적었어. 그리고 TV를 보니까 어떤 여자가 '죄송합니다. 정말 죽을 죄를 졌습니다' 라고 말했는데, 맹구가 그것도 노트에 적었어. 또 TV를 보니까 00700 방송을 하고 있었어. 그래서 그것도 맹구가 노트에 받아 적었어. 그리고 동생한테 가서 물었단다. '동생아, 넌 나보다 똑똑하니까 받아쓰기가 뭔지 알지? 받아쓰기가 뭐야?' 맹구가 묻자, 동생은 슈퍼맨, 베트멘 놀이를 하고 있다가 '슈퍼맨, 베트맨~.' 그러니까 그것도 맹구가 받아 적었어. 또 TV를 보니까 '어, 빡빡머리~' 그런 소리가 들려서 그것도 받아 적었어. 다음날 선생님이 '받아쓰기의 뜻이 뭔지 아는 사람~' 이라고 말하자, 맹구는 손을 번쩍 들었단다. '그래 맹구야, 말해봐.' '네, 요념의 자슥아 뭐라꼬?' 그러니까 선생님이 '맹구야, 뭐라고? 너 나와!' 맹구가 다시 말했어 '죄송합니다. 정말 죽을 죄를 졌습니다.' 선생님이 '너, 집 전화번호 뭐야?' 맹구가 '00700' 이라고 말하자, 선생님이 다시 '엄마, 아빠 이름 뭐야?' 맹구가 '슈퍼맨, 베트맨~' '야, 너! 교무실로 와!' 교장선생님은 가발을 쓰고 있었단다. '요놈 뭔 짓이야!' 그러니까 맹구가 '어, 빡빡머리~.' 그러자 교장선생님은 화가 나서 맹구를 퇴학시켰단다."

이런 식으로 아이에게 유머를 해주면, "야~ 아빠, 너무 웃긴다."

그러다 보니 우리 딸도 유머를 제법한다. "아빠, 아빠, 자가용이 너무 자가용", "아빠, 가수 비가 콘서트 하면 비와?", "아빠~, 나 졸린데 자두 먹고 자두 되나?" 그럼 나도 한마디 한다. "혜지야~, 해지면 자야지." 그럼 또 막내는 이에 질세라 유머를 한다.

"아빠, 어느 날 갑자기 비행기가 추락해서 98명은 낙하산으로 탈출했고, 3명이 남아있었대요. 그런데 거기에는 낙하산이 2개밖에 없었대. 남은 3명 중에 두 명은 어른이고, 한 명은 아이래요. 그런데 갑자기 한 어른이 뛰어내렸어요. 그런데 낙하산 2개가 그대로 있더래요. 그래서 아이한테 '아까 저 사람이 뭘 메고 내렸냐?'고 하니까, 아이가 하는 말이 '제 유치원 가방을 메고 뛰어내렸어요' 하더래요. 아빠, 웃기지요?"

난 별로 웃기지 않지만 일부러 뒤집어지도록 웃어줬다.

"우헤헤헤. 웃긴다. 우리 혜지 이 다음에 개그우먼 되겠네. 하하하."

이처럼 아이에게 맞장구를 쳐주며 놀아줄 줄 알아야 한다.

아이들의 행복은 아주 사소하다. 그 순간 기분이 좋으면 그것이 행복이다. 어느 학원에서 학부형 강의를 할 때의 일이다. 이날도 학생들이 상당히 많이 참석을 했다.

"내가 퀴즈부터 하나 낼게요. 답을 맞추시면 고급 벽시계를 드립니다. 그런데 이 벽시계를 지금 가져가지 마시고 모든 분들이 나가신 다음에 몰래 떼어가세요. 운전사가 과속을 하다 경찰차를 발견했습니다. 제일 먼저 뭘 떨어뜨렸을까요?"

그때 한 아이가 손을 번쩍 들더니 "간이요~" 하며 빠르게 대답을 했다. 이처럼 요즘 아이들은 유머감각이 뛰어나므로 항상 아이가 즐겁게 함께 놀아주어야 창의력이 발달되는 것이다. 우리가 자녀에게 가장 조심할 것은 바로 '무관심' 이다.

# 가정이 행복해야 자녀가 뜬다

살아가면서 힘들고, 어렵고, 지칠 때는 가정으로 돌아가게 된다. 가정은 아주 편안한 안식처이자 보금자리다. 가정을 금으로 짓고 금으로 된 가구를 갖출 수는 있지만 가정을 만들거나 살 수는 없다.

가정이란 넘치는 애정, 자기 희생, 친절, 평화, 아늑함, 사랑이다.

행복한 가정은 오로지 평화와 아늑함이 조화를 이루는 곳이다.

화려한 잔디, 우아한 건축, 화려한 자동차. 이러한 것은 오직 겉으로 보이는 재산일 뿐 화목한 가정생활의 필수조건은 아니다.

아무리 좋은 집, 좋은 차, 많은 돈을 가지고 있어도 겉치레에 불과한 경우가 많다.

현재 우리나라 이혼율이 세계 2위라고 한다. 이혼하는 사유 중 1위가 남편이 집안일에 무관심하다는 것을 가장 큰 불만으로 여긴다고 한다.

사업에 몰두하느라 가정을 소홀히 하면 결혼생활을 원만하게 할 수 없다는 것이다.

지금 많은 사람들이 사회생활은 미소 띤 얼굴로 하는데 정작 가정에서는 불쾌하고 불만스러운 표정으로 가정을 불행하게 만드는 경우가 상당히 많다.

당신이 만약 가정이 화목해지길 바란다면 당신 먼저 가정에 행복을 주어야 한다. 가정의 기쁨은 서로 웃음과 맛있는 대화를 주고받는 데에서 나오는 것이다. 당신이 밤낮으로 노력하여 아무리 많은 돈을 벌어도 정작 가정을 소홀히 한다면 아무 소용이 없다.

그래서 나는 아무리 먼 곳에 강의를 가더라도, 밤잠을 못자더라도 꼭 집에 들어간다. 아내 역시 밤잠을 안 자고 기다려 준다. 이렇게 서로의 관심을 보여줌으로써 다음날 아침 시련을 견딜 수 있도록 마음의 고통을 녹여주는 것이다.

행복하게 살기 위해서는 가정을 실패하는 것보다 차라리 사업에 실패하는 것이 더 낫다. 가족들이 항상 머물고 싶어하고 떠나기 싫어하는 장소로 만들려면 진정한 애정을 표현하는 데 힘을 쏟아야 한다. 남자들은 종종 돈을 번다는 이유로 자기가 아내보다 우월하며 능력이 뛰어나서 돈을 많이 버는 것으로 착각한다. 사실 따지고 보면 남자들의 성공은 거의 아내의 덕이다. 가정이나 사교모임에서 분위기를 만들고 남자의 외모를 가꾸어 주고 집안일에 신경 안 쓰고 일에 몰두할 수 있게 배려하는 사람이 바로 아내이다. 그래서 나는 아내의 생일을 '가정 국경일'로 정하고 산다.

내가 겪은 바에 의하면, 항상 웃음 넘치는 가정으로 꾸려나가려면 서로의 말투에 신경을 써야 할 것이다. 서로의 잘못된 말 한마디로 하루를 망치는 경우가 상당히 많다. 그래서 바람 피운 여자는 용서해도 얼굴 찡그린 여자는 용서하지 못한다고 하지 않던가? 그냥 지나는 말처럼 "알았어요. 그렇게 할게요." 이러한 말투는 아주 오래 전 이야기다.

당신의 말투에 조금만 주의를 기울이면 행복한 가정으로 변화될 것이다. 강아지에게 큰소리로 호통치는 식으로 말하면 불안해 하며 당신 곁에 가지 않으려 한다. 그러나 아주 밝은 표정으로 부드러운 목소리와 달래는 목소리로 말하면 강아지는 꼬리를 흔들며 당신 곁으로 다가

온다. 이처럼 가정을 꾸려나가는 데 있어서 목소리가 상당한 비중을 차지하고 있다.

그러므로 남편과 아내는 칭찬과 감사하는 태도를 가지려고 노력을 해야 한다.

'칭찬은 마음의 흥분제이며, 비난은 진정제'라고 도로딕스는 말했다.

전자제품 판매회사에 아주 뛰어난 영업사원이 있었다.

그는 항상 유쾌하고 농담도 잘하며, 손님들에게도 항상 친절하고 미소를 잃지 않았다.

아무리 힘든 상황에서도 그의 얼굴은 미소를 잃지 않았다.

어느 날 우연히 그를 만난 전무가 비밀을 물었다.

그러자 그가 하는 말이, "비밀은 없는걸요. 저는 세상에서 최고로 훌륭한 아내를 얻었습니다. 출근할 때면 아내는 항상 친절한 말로 저에게 용기를 줍니다. 퇴근해서 집에 돌아오면 아내는 미소로 맞이하며 볼에 키스를 합니다. 그리고 항상 따뜻한 차를 내놓습니다. 소소한 일까지도 신경을 써서 하루 종일 나를 기쁘게 해주기 때문에 어떤 사람에게도 불친절한 말이 나오지 않습니다."

고대 그리스의 시인 호메로스는 이렇게 말했다.

"남편과 아내가 하나 된 마음으로 가정을 돌보는 것보다 좋은 일은 없다."

이 세상 인구 중의 절반은 여자이다. 아내를 감동시키는 남자는 직장에서도 여성을 움직인다. 그러나 아내를 울리는 남편은 절대 성공할 수가 없다. 여성은 감성형 인간이므로 작은 말에도 감동을 받는다.

"야~, 당신 갈수록 예뻐져~. 지네 다리 복숭아 뼈에서 짜낸 천사표 화장품을 쓰나. 갈수록 예뻐지네."

"당신, 호텔 요리사 출신인가봐. 음식 맛 죽여주네."

"당신, 육아 백과를 써봐~. 애들 키우는 솜씨가 보통이 아닌 걸~."

"호수 같은 당신 눈을 보면 그 호수에 빠져서 익사할 거 같아."

"당신, 멀리서 봐도 너무 예뻐. 탤런트가 울고 가겠어."

이런 소소한 기분 좋은 말 한마디가 아내를 하루 종일 기분 좋게 한다.

누군가 이런 말을 했다. '말은 해야 맛이고, 고기는 씹어야 맛이라고.'

상냥한 음성과 미소의 표정을 지으며 이런 말을 하면 남편은 뿅뿅 간다.

"여보~, 애들이 당신 닮아 저렇게 똑똑한가 봐요. 내가 시집 하나는 잘 왔지. 땡 잡았어, 땡 잡았어."

"당신 보고 있으면 마음이 따뜻해져요. 꽃보다 남자는 바로 당신, 당신 덕분에 잘 살게 되어서 행복해요. 주위를 봐도 당신이 가장 멋져요."

이런 말 한마디가 남자의 기분을 하루 종일 좋게 한다.

이렇게 서로 조금만 노력을 하면 훌륭한 가정을 꾸릴 수 있다. 가정에서 늘 웃음꽃이 피고 유쾌하게 지내는 일은 아이들이 커서 먼 훗날 기억에 남는 오아시스가 될 것이다.

제5부

# 행복 만들기
# 웃음작전 '즐겨라'

- 행복이 한 근에 얼마예요?
- 재미있게 말하면 행복은 저절로 굴러온다
- 유머는 스트레스를 날려버린다
- 웃음으로 불행과 고통을 날려버려라
- 행복한 대화법을 익혀라
- 행복하고 싶다면 유머를 구사하라
- 유머를 만드는 방법
- 겸손한 사람이 유머도 잘한다

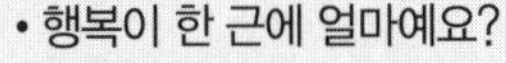

# 행복이 한 근에 얼마예요?

많은 사람들이 행복을 정육점에서 고기를 썰어 팔듯이 돈이 많거나 재산이 많으면 행복한 것으로 알고 있다. 그러나 행복이란 그런 것이 아니다.

실례를 들어보자. 우리가 너무나 잘 아는 우화가 있다. 옛날에 만석이란 사람이 푸줏간을 하고 있었다. 하루는 이웃 분이 오더니,

"야~, 이놈 만석이. 푸줏간을 다 하다니 출세했구먼. 나 고기 한 근만 주게나."

고기를 한 근 가지고 가려는데 마침 다른 손님이 들어왔다.

"저 주인님, 고기 한 근만 주십시오."

그런데 한 근보다 훨씬 많은 양을 썰어주었다.

이를 본 먼저 온 손님이 화가 나서 한마디 했다.

"야! 이놈아, 똑같은 손님인데 저 손님은 왜 더 많은 고기를 주느냐?"

만석이 하는 말,

"아, 선생님께 드린 고기는 '놈'이 썰어준 고기이고, 저 손님께 드린 고기는 '님'이 썰어준 고기입니다."

자, 이게 무슨 말인가?

상대에게 먼저 기쁨을 주는 말, 행복을 주는 말을 해야 나에게 그 행복이 돌아온다는 뜻이다. 내가 먼저 상대에게 행복을 주지 않고 바란다는 것은 잘못된 생각이다.

이처럼 행복이란 정육점에서 고기를 썰어 팔듯이 돈만 주면 무조건 살 수 있는 것이 아니다. 행복이란, 아주 짜릿한 것이고 아주 황홀한 것이다. 또 행복이란 아주 사소한 곳에 있는 것이다. 비록 내가 가진 게 하나도 없어도 하루가 즐겁고 기분이 좋으면 그날 하루는 수지맞은 장사다.

어느 날 지방 강의를 가려고 고속버스 터미널에서 승차권을 구입하려는데 지갑을 두고 온 것이다. 얼마나 허전하고 불안한지 겪어본 사람은 알 것이다. 그래서 나는 빨리 호주머니에 있는 동전을 세어보면서 동전이라도 좀 많이 있었으면 했다. 다행히 500원짜리가 13개, 100원짜리가 7개 있었다. 가만히 계산해보니까 승차권을 구입하고도 커피 한 잔 값이 남았다. 다행히 이 동전으로 승차권을 구입해서 강의 장소로 갈 수가 있었다. 지금도 그날을 생각하면 얼마나 기분이 좋고 행복한지 모른다. 이처럼 즐겁고 기분 좋은 일이 생기면 그게 바로 수지맞은 행복이다.

또 내가 가진 것을 아낌없이 나눠 주었을 때 상대가 고마워하고 감사하게 생각하면 그처럼 행복할 수가 없는 것이다. 내가 잘 아는 봉사단체에서 일하는 분 가운데 교통사고로 사별한 남편의 보상금 전액을 어려운 사람들을 위해 써달라고 내놓는 사람도 있다. 그 봉사원은 너무나 아깝게 사망한 남편의 목숨 값을 먹고 사는 일에다 쓸 수가 없어서 굶주림에 시달리는 사람들에게 조금이나마 양식이 되고, 병원비가 모자라서 꺼져가는 목숨을 조금이라도 연장할 수 있도록 도움이 된다면 그것이 남편의 목숨을 값지게 하는 것이라며 행복한 미소를 짓는 것이다.

또 어느 일간지 신문에 보니 80이 넘으신 할머니가 혼자 파출부, 식모살이, 생선장사 등 갖은 고생을 해서 모은 돈을, 돈이 없어서 공부를 하지 못하는 어려운 아이들을 위해 장학금으로 써달라고 신문사에다 갖다 주었다는 글을 보았다. 이처럼 이 세상에는 마음이 아름다운 사람이 너무 많은 것이다. 아무리 밥에 돌이 많다고 해도 쌀보다 돌이 많을 수는 없는 것이다. 그만큼 착한 사람이 더 많은 것이다.

나는 인터넷에서 아빠와 단둘이 사는 어느 철없는 딸의 일기를 보았다. 비록 장애자인 아빠라도 곁에 있을 때는 행복을 못 느끼고 살다가 세상을 떠난 후에 후회하는 이야기였다.

"어느 날 교통사고로 우리 아빠가 다리를 잃었어요. 난 한쪽 다리가 반밖에 없는 아빠가 창피했어요. 잘 걷지도 못하고, 매일 목발을 짚고 쩔뚝거리고, 가만히 오래 서 있지도 못하고, 그래서 아빠랑 외출하기도 싫어했어요. 어디를 가든 아빠랑 같이 다니는 것이 창피해서 싫었어요.

한쪽 다리가 반밖에 없는 다리 병신인 아빠보다는, 차라리 아빠고 뭐고 아무것도 없었으면 좋겠다고 생각한 적이 많았어요. 아빠가 평소에 저한테 미안하셨는지 일부러 가게까지 가서서 머리핀과 머리 고무줄을 사오셨는데 저는 촌스럽다고 안 한다고 쓰레기통에 던져버렸는데, 다음날 학교 갔다와서 보니 아빠가 쓰레기통에서 다시 주워 제 책상 위에 올려 놨더라구요. 저는 짜증을 내면서 그 머리핀을 쓰지도 않고 책상 밑 잡동사니에 던져버렸어요.

그리고 몇 달 전에는 아빠가 양말에 구멍이 났다고 저한테 좀 기워달라고 하셨어요. 양말을 꿰매려면 허리를 구부려야 하는데 허리를 구부리면 다리를 필 수 없기 때문에 허리를 못 구부리시거든요. 아빠는 우리 착한 딸, 양말 좀 기워달라고 빙그레 웃으시면서 부탁하셨는데, 저는 제가 아빠 하녀냐고 그러면서 그 양말을 받아서 휴지통에다 집어 던지고, 그리고는 혼자 방에 들어가 버리고, 아빠는 그래도 빙그레 웃으시면서 우리 딸 그동안 힘들었나보구나, 이러시면서 휴지통에서 양말을 주워다가 구멍난 거 그냥 그대로 신으시더라고요. 그 다음 제 화를 풀어주려고 제가 좋아하는 통닭 사가지고 왔는데, 전 일부러 없는 척하고 문 걸어 잠그고 방 안에서 컴퓨터 게임만 하고 있었어요. 아빠는 어디 갔나보구나 나중에 오겠지 생각하셨나봐요. 그리고 학교에 갔다와서 보니, 아빠는 어디 갔는지 없으시고, 식탁 위에 싸늘하게 식은 통닭이 올려져 있더라고요. 저는 통닭이 식었다고 짜증을 내면서 통닭을 먹었어요. 근데 계속 먹다보니까 쌀쌀한 날씨에 얇은 티셔츠 하나 입고서 배고프실 텐데 나 주신다구 통닭도 안 드시고, 다리도 구부리지 못해서 앉아있으시지도 못하시고, 계속 서 있다가, 누웠다가, 나를 기다리시던 아빠를 생각하니깐 그냥 막 눈물이 나더라고요. 밥 하나 혼자 못 차려 먹어서 매일 하나밖에 없는 외동딸을 시키시는 그런 무능력한 아빠인데, 한쪽 다리도 없어서 잘 걷지도 못하는 그런 장애인 아빠인데, 그런 무능하고 장애인 아빠인데도 이상하게 막 눈물이 나고, 미안한 생각이 들고, 통닭도 먹기 싫고.

저는 통닭을 쿠킹호일에 그대로 다시 싸놓고는, 아빠 드시라고 포크하고 물 컵도 차려 놓았어요. 그리고는 제 방에 들어갔어요. 그런데 저녁이 되고 밤이 되어도 아빠가 안 오시는 거예요. 저는 계속 잠도 안 자고 기다리다가, 갑자기 전화 한 통이 왔어요. 병원에서 전화가 왔더라고요. 그 사람은 간호사 같았는데, 다짜고짜 김호철 씨를 아냐고 물어 보는거예요. 전 우리 아빠니까 당연히 안다고 말했어요. 그런데요, 아빠가요, 선물 꾸러미 같은 비슷한 걸 사가지고선 횡단보도를 목발 집고 쩔뚝쩔뚝 걸으시다가 차에 부딪혀서 그만. 전 어느 병원인지 들은 다음에 그냥 전화를 끊어버렸어요. 전 아무 말이 안 나왔어요.

돈도 못 벌고, 뭐 하나 할 줄 모르는, 그런 다리 병신인 우리 아빠. 정말 너무너무 싫어서 없었으면 하는 아빠인데. 그런 아빠가 정말 없어진 거예요. 저는 눈물도 나오지 않는 눈을 한참 비벼대다가, 식탁 위에 아빠 먹으라고 차려놓은 포크하고. 물컵하고 싸늘하게 식어있는 통닭을 보았어요. 아빠 먹으라고 맛있게 차려놨는데. 아빠가 와서 맛있게 먹으라고 저렇게 차려놨는데. 저렇게 준비해 두었는데. 저는 눈물이 울컥 나왔어요. 그 눈물은 몇 시간이고 멈추지 않았어요. 전화기 옆에 기대어 놓은 아빠 목발, 그리고 책상 옆에 놓여있는 아빠의 돋보기 안경, 평소에는 그렇게도 싫고 던져버리고 싶었던 것들 모두 너무너무 그립게 느껴졌어요. 저는 아빠 목발을 붙잡고 또 한참을 울었어요.

전 다음날 퉁퉁 부운 눈을 뜨고, 병원으로 찾아갔어요. 한 번도 하지 않고 내팽겨쳐 둔 아빠가 선물한 그 머리끈과 머리핀을 묶고서. 그리고 병원에 가자 아빠는 영안실에 있어서 볼 수가 없대요. 마지막인 줄 알았으면 더 자세히, 더 가까이 가서 보아 두는 거였는데, 저는 굳게 닫힌 영안실 앞 의자 앞에 앉아서 또다시 한참을 울었어요. 아빠가 내가 이 머리핀 꽂은 거 보면 우리 딸 이쁘다고 칭찬해 주셨을 텐데. 이렇게 예쁜 딸 모습을 보지도 못하고 그냥 가시다니. 저는 집에 와서 엉엉 울면서 서랍에서 구멍 난 아빠 양말을 꺼내서 하나도 안 빼놓고 다 기워놨어요. 그리고 평소에 아빠가 해달라고 했던 거, 아빠 돋보기 안경 알도 새로 갈아 끼워드리고 운동화 끈도 곱게, 예쁘게 묶어드리고요. 목발도 물걸레로 깨끗이 닦고, 교통사고 나서 엄마한테 버림받으시고 딸한테 구박받으시고, 평생을 그렇게 살다가 가신 우리 아빠. 하나밖에 없는 자식이 되어서 바보같이 아빠한테 효도 한번 못해 드리고 매일 심술만 부리고, 투덜거리기만 하다가 결국 아빠한테 좋은 모습 하나 안 보이고 그냥 그렇게 아빠를 보내버린 이 철없는 딸을 용서하세요. 아빠, 하늘나라에서 편히 쉬세요."

그 후로 이 딸은 성인이 되어 비록 아빠는 세상을 떠났지만 아빠만을 위해 항상 기도하며 살아가는 효녀가 되었다고 한다.

**폭소휴게소**

[폭소 영어]
(한)임신한 여자 : (영)앙꼬 베이비 걸
(한)암탉이 울면 집구석이 망한다 : (영)암 치킨 꼬꼬댁하우스 폭삭 와르르
(한)심청이 아버지는 봉사가 아니다 : (영)심청 파더 헤드라이트 깜빡깜빡
(한)춘향이 엄마는 기생의 왕이다 : (영)춘향 마더 니나노
　　　　　　　　　　　　　　　　　캡틴 큐
(한)천리 길도 한 걸음부터 : (영)원 싸우전트 아장
　　　　　　　　　　　　　아장 세컨아웃 땡

# 재미있게 말하면
# 행복은 저절로 굴러온다

당신이 행복하고 싶으면 늘 재미있게 살아라! 재미있는 사람이 돈 벌고, 재미있는 사람이 성공한다.

내가 대기업에 강의를 다니다 보면 꼭 쓰여 있는 글이 있다.

'아무리 부지런한 자도 그 일을 재미있게 즐기는 자를 능가하지 못한다!'

어떤 회사에서는 너무 재미있어서 퇴근하기 싫다고 한다.

남자가 왜 퇴근해서 집에 늦게 들어가는가? 집에 가면 재미가 없기 때문이다. 돈은 좀 들더라도 어디 한 군데 들렀더니 재미가 있다고 한다. 그래서 집에 늦게 들어가는 것이다. 아이들이 왜 학교 끝나고 피시방에 들리는가. 집에 가봐야 엄마한테 혼이나 나지만, 피시방에 가면 재미가 있으니까 가는 것이다. 마찬가지로 내가 쓴 이 책도 재미가 있어야 많은 분들께 알려져 판매가 잘되는 것이다.

백화점엘 가도 기왕이면 잘 웃고 재미있는 아가씨한테 물건을 팔아준다. 그만큼 장사도 재미있는 사람이 물건을 더 판다. 그래서 요즘 펀 경영이니, 펀 리더십이니 하는 것이다.

어느 회사에서는 직원이 지각을 해도 절대 화를 내지 않는다고 한다.

“이제 자네가 왔으니 다 왔군!”

회의 때 딴전을 피우면 “여보게, 여기도 가끔 한 번 봐줘. 그러다 얼굴 잊어버리겠어!”

금새 회의실은 즐거움이 흐른다.

오바마 대통령이 취임사에서 말을 중복하자 청중이 폭소를 터트렸다 이때 오바마의 말, “이 말이 재미가 있다면 10번이라도 하겠습니다.”

곧 웃음바다가 되었다.

윈스턴 처칠이 단상에 올라가다가 넘어졌을 때 웃음바다가 되자, “국민이 원한다면 한 번 더 넘어지겠소”라고 해서 폭소가 터져 나왔다.

그래서 요즘에는 신입사원 뽑을 때 외모와 능력이 중요한 게 아니라 유머감각이 뛰어나고 재미있는 사원을 뽑는다고 한다.

어떤 신입사원한테 면접관이 재미있게 한 번 웃겨보라고 하자, “제가 오늘 배꼽 빠지게 웃길 테니 김밥 사 먹게 만 원만 빌려주세요” 하였다. 면접관이 5천원을 주었다.

“제가 만 원 빌려 달랬는데, 5천원이 모자라네요. 그럼 나머지 5천원은 언제 갚으실래요?”

“자네, 본적이 어디인가?”

“저는 면접관님을 본 적이 없습니다.”

“그게 아니라 태어난 곳이 어디냐구!”

“저의 형님은 안방에서 태어났고, 저는 건넌방에서 태어났습니다.”

“부모님은 계신가?”

“부모님은 안 계시고, 양친은 계십니다.”

면접관이 재미있어 웃으며 합격을 시켜주었다고 한다.

사실 요즘 우리 주위에 보면 재미있는 사람이 너무 많다. 호떡 5백원짜리 1개만 사도 손익을 떠나서 전국 어디든 배달해 주는 사람이 있다. 그것이 소문이 나서 재미를 짭짤하게 보기도 하며, 발가락으로 그림을 그려서 수익과 재미를 보는 사람도 있다.

한번은 지하철에서 재미있게 생긴 사람이,

"제가 지금 칫솔을 팔러왔는데 이것이 중국산일까, 국산일까요? 물론 국산입니다. 이 칫솔을 제가 4개 천원에 팔려고 하는데 과연 팔릴까요, 안 팔릴까요? 지금부터 칫솔을 한 개씩 나눠드릴 것입니다. 살까요, 안 살까요?"

칫솔을 여기저기서 사주었고 칫솔장수는 다음 칸으로 유유히 사라지는 것이었다. 참 재미있고 독특한 사람이었다.

또한 재미있는 옷장수를 보았는데 남자가 여자의 속옷과 치마를 입고 떠들기 시작했다.

"자, 골라 봐요 골라봐. 아버지 바지 합바지, 엄마 바지 당고 바지, 할머니 바지 쫄쫄이 바지. 말만 잘하면 거저 줘요. 누나 바지 몸빼 바지, 내려간다 내림 바지, 굴러 간다 굴렁 바지~."

이렇게 하니까 바지가 순식간에 여러 벌이 팔리는 것이다.

이렇게 사람은 재미가 있어야 장사도 잘되는 것이다. 회사도 마찬가지다. 재미있는 사람이 인기 짱이다. 재미 없는 직원은 회사에서도 왕따당한다. 요즘에는 왕따보다 더 무서운 게 있다고 한다. '엔진오일지크따' 라고 한다. 어디 그뿐인가. 하다못해 동네 구멍가게도 재미있는 집이 장사가 잘된다. 그래서 간판 이름도 이왕이면 재미있는 집이 짱이다.

식당 이름이 할머니 뼈다귀 집, 한국에서 가장 맛없는 집, 김밥 집 이름이 '먹을래, 싸 갈래', 미용실 이름이 '지질래 볶을래', '머리 못하는 집', 보신탕집 이름이 '개 같은 집 개할래' 등 참 재미있는 세상이다.

우리가 세상을 재미있게 살면 행복은 저절로 굴러온다.

우리 주위를 가만히 살펴보면 재미있게 살 거리가 참으로 많다. 주부라면 동네 아줌마들과 만나서 커피 마시고 수다떠는 재미도 있고, 아이가 생기면 내 예쁜 새끼 데리고 문화센터도 다니고 나들이에 쇼핑하는 재미도 있다.

어디 그뿐인가? 정말 재미있게 살려면 주머니를 세 개 준비하라.

하나, 앞으로 이루고 싶은 꿈을 담아 놓는 주머니

둘, 하루하루를 즐겁게 지내는 재미 주머니

셋, 비상금 주머니

재미있게 산다는 것은 행복하게 살기 위한 하나의 수단이다.

신문기자가 힐러리에게 남편 클린턴이 르윈스키와 바람피운 걸 어떻게 생각하는지 물으니 다음과 같이 말했다.

"그 인간 목을 비틀어 죽이고 싶지만 나를 즐겁고 재미있게 해줘서 용서해요."

대한민국 최고 미남(?) 가수 조영남 씨를 많은 사람들이 좋아하는 것은 바로 만나는 사람마다 재미있게 해준다는 것이다.

내가 강의를 가면 제일 먼저 담당자가 부탁하는 말이 있다.

"강사님, 이왕이면 강의를 재미있게 부탁드립니다."

내가 재미있는 사람이 되려면 반드시 재미있는 사람과 사귀어라. 그래야 재미있는 사람이 된다. 내가 재미있게 살면 행복은 저절로 굴러온다.

# 유머는 스트레스를 날려버린다

우리가 일상생활을 하면서 무궁무진하게 쌓이는 것이 있다. 그것이 바로 스트레스이다. 이 스트레스는 우리 눈에 보이지는 않는다. 그러나 화가 나는 원인이 바로 스트레스로, 술, 담배보다 더 몇 배 무서운 것이다. 이 스트레스를 아주 쉽게 풀어주는 도구가 바로 유머다.

내가 잘 아는 사람이 사업을 하다 큰 부도가 났다. 홧김에 허구한 날 술, 담배를 입에 달고 살았는데, 남자가 죽은 것이 아니라 결국에는 부인이 스트레스를 받고 화병으로 세상을 떠났다. 그만큼 스트레스가 무섭다. 쥐 한 마리를 거꾸로 들고 바늘로 하루 종일 찔렀더니 스트레스를 받아 죽었다고 한다.

이 스트레스를 푸는 방법은 여러 가지가 있다.

운동이나 쇼핑을 한다든지 또는 친구들과 수다를 떨거나 산에 올라가 맑은 공기를 마시며 근심 걱정을 푸는 것도 스트레스 해소 방법이다.

그래도 웃음과 유머가 역시 최고다. 웃음과 행복이 넘치는 가정에서는 항상 피아노 소리, 노랫소리, 웃음소리가 들리고 불행한 가정에서는 울음소리, 부부싸움 소리, 살림살이 깨지는 소리만 들린다.

요즘 우리 주위에 직장생활이나 동료끼리 어울리는 걸 보면 왕따냐,

재미있는 사람이냐 둘 중에 하나이다. 다시 말해서 리콜이냐, 리필이냐!

보기에는 귀공자처럼 멋진 외모인데 '리콜인생'을 사는 사람이 있고, 외모는 보잘것없는데 항상 이웃이나 친구 동료들이 좋아하는 '리필인생'을 사는 사람이 있다.

사실 요즘 물가 올라가지, 경제는 안 좋지, 누가 남이 나를 웃겨줄 사람이 있는가? 내가 스스로 웃고, 내가 스스로 행복해져야 한다.

연봉 8천만 원 이상의 수입을 올리는 가정을 조사해 보니까 항상 웃음꽃이 피고, 행복한 가정을 꾸리고, 유머감각이 뛰어난 사람이라는 것이 밝혀졌다. 그래서 지금 기업체마다 유머감각이 뛰어난 인재를 뽑으려고 혈안이 되어 있다. 왜냐면 유머감각이 뛰어난 사람이 창의력이 뛰어나다. 즉, 유머와 창의력은 직결되기 때문이다.

신입사원에게 면접관이 물었다.

"자네 희망사항이 무엇인가?"

"네 저는 이 다음에 비행기 뜰 때까지 뒤에서 밀어주는 일 하고요, 포항제철 용광로에 뜨겁나, 안 뜨겁나 손가락 넣어서 온도 재보는 일을 해보고 싶습니다."

그러자 면접관이 배를 쥐고 웃으면서 합격을 시켜주었다고 한다. 이처럼 순발력 있는 유머가 우리 삶의 활력소 역할을 해준다.

나 역시 아이들에게 틈만 나면 유머를 한마디씩 해준다.

아이들은 공부 잘 가르치는 학원보다는 재미있는 선생님이 있는 학원을 좋아한다.

나의 막내딸 어렸을 때의 성적표를 보면 어쩌다 '우' 하나 있고, 거의가 '양'이나 '미'가 많다. 그럼 그날도 여지없이 엄마의 꾸중소리가 들린다.

"너, 이걸 공부라고 했니? 차라리 학교 다니지를 말든가. 동네 창피해 죽겠어."

난 살짝 막내를 부른다.

"막내야, 너무 한 과목에만 치중하는 거 아니냐?"

"아빠, 죄송해요. 공부 열심히 할게요."

엄마는 열심히 그 사랑하는 막내에게 하나라도 더 가르치기 위해서 피아노학원, 영어학원, 태권도학원을 보냈다. 막내가 학원갔다 오면 너무 힘들다고 울 때가 있다. 그날도 어김없이 엄마한테 혼나는 소리가 들린다.

"그게 뭐가 힘들어. 배우면 너 좋지, 엄마 좋아? 엄마는 어릴 때 너보다 더 힘들었어."

난 또 막내를 불러 유머를 날린다.

"막내야, 아빠가 재미있는 얘기 하나 해줄게. 옛날에 어떤 사람이 공부를 못해서 좋은 회사에 취직도 못하고 공장에 취직을 했는데, 그 공장에서 열심히 일을 하다가 그만 기계에 팔이 잘렸단다. 이 청년은 절망을 하고 더 이상 세상을 살기 싫어 아파트 옥상에 올라가서 떨어져 죽으려고 밑을 보니 팔이 두 개 없는 사람이 좋아서 신나게 춤을 추고 있더래. 이 청년이 너무 놀란 거야. 자기는 팔이 하나가 없어서 자살해 죽으려고 하는데 팔 두 개를 잃은 사람이 좋아서 춤을 추니까 기가 막힐 일 아니냐! 그래서 다시 아파트 밑으로 내려가 그 사람에게 물었어. '아저씨, 나는 팔 하나를 잃었어도 절망하고 자살하려고 하는데 아저씨는 팔이 두 개가 없는데 뭐가 좋아 신나게 춤을 추는 거예요?' 하니 그 아저씨가 화를 내며 말하더래. '야 인마! 너두 나같이 똥구멍 가려워봐' 하더란다."

막내는 이 말을 듣고 집이 떠나가도록 웃는 것이다.

그동안 학원 다니면서 받았던 스트레스를 한방에 날려보낸 것이다. 막내가 웃는 걸 보니 나도 기분이 무척 좋았다. 이렇게 우리 부녀는 늘 재미있다.

어느 날 교복을 입고 있는 막내 딸 가슴을 만지면서 "아이구~, 우리 막내. 이제 다 컸네" 하니까, 막내가 '아빠, 고마워요. 아빠 덕분에 무럭무럭 자라서 이렇게 큰 거예요. 아빠 은혜 잊지 않을게요' 뭐 이럴 줄 알았더니 그게 아니었다. 엄마한테 쪼르륵 쫓아가더니,

"엄마, 엄마! 아빠 변태인가봐!"

기가 막혀서. 아니 이 나이에 내가 변태 소리를 들어야 해?

물론 웃자고 하는 말이다. 이와 같이 유머는 부모와 자식간에 쌓였던 스트레스를 한방에 날려버릴 수가 있다. 파이팅~!

## 통신휴게소

충청도 부인이 소매치기를 당했다고 파출소에 신고했다.

부인 : 소매치기 당했슈. 범인 잡아 줘유.

경찰관 : 돈을 워따 뒀시유?

부인 : 빤쓰 속에유.

경찰관 : 그럼 빤스 속에 손이 들어오는 걸 몰랐슈?

부인 : 들어오는 건 알았지유.

경찰관 : 그럼 그 손을 붙잡으면 되잖아유.

부인 : 나는 돈이 목적이 아닌 줄 알았지유.

# 웃음으로 불행과 고통을 날려버려라

많은 사람들이 '이 다음에 행복하게 살면 마음껏 웃고 살 거야' 라고 생각하지만 잘못된 생각이다. 행복이란 내가 지금 당장 즐겁게 웃고 재미있게 사는 것이다. 물건을 구입해서 분할로 사듯이 분할로 즐거움을 느끼면 행복이 아니다.

우리가 세상에 태어난 것만 해도 행복한 것이다. 꼭 부자만이 행복을 가질 수 있다는 생각을 버려야 한다. 부자는 사람 아닌가?

당연히 더 부귀영화를 누리고 살 수 있지만, 그 행복은 오래가지 않는다. 오히려 모든 걸 다 가진 사람은 행복을 느껴볼 기회가 적은 것이다. 사람들은 분명 돈이 없으면 사람은 자신이 불행하다고 생각을 한다. 우리 주변에 보면 돈은 많지만 잦은 부부싸움, 탈선된 자녀, 얼마나 가정이 붕괴된 집이 많은가? 돈 없이 살 수 있는 것은 따지고 보면 상당히 많다.

그건 바로 가정의 행복이다. 그 다음엔 가족간의 불변한 사랑과 칭찬, 그리고 이해와 배려라는 것이라 믿어 의심치 않는다. 돈으로 집을 살 수는 있지만, 단란한 가정은 살 수 없다.

돈이 많은 사람들은 돈이 없는 사람들에게는 부러움의 대상이고 행복해 보일 수도 있다. 그러나 미국의 시인 헨리 벤 다이크는 "돈으로 살 수 있는 행복이라는 상품은 없다"고 하였다. 돈이 행복을 좌우하지는 못하는 것이다. 행복은 돈으로 사는 것이 아니라 웃음으로 불행과 고통을 날려버려야 행복을 누릴 수 있는 것이다. 지금 이 순간에 마음껏 웃어야 된다. 내일의 고민거리는 내일로 미루고 먼저 웃음으로 홈런을 날려라.

아픔이나 고통을 제거할 때 웃음으로 날려버려라. 그러니까 누군가가 침울하거나 슬프게 보이고, 불행과 하잘것없는 일에 말려 있는 것 같으면 당신의 조끼를 조금 끌어내리고, 가슴을 부풀리고, 웃음을 줘라. 생긋생긋 웃는 얼굴이야말로 꽃보다 아름다운 것이다. 내 옆에 누군가 나를 향해 생긋생긋 웃으면 그날 하루가 즐겁다.

내가 행복하려면 절대 남의 웃음을 기다릴 필요가 없다. 내가 먼저 누군가를 향해 생긋생긋 웃어주면 나도 행복하고, 그 사람도 행복해지는 것이다. 웃음도 행복도 전염이 되는 것이다. 그러므로 행복해지기를 기다리지 말고 그전에 웃어야 한다.

17세기의 작가 라 브뤼예르는 "자칫하다가는 웃어보지도 못하고 죽게 된다"라고 했다.

행복이 먼저 아니다. 웃음이 먼저다. 행복 끝에 웃음이 아니라, 웃음 끝에 행복이 오는 것이다. 바라는 바가 아무리 커도 행(行)함이 없으면 허상(虛像)일 뿐이다. 먼저 웃어라. 행복이 저절로 올 것이다. 웃겨야 산다. 웃음은 우리가 불행을 극복할 능력을 주며, 상호간 대화와 마음의 통로를 열어준다. 어영부영 보낸 오늘은 어제 죽은 사람이 그렇게도 갈망하던 내일이다. 어찌 헛되이 하루를 보내겠는가? 나같이 키 작고 못생긴 사람도 이렇게 하루를 아끼고 달콤하게 보내려고 애를 쓰고 있다. 웃음으로 고통을 날려라. 헬스클럽 다니는 것보다 낫다.

사람들은 나를 보고 '웃음 공장'이라고 한다. 나는 정말 웃음과 행복을 제조해서 싼 값에 팔고 다닌다. 요즘 같이 웃을 일 없이 허탈감만 주는 세상에서 나야말로 애국자 아니겠는가? 요금 방송국 개그맨들이 파업을 하려고 한다. 정치인들이 너무 웃겨서 개그맨들이 설 자리가 없기 때문이라고 한다. 물론 우스갯소리지만 당신이 키가 작아도 주눅 들지 마라. 중국의 덩샤오핑은 당신보다 3㎝가 작다. 그분이 이런 말씀을 했다. "하늘이 무너져도 난 두려워하지 않는다. 하늘이 무너진다면 키 큰 사람이 먼저 다친다."

얼마나 속시원한 말인가? 그래서 나는 배가 많이 나왔어도 걱정하지 않는다. 걸어가다가 차가 와서 받아도 배가 먼저 닿기 때문에 에어백 역할을 하니까. 가운데 중요한 건 끄떡없지 않은가? 사실 요즘처럼 경제가 어려울 때 남이 날 웃겨주는가? 내가 먼저 웃어야 한다. 우리 몸에는 약 600개의 근육이 움직인다고 한다. 웃음도 평소 안 쓰는 근육을 써서 웃으면 웃는 그 얼굴이 웃는 것으로 끝나는 게 아니라, 그 한 번의 웃음으로 해서 뇌가 바뀌게 된다. 평소 오그라져서 산소 공급이 잘 안 되던 것이 확 웃어주므로 인해서 산소가 공급되고, 순환이 되면서 얼굴이 바뀌는 것이다. 그런데 우리는 어떻게 하는가. 마치 웃으면 체면이 떨어지고 또한 함부로 웃으면 안 되는 것마냥 항상 남의 눈치를 본다.

이제 당신이 뇌의 주인이 되어서 마음껏 웃음을 날려보라. 그러면 운명이 바뀔 것이다.

# 행복한 대화법을 익혀라

사람은 누구나 세상에 태어날 때 각자가 다른 성격을 가지고 태어났다.

결혼이란 특히, 남성과 여성은 호르몬도 다르고 생물학적으로나 심리적으로나 모든 것이 다르다. 따라서 남녀 서로가 완벽한 사람끼리 만나서 사는 것이 결혼이 아니라, 같이 맞추어 살아 나가는 것이 결혼이라고 말했다.

이렇게 모르는 사람끼리 만나 늘 웃으면서 행복하게 살려면 돈이나 명예가 아니라 바로 '대화' 이다.

우리 신체에서 피가 흐르는 길을 동맥이라 하며, 이 피가 제대로 흐르지 못하고 굳어버리는 것을 동맥경화라고 한다. 이처럼 부부의 대화가 원활하지 못하고 대화경화가 생기면 그 가정은 불행하게 된다. 그래서 부부끼리 대화 좀 많이 하라고 3호선 지하철역 중 '대화역(?)' 이 있나보다. 하하하~.

남자는 대화할 때 비현실적으로 많이 하고, 여자는 현실적으로 많이 한다.

남자는 스포츠, 정치, 군대 이야기를 좋아한다. 그러나 여자는 다르다. 남자가 군대 이야기나 축구 이야기라도 하면 "여보, 축구가 밥 먹여줘? 내일 둘째 아이 등록금 내는 날이야. 전기세도 내야 하고!"

그 말을 들은 남자의 좋던 기분도 그만 풀이 죽는다.

남녀가 휘영청 달을 보며 아내가 "여보, 저 달 참 밝다!"

대부분 남자는 "보름달이니까 밝지!" 할 것이다. 그러나 아내의 말뜻은 전혀 다르다. '누가 보름달인지 몰라?' 보름달이 밝으니까 사랑을 받고 싶기도 하고, 만약 해외여행을 온 상태라면 고국에 돌아가고 싶다는 뜻이 담겨 있다.

이처럼 남자와 여자는 생각이 전혀 다른 것이다.

부부가 함께 백화점엘 가도 아내가 마음에 드는 옷을 바라보면 "여보, 저 옷 참 예쁘다. 나한테도 잘 어울리겠어" 하면 남자는 그 옷 사 달라는 줄 알고 짜증부터 낸다. 여자의 마음은 꼭 사려는 것보다 그냥 쇼핑 자체를 좋아한다.

남자가 무뚝뚝한 것은 사실이다.

예를 들어보자.

한여름에 아내가 지갑을 하나 사달라고 하니,

"와? 지갑이 덥다 카드나?"

경상도 남자는 회사 퇴근해서 집에 들어오면 하루에 말을 딱 세 마디 한다고 한다.

"밥 도!", "묵자!", "아는?"

그러니 무슨 재미가 있겠는가?

부부가 서로 존경해 주고 배려해 주어야 행복한 가정이 되는 것이다.

아침 출근길, 사랑스런 아내가 남편의 볼에 키스해 주면 남편 연봉이 30% 올라간다는 말도 있지 않은가? 많은 사람들이 부부 대화를 잘 알고 있지만 대화의 능력을 갖추지 못하는 사람이 너무나 많은 것이다. 말 한마디에 천 냥 빚을 갚는다는 말이 있듯 부부간 서로 따뜻한 대화, 존경하는 대화가 이루어져야 한다.

아내가 모처럼 미용실에서 머리를 하고 왔다.

"여보, 내 머리 어때? 파마했는데, 예쁘지요?"

그럼 남편은 빨리 눈치를 채고,

"야~! 파마 잘 나왔네. 정말 예쁘다. 10살은 젊어 보여."

그랬다면 아내가 좋아서 어쩔 줄 모른다. 그러나 고작 한다는 말이,

"파마 뭐 하러 했어. 긴 머리가 좋았는데…."

그 말을 듣는 순간 아내의 마음은 어떻겠는가? 이렇게 잘못된 말 한마디가 기분을 상하게 만드는 것이다.

영화를 본다. 아주 진한 키스 장면이 나오자 남편이, "여보, 나도 저렇게 한 번 해보고 싶어." 아내가, "저 여자는 돈 받잖아" 했다고 한다. 아니 아내한테 돈 주고 키스를 하는가? 남편이 아내를 사랑해서 한 말을 농담이라도 이렇게 답변해서는 안 될 것이다.

사랑하는 사람을 행복하게 해주는 비결은 바로 따뜻한 말 한마디에 달려있다. 그래서 우리 머릿속에 항상 '고, 사, 미'라는 세 단어를 꼭

외워두자! 고, 사, 미란 고마워, 사랑해, 미안해라는 뜻이다.

"여보, 넥타이가 너무 잘 어울려요."

"당신이 사 준거니까 어울리지."

이러면 좋을 걸, 우린 대부분 뭐라고 하는가.

"넥타이 신경 쓰지 말고 밥이나 잘해!"

이 말 듣고 기분 좋은 아내는 없을 것이다.

서로가 베풀어주고, 기억하고, 고마움을 잘 표현하는 것이 행복으로 가는 길이다.

## 통신휴게소

요즘 아이들은 일찍 성에 눈을 뜬다.

이 때문에 걱정과 고민이 많던 아버지가 아들이 10살이 되자 성교육을 시키겠다고 결심을 했다. 좀처럼 기회가 생기지 않고 용기가 나지 않던 아버지가 어느 날 큰 결심을 하고 아들을 조용히 불렀다.

"아들아, 너와 하고 싶은 이야기가 있구나."

"네, 아버지 무슨 말씀이세요?"

아버지는 진땀을 뻘뻘 흘리시다가 어렵게 말을 꺼냈다.

"다름이 아니고 성에 관한 것인데…."

그러자 아들이 아버지의 눈을 그윽하게 들여다보며 조용히 말했다.

"무슨 말씀이신데요? 무엇이 알고 싶으세요? 가르쳐 드릴게요."

# 행복하고 싶다면 유머를 구사하라

우리 주위를 돌아보자. 가정이 행복하고, 재미있게 웃음꽃이 피고, 늘 즐겁게 사는 사람을 보면 거의 유머감각이 뛰어난 사람이라는 것을 알 수가 있다.

사람은 누구나 상대를 웃길 수 있는 독특한 매력이 있다. 꼭 개그맨이나 코미디언이 아니라도 얼마든지 그럴 수 있는 재능이 있다.

유머형 인간이 되려면 유머를 잘한다기보다 유머를 즐기는 사람이 더 유머감각이 뛰어난 사람이다. 내가 유머로 상대를 웃기면 웃음꽃이 피고 행복해지는 것이다.

유머감각을 키우는 방법 또한 어렵지 않다. 많이 보고, 많이 적고, 많이 들으면 된다.

TV에서 재미있는 프로그램을 많이 봐라. 개그맨들이 시청자를 웃길 때 그냥 형식적으로만 보지 말고, 어째서 저 장면에서 폭소가 터지는지 연구하면서 봐라. 나도 이렇게 하면 상대가 웃겠구나, 저렇게 웃길 때는 저렇게 하는구나 생각하면서 보라는 말이다. 그런 후 실제 그 우스운 장면을 거울 보고 그대로 흉내도 내어보고 친구나 직장 동료들에게도 재현해 보라. 반드시 실력이 향상될 것이다.

나는 내 아내와 매일같이 유머를 한마디씩 한다.

한번은 아내가 샤워를 하고 나올 때 잠옷 입은 걸 보면서 "이 세상에서 당신처럼 발목 짧은 사람 처음 봤어" 하니까 아내가 배를 쥐고 웃는 것이다.

이렇게 말을 약간 비틀어서 하면 웃음이 나오는 것이다. 그러나 유머를 한답시고 너무 야한 성적인 말이나 너무 허풍을 떨면 그것은 유머가 아니라 본인의 품위를 떨어뜨리게 된다.

예를 들어 회사 직원끼리 식사를 한다. 여직원이,

"아줌마, 여기 고추 좀 더 주세요."

"여자가 고추를 왜 찾아. 고추는 여기도 있어"라고 한다면 유머형 인간으로 보겠는가?

어떤 남자가 백화점 여직원에게,

"내 아내 속옷 한 벌만 주세요. 좀 싸게 주세요. 팬티는 조금 내려주고 브라는 조금 올려주세요"라고 하면 여직원이 어떻게 보겠는가?

어떤 사람은 유머를 한답시고 너무 허풍을 떠는 사람이 있다.

"내가 고속도로를 달려가는데 갑자기 집채만한 곰이 내 차를 가로막는 거야. 그래서 내가 그 곰을 이단 옆돌려차기로 때려잡아서 곰쓸개를 꺼내서 먹고 왔더니 기운이 세졌어."

"소양강에서 어제 낚시를 했는데 5킬로그램이나 되는 잉어를 한 마리 낚았어. 그래서 알을 꺼내서 알의 무게를 달아보니 알 무게만 별도로 8킬로그램이 나가는 거야."

이런 식의 황당한 허풍보다는 어느 정도 유머의 품위가 있어야겠다.

그렇지만 가정이 행복해지는 일이라면 약간의 거짓말을 할 수도 있다.

나는 가끔 장모님이 새 옷 사 입으신 것을 보면 뻔히 시장에서 아주 싸구려 옷인지 알면서도,

"장모님, 옷이 너무 잘 어울리고 예쁘시네요. 백화점에서 사셨나 봐

요."

"우리 전서방이 옷 하나는 볼 줄 알아" 하면서 웃으신다.

이렇듯 내가 던진 한마디 유머는 남이 나를 좋아해 주고 행복한 가정과 직장을 만들어 주는 도구인 것이다.

또 유머 감각을 키우려면 유머에 관한 책을 많이 사서 읽고 유머 잘하는 사람의 이야기를 많이 듣는다면 실력이 향상될 것이다.

그러기 위해 평소에 유머를 구사하는 습관을 가지는 것도 실력 향상에 도움을 준다.

예를 들어 "식사하러 갈까요?"를 "순대 채우러 갈까요?" 또는 "기름 넣으러 갑시다"라 하고, "커피 한 잔 하러 갈까요?" 대신 "카페인 보충 좀 하러 갈까요?"

이렇게 말도 안 되는 말을 해야 상대가 웃는다.

"저는 변호사 사무실의 청소부 홍길동입니다"를,

"저는 사법고시에 합격하고 서울 법대 ○○회를 졸업했고, 검사생활을 20년 동안 역임하고 이번에 변호사 사무실을 개업한 변호사 김개똥…." 한참 있다가,

"… 사무실에서 청소부로 일하는 홍길동입니다"라고 인사하면 훨씬 유머스럽고 재미있다.

지금 영국에서는 '당신은 유머감각이 없다' 는 말이 가장 큰 욕이라고 한다. 유머감각이 없다는 것은 그만큼 꽉 막혔고, 속이 좁고, 이해력이 없고, 짜증을 잘 내고, 헤쳐 나갈 능력 부족인 사람으로 판단되기 때문이다.

이와 같이 유머의 좋은 점은 너무 많다.

첫째, 인간관계에서 윤활유와 같은 역할을 해준다. 사람의 마음을 열어주어 누구와도 친하게 지낼 수 있게 해준다. 누구나 한바탕 웃고 나면 마음의 무장이 해제되기 때문이다.

둘째, 세상사를 긍정적으로 보게 해준다.

셰익스피어는 "세상의 좋고 나쁜 일이란 없다. 단지 우리가 그렇게 생각할 뿐이다"라고 말했다. 그렇다면 유머는 세상을 좋은 쪽으로 보게 해주는 친구 역할을 하지 않는가?

셋째, 건강을 선물해 준다. 특히, 웃음은 암 예방에 특효약이다. 동의보감에서도 웃음은 보약보다 낫다고 했고, 미국의 굿맨 교수는 지구촌 사람들이 하루 10번 이상 크게 웃고 산다면 지구촌의 환자들이 절반으로 줄어들 것이라고 공언했다.

유머는 내가 행복하게 살기 위한 수단이므로 남을 마음껏 웃겨라. 그러면 나는 저절로 행복해진다. 내가 행복해지려면 약간 바보스럽고 엉뚱한 생각을 하라.


〈멧돼지 삼행시〉
맷 : 맷돼지야~
돼 : 돼지가 너보고 뚱뚱하대~
지 : 지~는


유머란 피차간에 상처를 덜 받게 해주는 윤활유 역할을 해주고 또 싸워서 안 좋아진 사이를 다시 기분 좋게 만들어 준다.

나는 가끔 아내와 말다툼을 하고 서로 말 한마디 안 한 적도 있다. 그럼 나는 잠잘 때 아내의 등에 손가락으로 '사랑해'라고 쓰면 아내가 웃으며 돌아눕는다.

유머감각을 키우면 가정과 직장생활이 행복할 것이라고 감히 자부하는 바이다.

# 유머를 만드는 방법

그럼 유머를 어떻게 만들 수가 있는가?

항상 마음의 여유가 있고 행복하다는 마음을 가져라. 만일 어떤 불쾌한 상황에 처했다고 가정해 보자. 제 아무리 말재간이 좋고 순발력이 뛰어나다고 해도 마음이 조급하고 감정이 격해지면 당황하기 마련이다. 이때 필요한 것이 바로 유머인데, 너무 당황한 나머지 그 분위기에서 허우적대면 좋은 유머를 구사하기가 어렵다. 여유 있는 마음은 너그러운 마음에서 나오게 된다. 여유를 찾고 자신이 갖고 있는 유머를 총동원하여 상황을 부드럽게 정리하자.

"자네, 혹시 부활이란 걸 믿나?"

"아뇨!"

"지난주에 장모님 돌아가셨다고 결근했지? 장모님께서 부활하셨네. 자, 장모님 전활세."

여유 있는 마음을 가지고 던지는 한마디 유머의 힘은 그 어떤 권위적인 말보다 더 따갑고 무게가 있기 마련이다.

내가 행복하려면 '상대의 유머가 재미가 있건 없건 기꺼이 웃어주자. 물론 가능하다면 유머로 화답하는 것이 좋겠지만 굳이 상대를 압

도하려고 애쓸 필요는 없다.'

그냥 '상대에게 맞게 유머를 구사하면 된다. 유머의 법칙은 바꾸어 생각해 보면 세상에 관심이 많고 지식이 풍부한 사람일수록 훌륭한 유머리스트가 될 수 있다' 는 말과 동일한 말이다. 쉽게 생각해 보아도 소재가 다양해야 많은 사람의 기호에 맞는 유머를 구사할 수 있지 않겠는가? 따라서 휴머니즘이나 낙관주의 못지않게 지적인 능력 또한 유머리스트의 중요한 조건이라 할 수 있다.

빌 게이츠가 아파서 병원을 찾았다. 의사는 약물로도, 수술로도 치료가 불가능한 불치병이라고 했다. 그러자 빌 게이츠는 이렇게 말했다.

"그럼 포맷해 주세요."

당신이 유머 구사를 잘하려면 고정관념을 우선 버려야 한다. 고정관념이야말로 인간의 창조적인 창의력과 상상력을 원천 봉쇄하는 주범이다. 고정관념의 굴레에서 벗어나지 못한다면 아주 쉬운 문제도 해결하지 못하는 오류를 저지르고 만다. 고정관념은 상상력과 창의력을 막는 적임과 동시에 유머의 적이기도 하다. 사물을 보이는 그 자체로 꼿꼿이 쳐다만 보는 사람은 절대로 기찬 유머를 만들어낼 수 없다. 예를 들어 이런 경우가 될 것이다.

"63빌딩에서 뛰어내려도 죽지 않는 방법은 없을까요?"

"간단하죠. 1층에서 뛰어내리세요."

이와 같이 상대의 웃음을 터트리려면 다음의 7가지를 꼭 터득하라.

▷ **상대방의 예측을 무너뜨려라**

웃음은 의외성에서 나온다. 누구나 상상할 수 있는 것이 어찌 웃음을 유도할 수 있겠는가? 남들의 고정관념을 적절하게 뒤집어 주면 자연히 웃음이 나올 수밖에 없다. 따라서 뒤집기의 강도가 강하면 강할수록 웃음의 강도 역시 강해지기 마련이다. 따로 심리학이나 독심술 따위를 공부할 필요도 없다. 누구나 가지고 있는 고정관념이라면 그것을 찾아내는 것도 누구나 할 수 있는 것이다. 중요한 것은 예측을 간파하는 것이라기보다는 예측을 효과적으로 무너뜨리는 일이다.

#### ▷ 곡해와 궤변으로 말문을 막아라

"아, 이빨이 아파 죽겠네. 뭐, 좋은 약이 없을까?"

"내가 비법 하나 알려줄까?"

"그게 뭔데?"

"나도 어제 치통이 심했는데 집에 가니까 아내가 뜨겁게 키스를 해주더라고. 그랬더니만 통증이 씻은 듯 사라졌다네. 자네도 한번 해보게."

"알았어. 나도 한 번 해보지. 자네 부인 집에 계신가?"

#### ▷ 때로는 바보인 척하라

코미디언들에게 가장 어려운 배역이 뭐냐고 물어보면 이구동성으로 '바보 역할'이라고 대답한다. 바보 흉내 중에서 가장 흔한 것은 어리숙함이다. 세상 물정을 잘 모르는 듯한 순진함이나 어리숙함으로 사람들의 상식적 사고방식을 완전히 뒤흔들어 놓는 것이다. 대화 도중에 상대로부터 전혀 예상하지 못했던 바보 같은 말이 튀어나오면 사람들은 누구나 웃음을 터트리기 마련이다.

# 겸손한 사람이 유머도 잘한다

조정남 SK텔레콤 부회장은 재계에서 알아주는 유머리스트다. 조 부회장은 그룹 인사들이 두루 모인 '엄숙한' 행사에서도 구수한 전라도 사투리를 섞어가며 스스럼없이 유머를 구사한다. 그렇다고 조 부회장이 타고난 재담꾼인 것은 아니다. 재미있는 얘기를 들으면 수첩에 깨알 같은 글씨로 적어놓고 완벽하게 암기한 뒤, 적재적소에 풀어놓는 것. 늘 '나'를 먼저 낮추는 겸손함도 큰 미덕. 술을 한 잔도 못한다는 조 부회장이 어떤 자리에서나 환영받는 이유다.

개그맨 박준형 씨는 신문을 여섯 종류나 구독한다. "세상 돌아가는 일을 정확히 알고 있어야 아이디어가 떠오르고 생활 밀착형 웃음의 소재를 찾을 수 있기 때문"이란다. 유머감각 뛰어난 이들이 공통적으로 하는 이야기다. 소재가 다양해야 많은 사람의 기호에 맞는 유머를 구사할 수 있다.

남을 웃길 줄 아는 이는 대체로 겸손하다. 물론 '내가 말하는데 감히 안 웃어?' 하는 식의 오만함도 갖고 있지 않다. 예를 들면 이런 거다.

점심식사를 하고 돌아온 높은 사람이 기분이 좋아 직원들을 방으로 부르더니 밖에서 들은 농담 몇 가지를 해주었다. 다들 왁자지껄 웃어

댔지만 여직원 하나만은 조용했다. "웬일이야? 유머감각도 없나?" 높은 사람은 투덜거렸다. "저야 웃을 것 없잖아요. 금요일에 그만두거든요."

유머 고수들은 때와 장소를 가릴 줄 안다. 모 그룹 홍보실장인 A씨는 이른바 'Y담'에 능하다. 문제는 그가 처음 만난 여기자 앞에서도 '19세 이상 청취가' 우스개를 풀어놓는다는 점.

웃어야 할지 화를 내야 할지 몰라 난처해하는 여기자들의 심정을 모르는 걸까.

유머는 맞장구다.

유머가 풍부한 이들은 의외로 말이 많지 않다. 오히려 다른 사람 얘기를 매우 열심히, 잘 듣는다. 그러다 결정적인 순간이 오면 정곡을 찌르는 한마디로 폭소를 자아낸다. 김웅래 인덕대 교수(방송연예) 역시 "평소 사람들과 대화할 때면 온몸을 '듣기 모드'로 전환해 처음부터 끝까지 얘기를 들어 준다"고 말한다. 그래서 진정 유머를 아는 사람은

다른 사람의 유머에 기꺼이 웃을 줄 안다. 당대의 유머리스트인 가수 조영남 씨는 '추임새'의 대가다. 조 씨는 "듣고 웃어주는 사람이 없으면 유머가 어디 유머냐"며 "간혹 남 잘 웃기는 자신이 우위에 있다, 대단하다 생각하는 사람들이 있는데 그건 크게 잘못된 생각"이라 했다. "웃기는 사람과 그 얘기를 듣고 웃을 줄 아는 사람은 동격"이란 것이다.

이런 조씨도 두 손 바짝 드는 대단한 '맞장구의 달인'이 있다. 카피라이터 최윤희 씨다. 그 자신 강연과 방송을 통해 청중을 들었다 놨다 하는 입심이 있으면서도, 최씨는 지인들과의 모임에선 좀체 화제의 주도권을 쥐지 않는다. 하는 말은 주로 "맞아, 맞아. 너무 재밌다. 기절하겠네. 최고최고" 이런 것들이다. 진심으로 재미있어 하고 감탄하는 그의 반응은 대화에 활력과 재미를 불어넣는다. 개그작가 전영호 씨는 "유머는 남을 위한 배려"라 했다. 그런 만큼 상대의 신체적 약점 등을 화제로 삼는 것은 옳지 않다. 진정한 유머리스트는 불쾌한 상황에서도 화를 내기보다는 유머로 분위기를 반전시킨다.

유머감각 뛰어나기로 유명한 링컨 대통령의 정적이 자신을 이중인격자라 비판하자, 정색을 하고 이렇게 답했다. "아니, 얼굴이 두 개였다면 이런 중요한 자리에 왜 하필 이 얼굴을 갖고 나왔겠습니까."

정도가 심한 독설에 독설로 답할 때도 유머를 잃지 않는다. 처칠의 정치적 라이벌인 한 여성이 어느 날 그에게 말했다. "윈스턴 씨, 만일 당신이 제 남편이라면 전 당신의 커피에 독약을 넣을 거예요." 처칠이 웃으며 답했다. "부인, 만일 제가 당신 남편이라면 전 기꺼이 그 커피를 마실 겁니다."

유머러스한 상사는 부하 직원을 꾸짖을 때도 칼 대신 꽃을 내민다. 예를 들면 이렇다.

고 정주영 회장은 모 씨가 "이러저러한 문제로 전경련 빌딩 완공이 몇 달 늦어지겠다" 했더니, 다음과 같이 답했다고 한다. "자네 참 공부 많이 했구먼. 그만큼 더 연구해 되는 방향으로 하세나."

에세이집 《세상의 바보들에게 웃으면서 화내는 방법》의 서문에서 움베르토 에코는 이렇게 말하고 있다. "다른 사람들의 어리석음은 우리를 화나게 한다. 그러나 그 어리석음에 대해 어리석게 반응하지 않는 유일한 방법은 그 씨실과 날실의 미묘한 짜임새를 음미하며, 그것을 있는 그대로 묘사하는 것이다."

유머는 다른 무엇도 아닌 사람을 중심에 놓는 자세다. 조영남 씨는 "유머는 머리 좋은 사람이 잘 구사한다. 그런데 한 수 위가 있다. 바로 착한 사람"이라고 말했다. "아주 착하고, 순진하고, 양보 잘하는 사람은 자칫 푼수처럼 보이기도 하지만 그 이상 유머러스할 수 없다. 있는 그대로의 모습만으로도 다른 사람을 행복하게 해주기 때문"이라는 것이다.

일본의 외무장관을 지낸 이누가이는 한쪽 눈이 없는 사람이었다. 어느 날 국회에서 국제정세를 설명하는 그에게 한 야당의원이 "당신은 한쪽 눈밖에 없는데 복잡한 국제정세를 잘도 보시는군요"라고 빈정거렸다. 이런 노골적인 인신공격에 대해 이누가이는 태연하게 대꾸했다. "의원께서는 '일목요연(一目瞭然)하다' 는 말도 못 들어보셨습니까?"

행복

# 행복 만들기

웃음이 있는 사람은 반드시 행복을 내 것으로 만들 수 있다. 행복을 내 것으로 만들려면 맨 먼저 늘 웃음이 있고 행복한 사람 옆에 가서 고구마 줄기처럼 삥 둘러앉아라. 그리고 행복한 사람들의 이야기를 자꾸 들으면 나는 저절로 행복해진다.

사랑은 눈물의 씨앗이 되어서는 안 된다. 행복의 씨앗이 되어야 한다.

많은 사람들이 '힘들어 죽겠네, 어려워 죽겠네, 재미없어 죽겠네, 미워 죽겠네, 분해 죽겠네, 슬퍼 죽겠네' 하니까 불행한 일만 생기는 것이다. 이 말 대신에 '그래도 살 만하네, 남편이 있어 살 만하네, 아내가 있어 살 만하네, 아이들이 있어 살 만하네, 비록 가진 건 없지만 빚이 없어 살 만하네' 라고 생각하면 자꾸 살맛나는 일만 생긴다.

늘 즐거움을 모르고, 웃을 줄도 모르고, 몸 가꿀 줄도 모르는 사람은 인생의 즐거움과 행복을 모르는 사람이다. 낙하산과 얼굴은 펴져야 사는 것이다. 그래서 바람 피운 아내는 용서를 해도 찡그린 아내는 용서 못한다는 말이 있다. 인간은 칭찬을 하면 칭찬받을 짓만 하고, 비난받으면 비난받을 짓만 하는 법이다. 그러기 위해서는 눈뜨자마자 스마일, 좋은 얼굴을 하라. 이제는 '너 죽고 나 살자' 가 아니라 '너 살고 나도 더불어 행복하자'는 개념이어야 한다. 나이는 숫자에 불과한 것이다. 그래서 나는 식당을 가든 커피숍을 가든 행복이라는 단어의 간판이 붙어 있는 집을 잘 간다. 그 집에 가서 앉아 있으면 정말 내가 행복하다는 느낌이 드는 것이다. 가족에게 부담을 주지 않기 위해서라도 내가 즐겁고 행복해야 한다. 그러기 위해서는 얼굴을 바꾸고, 생각을 바꾸고, 말을 바꿔야 하는 것이다. 내가 즐겁고 행복하면 전봇대를 빼서 이를 쑤셔도 기분이 좋은 것이다. 많은 사람들이 왜 자살을 하는가? 행복의 지수를 전혀 저축하지 못하고 행복이라는 것이 옆에 와도 행복을 전혀 모르기 때문에 자살을 하는 것이다. 천하에 미인일지라도 찡그린 얼굴은 사람이 따르지 않는 것이다. 누가 뭐라고 해도 내가 먼저 즐겁고 행복해야 남편도 즐겁고 자녀들도 방긋방긋 웃는 것이다. 그러기 위해서는 항상 몸단장도 깨끗이 하고 웃고 살아야 한다. 죽은 사람도 하늘나라 갈 때는 손톱도 깎고 몸단장을 깨끗이 하고 가는데, 하물며 산 사람이 몸단장을 깨끗이 못한다면 말이 되는가? 그래서 입은 거지는 얻어먹어도 벗은 거지는 못 얻어먹는다는 말이 있지 않은가? 만약에 당신 자녀들한테 안 먹고, 안 입고, 안 쓰고 너희들을 키웠다고 말해보라. 자녀들은 이렇게 말할 것이다. "누가 안 쓰라고 합디까? 누가 안 먹으라고 합디까? 누가 안 입으라고 합디까?" 이와 같이 내가 행복을 만들고 불행을 만드는 건 내 말 한마디에 달려있는 것이다.

어느 감옥에서 오랫동안 수감생활을 하던 사람이 있었다.

불행하게도 이 사람은 불평과 남을 탓하는 것이 체질화되어, 한 순간도 진정한 행복을 느끼지 못했다. 이 사람이 오랜 수형생활을 마치고 출옥하게 되었을 때, 수도원으로 찾아가 수도원장에게 "나를 받아주십시오"라고 말했다. 수도원장은 이 사람에게 "좋습니다. 그러나 조건이 있습니다. 침묵을 지키며 살아야 합니다. 단, 5년 후에 한마디만

하는 것입니다"라고 말했다.

5년이 흘렀다. 이 사람의 첫마디는 '잠자리가 나쁘다'는 것이다.

다시 5년이 흘렀다. 두 번째 말은 '음식이 나빠 못 먹겠다'는 것이다. 또 5년이 흘렀는데, 그때는 '더 못 살겠다'고 했다. 수도원장은 이 사람을 쫓아내며 말했다.

"그대가 여기 있는 동안 불평뿐이었으니, 나가 주기 바랍니다."

한마디 말이 기쁨을 가져오기도 하고 불쾌감을 조성하기도 한다. 또한 한마디 말이 삶을 변화시키기도 한다. 우리의 입에서 나오는 말은 우리의 삶을 이끌어가는 안내자와 같다.

우리는 오늘 어떤 말을 하며 살고 있을까? 우리의 입술에는 언제나 감사의 말과 진실한 말이 가득했으면 좋겠다. 그렇다. 행복은 내가 만드는 것이다. 누가 나에게 그냥 선물로 주는 것이 아니다. 행복은 무지개처럼 손에 잡히지 않는다. 행복만을 쫓아가다보면 늘 인생은 즐겁기 마련이다. 그러므로 인생은 누구나 행복의 분량만큼의 고통의 분량이 있다. 그 행복을 행복으로 느끼지 못하고 불감증에 빠지면 항상 불행한 것이다.

아~ 이게 행복이구나 하고 느끼는 것이 진짜 행복이다.

어느 여행자가 산간벽지의 한 가난한 노부부의 가정을 방문했는데 5백 달러짜리 지폐가 액자에 끼워진 채 벽에 걸려있는 것을 보고 물었다.

"저게 어디서 났습니까?"

그 말에 남편이 대답했다.

"몇 해 전 어떤 병자가 우리 집에 머물렀지요. 우리는 그를 정성껏 보살피고 건강해질 때까지 간호했습니다. 그는 떠날 때 저 작은 그림 한 장을 주고 갔습니다. 예쁜 선물이었지요. 우리는 그 사람과 함께 지낸 즐거웠던 시간을 기억하며 그림을 간직하고 있습니다."

여행자가 노부부에게 그 돈의 가치를 알려 주었을 때 크게 놀라지 않을 수 없었다. 그들은 귀한 것을 갖고 있었으나 그 가치를 알지 못해 사용할 수 없었던 것이다. 사람들은 누구나 보물을 가지고 있지만 그것을 알아볼 수 있는 눈을 갖지 못해 자신의 가치를 떨어뜨리고 살아간다.

당신의 내면을 세밀하게 들여다보라. 당신이 할 수 있는 것들이 무엇인가 잘 헤아려보라. 당신이 가진 것이나 할 수 있는 일이 아무리 하찮게 보여도 어디에선가, 혹은 누군가에게 그것은 커다란 가치로 쓰여질 수 있다.

당신은 자신이 얼마의 가치를 지녔다고 생각하는가? 당신이 만일 온몸이 마비되어 있는 사람일지라도 이 세상 어떤 것보다 큰 가치를 지니고 있다. 따라서 당신은 자신의 행복의 가치를 인정하고 스스로 웃음과 행복의 그 가치를 보여주어야 한다.

내 신체가 건강함을 행복해 하며 감사히 여겨야 한다. 그리고 내 손으로 내 몸을 감싸며 "나는 행복해. 심장아, 고맙구나. 오늘도 열심히 뛰고 있어서 나는 행복하단다"라고 해야 한다.

이렇게 행복이란 바로 내가 만드는 것이다.

톡소휴게소

어떤 부부가 드라이브를 하다가 승용차가 물에 빠졌다.
마침 지나가는 차에 만 원을 주고 쉽게 차를 건질 수가 있었다.
그래서 꺼내준 사람에게 말했다.
"거, 수입이 짭짤하시네요."
그러자 꺼내준 사람 왈,
"그렇지 않아유. 차가 빠지게 물 채우는 것도 만만
치 않아유~."

# 행복은 누구에게나 있습니다

행복이란 절대 별거 아니다. 돈 많고, 부자고, 명예 있고, 얼짱 몸짱이라고 해서 절대 행복이 아니다. 그렇다면 노무현 전 대통령, 정몽헌 씨, 최진실 씨 등이 왜 자살을 했는가?

행복이란 나처럼 보잘것없고, 명예도 없고, 가진 것 없는 사람이라도 지금 이 순간 아주 즐겁고 행복하다고 느끼면 그게 행복이다.

내가 이 글을 통하여 분명히 밝히지만 인생은 운명이 아니라 선택이라는 것이다.

어린 나이에 너무 배가 고파 돈도 없이 무조건 자장면 한 그릇을 달라고 해 다 먹고 나서, "아저씨, 너무 배가 고파서 그랬어요. 한번만 용서해 주세요. 무슨 일이든지 다 할게요."

손이 발이 되도록 빌었다. 그리고 주인 아저씨는 나에게 자장면 배달을 시켰다. 그 당시 내 몸 체격만큼이나 컸던 철가방을 들고 다니며 배달을 했지만 월급 대신에 자장면 한 그릇을 주는 주인 아저씨가 너무 고맙고 감사했다. 자장면을 먹는 그 순간이 얼마나 행복했던지 아마 아무도 모를 것이다. 그 당시에는 오토바이로 배달을 하는 것이 아니고 아무리 먼 길이라도 걸어서 배달을 했다 음식을 여러 개 담아 갈 때는 그야말로 보통 힘든 일이 아니었다.

그러나 그 당시 1960년, 1970년대에 나만큼 고생 안 해본 사람이 또 어디 있겠는가? 지금 나의 이 고생담을 자랑하는 것은 아니다.

내 나이 아홉 살, 낮엔 자장면 배달을 하고 밤에는 교회에서 열심히 공부했다. 그때 교회 선생님이 가르쳐 주셨던 노래가 50년이 지난 지금도 기억에 남는다.

'내 양말 빵꾸났네. 빵꾸난 내 양말. 빵꾸가 안 난 것은 내 양말 아니지. 내 신발 떨어졌네. 떨어진 내 신발. 떨어진 신발 아닌 것은 내 신발 아니지~.'

이 노래는 비록 없이 살아도 남의 물건을 절대 탐내지 말라는 내용이었다.

나는 어린 나이에 이 노래를 들으면서 항상 다짐한 것이 있다. 가난하게 살더라도 비굴하지 않고 열심히 노력해야 행복이 온다고 말이다.

난 이 노래를 지금도 부르고 다닌다.

'가난한 마음속에 행복이 있다고 누군가 그렇게 말을 했어요. 진실은 거짓을 이길 수 있다고 누군가 그렇게 말을 했어요. 세상에 태어나서 할 일도 많지만 후회 없는 인생을 살다가 가야지~.'

이 노랫말은 아무리 들어도 내가 존경하는 노래 가사이다.

많은 아이들이 어린 나이에는 로또 복권이 당첨되어 행복한 것이 아니라,

'어제 사탕이 너무 맛있어서 행복했어요, 부모님이 용돈 주셔서 행복했어요, 성적표 점수가 좋아서 행복했어요, 엄마한테 칭찬받아서 행복했어요.'

이런 식이 되어야 한다.

내가 어릴 때 정말 잊지 못할 추억이 하나 있다. 밤에 찹쌀떡 통을 어깨에 메고 찹쌀떡 사라고 소리치고 다닐 때 두 손이 꽁꽁 얼어서 손

을 호호 불면서 소리쳤다. 아마 내 나이 또래 되시는 독자는 많이 들었던 소리일 것이다. 추운 겨울날 짧은 해가 지고 난 어둑한 시간에 들리던 우렁찬 음성, "찹~쌀~떡! 메~밀~묵!!"

이럴 때 어디선가 창문을 열며, "야~꼬마야, 찹쌀떡 하나 다오!"

"네, 어느 집이세요? 찹쌀떡 여기 있어요!"

"추운데 꼬마가 고생이 많구나. 옛다 돈!"

찹쌀떡을 하나 파는 그 순간은 이 세상에 내가 가장 행복했다.

어느 날 빙판에 미끄러져 팔다리가 부러지고 머리까지 깨져서 병원 응급실에 입원했을 때 찹쌀떡 주인 아저씨가 찾아와 나의 두 손을 꼭 잡고,

"기야, 니 죽으면 안 된데이. 꼭 살아야 된데이."

이 말을 듣고 그 순간이 얼마나 행복했는지 모른다. 사람은 이렇게 말 한마디에 행복을 느끼는 것이다. 내가 마음을 비우고 살다보면 언젠가는 상대방을 받아들일 수 있는 공간이 생기는 것이다.

상대방을 내 것으로 소유하고 있다는 생각, 상대방을 내가 원하는 분재처럼 만들어 가려는 욕심, 상대방에게만 모든 것을 의지하려는 집착….

모두 버리고 그가 살아 움직이는 그 모습 그대로 나와 함께 살아가야 하는 것이다.

그러기 위해서는 다음의 여섯 가지를 꼭 지켜야 되는 것이다.

첫째, 감옥은 '자기도취' 의 감옥이다. (공주병, 왕자병에 걸리면 정말 못 말린다)

둘째, 감옥은 '비판' 의 감옥이다. (항상 다른 사람의 단점만 보고, 비판하기를 좋아한다)

셋째, 감옥은 '절망' 의 감옥이다. (항상 세상을 부정적으로만 보고, 불평하며 절망한다)

넷째, 감옥은 '과거지향'의 감옥이다. (옛날이 좋았다고 하면서, 현재를 낭비한다)

다섯째, 감옥은 '선망'의 감옥이다. (내 떡의 소중함을 모르고, 남의 떡만 크게 본다)

여섯째, 감옥은 '질투'의 감옥이다. (남이 잘되는 것을 보면, 괜히 배가 아프고 자꾸 헐뜯고 싶어진다)

그렇다. 우리는 누구나 감옥에 갇혀있다.

행복하지 못하고 질병에 시달리며, 결국 죽고야 마는 것은 '나라고 하는 의식'의 감옥에 갇혀 있기 때문이다. 내가 지금 많은 사람들에게 웃음과 행복을 전파하러 다니는 것은 나의 어린 시절의 고생담이 뒷받침 해주었기 때문이다.

첫째, 집이 몹시 가난해 어릴 적부터 구두닦이, 신문팔이 같은 고생을 통해, 세상을 살아가는데 필요한 많은 경험을 쌓을 수 있었고,

둘째, 태어났을 때부터 몸이 몹시 약해 항상 운동에 힘써왔기 때문에 건강을 유지할 수 있었으며,

셋째, 나는 초등학교도 못 다녔기 때문에 모든 사람을 다 나의 스승으로 여기고 누구에게나 물어가며 배우는 일에 게을리하지 않았다.

불행의 근원은 바로 여기다. 빨리 여기서 탈출해야 한다. 어떻게 탈출해야 할까?

비결은 바로 '웃음'이다. 웃음은 굳게 닫힌 감옥의 문을 여는 키다. 자, 우리 모두 활짝 웃어보자!

# 행복하려고 노력하라

정신일도하사불성(精神一到何事不成)이란 말이 있다. 정신을 한곳에 모으면 이루지 못할 일이 없다. 여름철 내내 일은 안하고 노래만 하는 베짱이와 땀 흘려 일하는 개미. 겨울철에 허름한 옷으로 배고픔과 한기를 피해 개미를 찾는다는 우화는 젊어서 열심히 일하자는 교훈을 주기 위해 인용되곤 한다.

어린 시절 메뚜기, 방아깨비 잡으며 논둑을 뛰어다녀 보기도 했지만, 우화 속에 삽화로 자리잡은 모습 때문에 베짱이 하면 나비넥타이에 정장을 하고 얄밉게 바이올린 켜는 모습이 먼저 떠오른다. 하늘나라 갈 때 제일 중요하다는 '동심'을 잃어갈 무렵이었을 게다.

내가 행복한 삶을 살기 위해 성공하려면 두 가지 목표가 확실히 있어야 한다.

한 가지는 성과의 목표다. 성과의 목표란 내가 꼭 행복한 삶을 가지고 말겠다는 다짐이다. 또 한 가지는 행동의 목표이다. 내가 아무리 행복하게 살겠다고 다짐을 해도 행동을 하지 않으면 아무 소용이 없다.

우리가 잘 아는 반기문 UN 사무총장의 성공비결은 어릴 때부터 영어를 잘해서 고등학교 때 영어선생을 했고, 성공하겠다는 성과의 목표

와 행동의 목표를 같이 실천했기 때문이다.

세계적인 발레리나 강수진 씨는 신비에 가까울 정도의 아름다운 몸매를 가지고 1년에 천 켤레 이상 발레 신을 버려가며, 발톱이 빠지고 피를 흘려가며 하루 19시간의 꾸준한 연습을 한 결과 스위스 로잔 콩쿠르에서 1등을 하여 수석 발레리나가 되었다.

강수진 씨의 취미는 '연습'이고 좌우명은 '인내'이다.

이처럼 행복한 삶을 누리고 싶다면 행복에 관해서 꾸준한 노력이 필요하다.

옛날 조선 중기의 이름난 서예가 한석봉이 어느 날 장에 가서 기름을 사러왔다고 소리를 지르자, 다락 창문이 열리며 주인인 듯한 사람이 얼굴을 밖으로 내밀더니,

"얼마치나 주랴?"

"참기름 닷 돈 어치만 주세요."

"알았다. 옹기를 내 앞으로 잘 갖다 대거라. 기름을 부어 줄 테니."

기름집 주인은 커다란 기름 항아리를 바깥쪽으로 크게 쳐들었다. 이

익고 주인이 항아리를 기울이자, 높이가 세 길이나 되는 다락 위에서 떨어지기 시작한 기름이 마치 한 올의 실처럼 되어 옹기의 좁다란 주둥이 속으로 빨리듯 들어가는 것이다. 기름병이 거의 다 찼을 무렵 기름 줄기가 가위로 잘리듯이 뚝 끊어졌는데, 놀랍게도 기름이 한 방울도 새지 않았다.

한석봉은 그 광경을 보고 깨달은 바가 많았다. 얼마나 정신을 집중해서 연습했으면 저런 경지에 다다를 수 있을까. 그는 탄식하며 말했다.

"내 붓글씨가 무르익었다지만, 이 경지에는 이루지 않았도다."

한석봉은 각오를 달리하고 집으로 돌아가서 서예를 새롭게 익히더니 마침내 명필이 되었다고 한다.

이처럼 행복하기 위해서 열심히 행복에 관한 공부를 하고 책을 많이 보아야 한다.

나 같은 경우는 무슨 일이 있어도 행복하기 위해서 일주일에 책 두 권을 읽는다.

'지금 잠을 자면 꿈을 꾸지만, 지금 공부를 하면 꿈을 이룬다' 는 말이 있다.

나 역시 강의를 할 때 청중이 행복한 표정과 마음껏 웃지 않은 날은 그날 밤새 잠을 안 자고 연구를 한다. 왜 청중이 마음껏 웃지 않았을까? 생각에 몰두를 한다.

아무리 사소한 목표달성일지라도 자신이 쏟을 열정과 노력함을 응집시키지 않으면 안 된다. 나의 강의 동안은 전투 중인 것이다. 전쟁에는 2등이 없다. 어떡해서라도 청중을 행복에 젖어들게 하고 마음껏 웃게 만드는 것이 나의 임무이기 때문이다.

나는 지금까지 수많은 강연을 다니지만 강의 전에 항상 학습 내용을 되새김질을 한다. 특히, 청중들의 좋은 반응을 얻기 위해 많은 유머를 활용한다.

‘너무 재미있어요, 너무 열정적이예요, 너무 웃겨요, 너무 행복해요,
자신감이 생겼어요.’

나는 비록 연예인은 아니지만 나에게 가장 어울리는 표정 짓기에 노
력을 하고 반복 훈련을 한다.

어느 한 젊은이가 소크라테스에게 “선생님의 모든 지식을 다 가르쳐
달라”고 간청했다.

소크라테스는 이 청년을 강가로 데려가 청년의 머리를 강물에 쳐박
아 나오지 못하게 했다.

“아니, 이게 뭐하는 짓이요. 하마터면 죽을 뻔 했잖소!”

소크라테스는 청년에게 물었다.

“물속에 빠지니까 뭐가 생각나던가?”

“그거야, 숨이 차니까 숨 쉬고 싶지요.”

청년이 대답하자, 소크라테스가 말했다.

“지혜란 쉽게 얻어지는 것이 아니라 방금 물속에서 숨 쉬고 싶어 한
것처럼 그렇게 절박한 심정으로 진리를 구할 때 얻을 수 있는 거라네.
지푸라기를 잡는 심정으로 소망해야 목표를 이룰 수 있는 거라네.”

이 말이 곧 무엇인가? 내가 죽을 상황에 처한 것처럼 절실해야 꿈이
이루어진다는 것이다. 당신이 진정 행복을 원한다면 먼저 웃어주고, 칭
찬해 주고, 배려하고 맞장구 쳐주고, 경청해 주고, 감동해 주고, 나누
어 줄 때 비로소 행복이라는 열매를 딸 수 있다.

# 행복은 바로 내 옆에 있다

수십 층짜리 빌딩을 소유하고 호화로운 저택에 고급자가용, 비서를 두고 멋진 옷을 입고 많은 돈을 벌어가며 호의호식하고 살면, 과연 그 사람이 행복하다고 생각하는가?

절대 그렇지 않을 것이다. 그렇게 호화롭게 사는 사람일수록 도둑 맞을까봐 순찰 경비원까지 고용하고 항상 불안과 초조 속에서 절대 행복을 모르고 살 것이다. 행복이란 항상 나눠주고, 마음에 여유로움이 있고 비록 가진 것은 없어도 풍요로운 마음과 걱정 근심이 없고, 늘 즐겁다는 마음으로 살아가야 그게 바로 행복한 삶이라 할 수 있다. 아무리 얼짱, 몸짱, 춤짱, 노래짱이라도 행복을 느끼지 못하고 산다면 참으로 불행한 사람이다.

나는 사람을 잘 웃기는 재주를 가지고 있다는 이유로 군대시절 군예대(문선대)에서 근무를 했다. 많은 장병들이 국가를 위해 총을 들고 땀을 뻘뻘 흘리며 각종 유격훈련, 총검술, 각개전투 등 쉬지 않는 고된 훈련의 피로를 잊고 잠시나마 즐거움을 주기 위해 장병들을 찾아가 위문공연의 역할을 해주는 곳이 바로 군예대다.

노래와 춤, 연극, 장기 자랑 등을 하며 그동안 쌓였던 장병들의 피로를 풀어주어야 하는 것이다. 나는 사회를 보면서 힘차게 외친다.

"이마에 흐르는 땀은 우리가 조국에 바칠 수 있는 최대한의 선물입니다. 조국의 발전과 밝은 내일을 위해서 오늘도 국토방위에 여념이 없는 우리 국군 장병들께 깊은 감사를 드립니다. 지루한 시간 오랫동안 기다렸습니다. 쑈쑈쑈~."

이와 같이 인사말과 함께 공연이 시작되면 많은 장병들이 무대 앞으로 나와서 신나게 춤을 추고, 노래하고, 장기자랑도 하고 이날 하루만큼은 최고의 즐거운 날이 되는 것이다.

나는 마이크로 실제 전쟁 난 것처럼 총소리, 대포소리, 군함 소리, 비행기 소리로 원맨쇼를 하면 장병들이 우뢰와 같은 박수를 치며 즐거워했다. 정말 내가 하늘을 나는 것처럼 마음이 행복하였다. 이렇게 내 마음이 행복한 것은 내가 많은 장병들에게 웃음을 준다는 기쁨이 있어 내 마음이 즐겁기 때문에 그런 것이다.

이렇게 3년 동안의 군 생활을 마치고 제대를 하여 지금의 아내를 만났다. 눈이 펑펑 내리는 날 포장마차에서 소주 한 잔에 어묵 한 그릇 시켜놓고 아내 한 입, 나 한 입 서로 먹으라고 입에 넣어 주었던 그 시절을 생각하면 돈 없고 가난하였지만 너무 행복했었다.

배부른 사람에게 아무리 맛있는 것, 먹고 싶은 것을 사준다고 해서 고마움과 행복을 느끼는 것이 아니다. 정녕 배고픈 사람에게 빵 한 쪽 주는 것이 고마움과 행복이다.


나는 어릴 때 너무 가난한 집안에서 태어나 배고픔을 견디지 못해 부디 돈을 많이 벌어 부모님을 행복하게 해드리려고 무작정 서울로 상경했다. 막상 서울에 왔으나 몇 끼니를 굶으니 어린 나이에 현기증이 다 일어났다.

그 당시 미군들이 먹다 쓰레기통에 버린 꿀꿀이죽 한 그릇 사먹을 돈이 없어 식당 앞에서 서성거리고 있으니 주인 아주머니가 안으로 날 데리고 들어가 그 꿀꿀이죽 한 그릇을 주는 것이다. 얼마나 배가 고팠는지 단숨에 먹어 치웠다. 그 아주머니가 얼마나 고마운지 이 다음에 돈 많이 벌어서 꼭 갚겠다는 말과 함께 눈물이 주루룩 흘렀다.

그렇다. 바로 그것이 행복인 것이다. 내가 지금 많은 사람들에게 웃음과 행복을 팔러 다니는 것은 내가 어린 시절의 바로 그 고마움과 행복이다.

물론 행복은 눈에 보이지도 않고 손에 잡히지도 않는다. 그러나 늘 마음이 평안하고 웃으며 즐겁게 살면 그게 바로 행복인 것이다. 그래서 난 어디를 가도 웃음과 행복을 판다.

택시기사님에게 "아저씨, 웃으세요. 내가 이 다음에 여자로 태어나면 아저씨한테 시집올게요" 하면 웃어 죽겠단다.

이렇게 상대가 웃으면 내 마음이 행복한 것이다.

"아저씨, 빈속에 어묵을 몇 개 먹을 수 있어요?"

"글쎄요…. 7개 정도?"

"아닙니다. 한 개 이상은 못 먹습니다. 왜냐하면 한 개를 먹는 순간 빈속이 아니니까요." 같이 한바탕 웃는 것이다.

나는 지금도 가끔 미용실에서 머리를 자른다.

"아줌마, 머리 감을 때 어디부터 감아요?"

"그거야 위에서부터 감지요."

"틀렸습니다. 눈부터 감습니다."

강의할 때 가끔 핸드폰 소리가 울린다.

"지금 핸드폰 소리 나시는 분은 21세기가 원하는 인재입니다. 소리가 최신형이네요."

그럼 미안해서 얼른 끊는다.

"저렇게 얼른 꺼주시는 거 봐요. 저런 분이 성공하십니다."

폭소가 터져나온다.

나는 가끔 청중 분위기가 어수선하면 이행시, 삼행시 게임을 한다.

'아내'로 이행시를 한 번 해보자.


아 : 아내가 말했다.

내 : 내가 니 시다바리가?


'삼행시'를 삼행시로 해보자.


삼 : 삼푸로 머리를 감았다.

행 : 행궈도 행궈도 거품이 나온다.

시 : 시벌, 이거 퐁퐁이잖아!


행복이란 내가 마음껏 웃고 상대가 웃으면, 행복한 가정이 되고 직장이 되는 것이다.



성경 공부 시간에 선생님이 아이들에게 물었다.
"너희들 천국에 가고 싶은 사람 손 들어봐."
그러자 아이들이 하나하나 손을 다 들었다.
그런데 만득이만 손을 안 들었다.
"만득아, 천국가고 싶지 않니?"
선생님이 묻자 만득이가 진지하게 말했다.
"선생님, 저는 못가요. 엄마가 집으로 바로 오라셨거든요!"

# 행복이란 한 잔의 물과 같다

내가 행복이 한 잔의 물과 같다고 하면 많은 사람들이 그게 무슨 말이냐며 콧방귀를 뀔 것이다. 그러나 만약 당신이 사방을 둘러보아도 끝없이 펼쳐진 모래와 더운 햇볕밖에 없는 사막을 걷고 있다면 아마 생각이 달라질 것이다.

뜨거운 태양 아래에서 물이 떨어져 숨은 확 막히고 더 이상 기운이 없어 한 발자국도 걷지 못할 때 누가 당신에게 물 한 잔 건넨다면 바로 이 물이야말로 생명수이다. 그리고 행복이라는 것은 대단한 것이 아니라 바로 물 한 잔이면 충분하다는 것을 알게 될 것이다.

이처럼 행복이란 대단한 것이 아니라, 그때그때 잠깐 스치고 지나가는 아주 작은 것들이다. '나는 행복해. 나는 즐거워' 라고 주문을 외우듯 살아가면 그게 바로 행복인 것이다.

힘들수록, 어려울수록 이 정도면 충분하다. 오히려 감사하다고 느끼면서 살아가면 그보다 더 즐거운 행복이 어디 있는가?

우리에게 정녕 중요한 것은 당신이 어떤 차를 운전하느냐가 아니라 얼마나 많은 사람들을 태워주느냐는 것이다.

정녕 중요한 것은 당신이 사는 집의 크기가 아니라 얼마나 많은 사

람들을 집으로 초대하느냐는 것이다.

정녕 중요한 것은 당신의 사회적 지위가 아니라 당신의 삶을 어떤 계층의 사람들과 더불어 살아가느냐는 것이다.

정녕 중요한 것은 당신이 무엇을 가졌는가가 아니라 남에게 무엇을 베푸느냐는 것이다.

정녕 중요한 것은 얼마나 많은 친구를 가졌는가가 아니라 얼마나 많은 사람이 당신을 친구로 생각하느냐는 것이다.

정녕 중요한 것은 얼마나 많은 일을 했느냐가 아니라 당신의 가족과 사랑하는 이들을 위하여 보낸 시간이 얼마나 되느냐는 것이다.

정녕 중요한 것은 당신이 어떤 좋은 동네에 사느냐가 아니라 당신이 이웃 사람들을 어떻게 대하느냐는 것이다.


내가 재작년 1월, 눈이 펑펑 내리는 추운 겨울에 모 기업체 행복 강의를 갔을 때의 일이다.

오전 오후 4시간 강의에 강의 시간은 오전 10시~12시, 오후 1시~3시까지였다.

시간 여유가 조금 있어서 근처 식당에서 아침식사를 하고 있는데 식당 문이 열리더니 아주 나이 어린 꼬마가 아주 초라해 보이는 남자의 손을 잡고 식당 문을 들어섰다.

두 사람은 틀림없이 걸인이었다. 코끝을 찌르는 지독한 걸인 냄새에 주인은 얼굴을 찡그리며 벌떡 일어나 손사래와 함께 소리를 질렀다.

"이봐요, 당장 나가요! 아침부터 재수 없게! 나가요, 나가!"

그러나 이 꼬마는 주인의 비명(?)을 들은 체 만 체 남자의 손을 이끌어 자리에 앉혔다.

알고 보니 남자는 앞을 못 보는 맹인이었다.

"아줌마, 여기 국밥 두 그릇주세요."

꼬마가 주문을 하자, 주인은 예약된 자리라며 음식을 팔지 않는다고 했다.

그래도 꼬마는 음식을 먹게 해달라고 사정을 하면서 더럽고 헤진 주머니에서 천 원짜리 몇 장과 동전을 꺼내 보였다.

"사실 오늘이 우리 아빠 생일이거든요!"

주인이 국밥 두 그릇을 가져왔다.

"아빠, 내가 소금 넣어줄게."

꼬마가 그렇게 말하고는 소금통 대신 자기 국밥 속에 수저를 넣더니 고기들을 다 건저서 앞 못 보는 남자의 국밥 그릇에 듬뿍 담아주었다.

"아빠, 이제 됐어. 어서 많이 먹어. 근데 아줌마가 빨리 먹고 가라니까 어서 밥 떠. 내가 김치 올려줄게."

수저를 들고 있는 보이지 않는 남자의 두 눈에는 눈물이 가득 고여 있었다.

그 광경을 보던 주인도 조금 전 자신의 행동을 뉘우치며 눈시울을 적셨다. 나 역시 더 이상 참을 수가 없는 눈물이 흘러내렸다. 나는 호주머니에서 만 원짜리 다섯 장을 꼬마 손에 쥐어주었다.

"아빠 맛있는 거 사드려라."

"아저씨, 고맙습니다."

"아빠 모시고 다니기 무척 힘들지?"

"아니예요. 이렇게 아빠를 직접 모시고 다니니까 너무 행복해요."

이 말을 듣고 나는 다시 한 번 감동을 했다.

이처럼 사랑은 줄수록 더 아름다워지는 것이다. 받고 싶은 마음 또한 간절하지만 사랑은 줄수록 내 눈빛이 더욱 빛나 보이는 것이다.

한없이 주고 싶은 사람이 있다는 거, 하염없이 바라보고 싶은 사람이 있다는 거, 시리도록 기다리게 되는 사람이 있다는 거, 그건 주는 사람만이 누릴 수 있는 특권이며, 내가 살아있다는 증거이기도 하다.

사랑은 받는 것이 아니라 주는 것이라 한다. 그래서 무언가 주고 싶은 사람이 있다는 건 내가 해야 할 일이 생기는 것이고, 끝없이 바라보고 싶은 사람이 있다는 건 내가 일어나 웃어야 할 일이 생기는 것이고, 변함없이 기다려지는 사람이 있다는 건 내가 다시 내일을 살아야 하는 이유가 생기는 것이다. 그래서 사랑은 받는 것이 아니라 주는 것이라 했다.

내가 강의할 때 이 꼬마와 장님 아빠의 이야기를 하면 청중들이 감동한다.

이와 같이 사랑은 내가 먼저 주는 것이다.

내가 먼저 웃고, 먼저 사랑하고, 먼저 감사하자.

안팎으로 힘든 일이 많아 웃기 힘든 날들이지만 내가 먼저 웃을 수 있도록 웃는 연습부터 하자. 아무리 우울하고 시무룩한 표정을 한 이들에게도 환한 웃음꽃을 피울 수 있도록, 아침부터 밝은 마음을 지니도록 노력해야 한다.

사랑은 움직이는 것, 우두커니 앉아서 기다리기만 할 것이 아니라 먼저 다가가는 노력의 열매가 사랑이다.

상대가 나에게 해주기 바라는 것을 내가 먼저 다가가서 해주는 겸손과 용기가 바로 사랑이다. 차 한 잔으로, 좋은 책으로, 대화로 내가 먼저 마음의 문을 연다면 나를 피했던 이들조차 벗이 된다. 습관적인 불평의 말이 나오려 할 땐 의식적으로 고마운 일부터 챙겨보는 성실함을 잃지 말자.

평범한 삶에서 우러나오는 감사의 마음이야말로 삶을 아름답고 풍요롭게 가꾸어주는 소중한 밑거름이 될 것이다.

감사는 나를 살게 하는 힘이다. 감사를 많이 할수록 행복도 커진다는 걸 알면서 그동안 감사를 소홀히 하지는 않았는가?

그러기 위해서는 항상 먼저 웃고, 먼저 사랑하고, 먼저 감사하자. 그리하면 나의 삶은 행복할 것이다.

**통소유게소**

[ 이상한 의사 ]
젊고 예쁜 아가씨가 할머니와 함께 병원에 갔다.
아가씨 : 우리 진찰받으러 왔어요.
의사 : 알겠습니다. 자, 커튼 뒤에 가서 옷을 벗으세요.
아가씨 : 아니 제가 아니고 할머니가 진찰받으실
　　　　거예요.
의사 : 알겠어요. 할머니 혓바닥 내밀어 보세요.

# 행복하고 싶으면 행복을 느껴라

우리 주위를 보면 행복이 바로 옆에 있어도 느끼지 못하는 사람들이 참 많다.

아무리 아름다운 풍경을 보아도, 좋은 음악을 들어도, 아름다운 영화를 보아도, 사랑하는 사람이 바로 옆에 있어도 감동할 줄도 모르고 행복을 느끼지 못하고 사는 불행한 사람이 너무 많다.

행복을 전혀 모르고 사는 사람이 병원을 찾아갔다.

"의사 선생님, 남들은 다들 즐겁고 행복하게 사는데 저는 왜 행복을 느낄 수가 없습니까?"

의사는 그 사람 말을 듣고는 이런 결론을 내렸다.

"당신이 이렇게 불행하게 사는 이유는 감동이 없기 때문입니다. 아! 하고 감탄을 할 수 있는 습관을 길러야 합니다. 아름다운 곳을 찾아 당신의 행복한 느낌을 다시 찾아보십시오."

그는 잃어버린 행복을 찾기 위해 여기저기 돌아다녔다. 세상에서 가장 아름다운 관광지도 가보고 가장 감동적인 영화를 보아도 행복의 느낌은 그 어디서도 찾을 수가 없었다.

지치고 지친 그가 해질 무렵에 집으로 뚜벅뚜벅 걸어오는데 깜짝 놀랄 일이 생겼다. 석양빛이 서쪽 하늘을 물들이는 가운데 그 아래 비친 자신의 집이 너무도 아름답게 빛나고 있었다. 마침내 그는 입을 열면서 아~! 하고 탄성이 나오기 시작했다.

그렇다! 감동에 눈을 뜨고 보니 지금까지 느끼지 못했던 아름다운 풍경은 바로 자신의 옆에 있었던 것이다. 자신의 집 가까운 그곳에 바로 행복의 느낌이 숨어 있었던 것이다.

강의를 마치고 나오는데 한 남자 분께서 다가왔다.

"선생님, 행복이 별거 아니군요. 선생님 말씀대로 행복이 저의 바로 옆에 있는 줄은 미처 몰랐습니다. 선생님 말씀대로라면 행복이 사방팔방 깔려 있겠군요. 저는 오늘부터 그 깔려 있는 행복을 주우러 다닐 겁니다. 좋은 말씀 들어서 정말 감사합니다."

이렇게 행복은 나의 감동에 달려있다. 아무리 맛있는 불고기라도 맛없게 먹으면 불행한 사람이고 100원짜리 붕어빵 한 개라도 아주 맛있게 먹으면 그게 바로 행복인 것이다.

가장 아름다움 모습은 당신의 가장 가까운 곳에 있다.

그럼에도 불구하고 행복을 느끼지 못하는 것은 행복의 느낌을 잊고 살기 때문이다.

내가 어릴 때 아주 추운 겨울 토끼털 귀마개를 하고 손을 호호 불어가며 신문팔이를 할 때였다. 늘 단골로 신문을 팔아주는 아저씨가 계셨는데 살 때마다 잔돈을 받지 않았다.

"아저씨! 왜 잔돈을 받지 않으세요?"

"그 돈으로 군 고구마 사 먹으라고 주는 거란다."

나는 50년이 지난 오늘도 틈만 나면 지금은 세상을 떠나버린 그 아저씨가 떠오른다.

그 당시 그 아저씨가 나에게 행복의 감동을 준 것이다.

이처럼 행복과 감동을 느끼면 평생을 잊지 않고 살게 된다.

에브라함 링컨이 말했다. 행복은 마음먹은 만큼 행복해진다. 내가 살아가는 어느 곳이든 반드시 행복이 있다. 우리는 어디든지 있는 그 행복을 어떻게 사용해서 쓰느냐가 문제다."

행복을 모르고 사는 불행한 여자가 꽃을 사러 갔다. 그리고 꽃집 주인에게 이번에도 더위가 극성을 부릴 것 같아서 걱정이라고 고민을 털어놓았다. 꽃집 주인은 그녀에게 화사한 꽃을 주면서 이렇게 말했다.

"이제 3월인데 왜 벌써부터 더위 걱정을 하세요?"

그녀는 곰곰이 주인의 말을 되새겨 보니 모든 것을 앞서 걱정한다는 생각이 들었다.

"여름을 걱정하지 말고 여름이 주는 즐거움을 놓치지 말고 살아요!"

주인이 말했다.

"5월에는 새벽을 감상하세요. 아침 일출이 6월만큼 멋있는 달이 없답니다. 7월에는 밤하늘의 별들을 바라보세요. 보석 상자같이 촘촘히 박힌 별 생각만 해서 마음이 설렌답니다. 8월은 너무 좋지요. 태양빛 아래에 있다가 시원하게 물속에 뛰어드는 그 기쁨 너무 좋아요!

주인의 말을 듣고 많은 것을 느낀 그녀는 여름을 무척 행복하게 보냈다.

　얼마 후에 눈이 펑펑 내리는 겨울이 왔다. 그녀는 아이들을 데리고 나가서 눈싸움도 하고, 썰매도 타고 신나게 놀았다. 처음에는 동네 사람들이 '저 사람 왜 저래?' 하는 표정으로 그녀와 아이들을 지켜보았다. 그런 날이 계속되자 생전 눈 놀이를 한 번도 안 해보고 늘 집에만 있던 동네 사람들이 하나둘씩 어울리기 시작했다. 겨울이 끝날 때쯤 동네 사람들이 그녀 집에 놀러 와서 "고마워요. 감사해요"를 연발했다.

　"저희는 눈이란 삽으로 치워야 하는 귀찮은 존재라고만 생각했는데 눈이 우리에게 그렇게 즐거움을 주는지 몰랐어요!"

　만약 당신이 아름다운 장미를 보면서 하필이면 가시가 달려있냐고 불평할 수도 있고, 험한 가시 넝쿨 속에서 장미가 피어났다고 감탄할 수도 있다. 그러므로 행복과 불행은 한 장소에서 살고 있다.

　이제 불행의 녹슨 마음을 깨끗이 씻어내고 밝고 아름다운 행복의 느낌을 가지고 살아보자!

**동심휴게소**

[삼행시 인사소개법]

김 : 김사세요.
두 : 두부도 사세요.
봉 : 봉지에 넣어드릴게요.

전 : 전쟁터에 나가
성 : 성공하고 돌아온
기 : 기적같은 남자 전·성·기입니다.

# 행복과 불행은 당신 손에 있소이다

행복과 불행이란 냉온수기와 똑같은 것이다.

내가 행복을 틀면 행복이 쏟아져 나오고, 불행을 틀면 불행이 쏟아져 나온다. 남이 나에게 욕을 했을 때 웃어주면 행복이고, 화를 내면 불행이다. 이 모든 것은 내가 하기에 달려있는 것이다. 나에게 적이 많으면 불행한 사람이고, 항상 베풀면서 자비하는 마음으로 살면 행복한 사람이다.

내가 남을 미워하면 그 미워하는 사람 역시 나를 미워하고 서로 적이 되고 만다.

어떤 건달이 길을 가다 스님한테 욕을 했다.

"야! 이 돼지처럼 생긴 중놈아, 어딜 가느냐?"

그러자 스님이 말했다.

"감사합니다. 어쩌면 그렇게 부처님처럼 생기셨습니까?"

"아니 내가 돼지 같은 놈이라고 욕을 했는데, 기분 나쁘지도 않느냐?"

"아닙니다. 원래 돼지의 눈에는 돼지만 보이고, 부처님 눈에는 부처만 보이는 법입니다!"

이 말을 들은 건달은 모든 걸 뉘우치고 스님의 제자가 되었다고 한다.

내가 아내한테 허구한 날 짜증이나 내고 불평불만이나 하면 불행한 사람이고, 항상 세탁기 같은 남자가 되면 행복하다. 왜냐하면 세탁기처럼 씻어주고, 돌려주고, 헹궈 줘야 아내한테 사랑을 받는다. 그런데 요즘 세탁기는 살균작용에 건조 기능까지 있어서 남자들이 그걸 따라 하려니까 힘들다. 힘들지만 최선을 다해야 행복하다.

남이 나에게 어떤 말을 해도 화를 웃음으로 바꾸는 지혜가 있다면 행복하다.

강의 끝에 항상 물어보는 사람이 있다.

"아유~, 강사님은 어째 그렇게 배가 나왔어요? 완전 임신 8개월이네요."

"배가 나온 게 아니고 가슴이 좀 밑으로 흘러내렸습니다. 허허~."

"강사님은 왜 키가 작으세요?"

"제 키가 작은 게 아닙니다. 하늘에서 재면 제가 제일 크답니다. 하하하~."

이처럼 내가 행복하기 위해 최선을 다하면 행복한 사람이 된다.

아브라함 링컨이 말했다.

"할 수 있다. 잘 될 것이다. 그리고 나서 행복을 찾아라!"

실력과 재능으로 세계적으로 인정을 받은 오케스트라 지휘자가 있었다. 그는 세계의 아주 유명한 행사에만 초청되는 상임 지휘자로서 바쁘게 활동하고 있는 음악가가 되었다.

클래식의 고향이라고 할 수 있는 유럽에서도 그를 모르는 사람이 없었다. 게다가 그는 작은 체구의 동양인이었다. 그는 또 이렇게 말했다.

"최선을 다하면 실패를 해도 행복하다."

윌리엄부스가 말하길,

"어떤 사람은 음악에 희망이 있고, 어떤 사람은 명예나 황금에 있고,

어떤 사람은 사람에 있다"라고 했다.

어느 신부님이 불우이웃을 돕기 위해 붕어빵 장사를 했다. 이러한 신부님의 뜻이 알려지자 신자들 중에는 너도나도 돕겠다고 나서는 사람들이 많아졌다. 청년들도 장사를 돕겠다고 나서고, 수녀님이 구수한 어묵 국물을 만드는 주방장이 되었다.

이렇게 땀 흘려 모은 기금으로 불우이웃 돕기 사업을 시작하고 하나님의 사랑을 보다 값지게 실천하는 신부님은 매일매일 붕어빵 만드는 일이 너무나 행복한 일이 되었다.

어느 날 내가 강의를 너무 열정적으로 하다가 갑자기 방귀가 터져 나왔다. 그런데 방귀가 연속 7번이나 터져 나왔다. 나는 방귀 소리가 크게 들리도록 일부러 마이크를 가져다 대었다. 청중은 낄낄낄 웃어댔다. 나는 큰소리로 말했다.

"청중 여러분, 민방위 훈련입니다. 방독면을 착용하세요."

내가 행복하려면 힘든 상황을 웃음으로 만들 수 있는 지혜를 발휘하라.

그래서 강의 후 질문하는 분께 이렇게 말한다.

"행복과 불행은 당신 손에 있소이다."

네 살짜리 아기가 한참 부부싸움을 하고 있는 부모에게 말했다.
"제발 그만 좀 하세요. 엄마 아빠 때문에 내 머리에 지진이 나요."

# 행복하려면 프로답게 살아라

프로와 아마추어가 다른 점이 무엇인가?

CF 촬영에서 이덕화 씨가 "트라이 편안합니다. 부탁해요." 이 말 한마디에 모델료를 수천만 원 받는다. 그러나 아마추어는 아침 8시부터 밤 8시까지 엑스트라로 촬영해 봐야 고작 하루 일당 5만 원을 받아간다. 이렇게 차이가 많이 난다. 다시 말해서 아마추어는 오는 고객만 맞이하지만 프로는 나를 찾게 만든다. 내가 구두닦이 할 때 많은 아이들이 그날그날 허기진 배만 채우기 위해서, 오로지 돈만 벌기 위해서 구두 닦으라고 소리치면서 뛰어다닌다. 나는 한번 고객은 영원한 고객이라 생각을 하고 구두약이 좀 많이 들어가더라도 정성을 다해서 구두를 닦아주었다. 얼마나 광택이 나도록 하는지 파리가 앉았다가 미끄러져 떨어질 정도로 잘 닦아준다. 그래서 그 당시 남대문시장 내에 있는 대도시장 점포 주인들은 절대 다른 아이들한테는 닦지 않고 나한테만 닦았다. 그러다 보니까 비가 오는 날에도 날 불렀다. 비 맞은 구두는 연탄불에 시간이 걸려도 정성껏 말려서 번쩍번쩍하게 닦아놓는다. 단골손님은 나의 실력을 믿고 구두를 여러 켤레 닦으라고 내놓는 사람도 많다. 똑같은 붕어빵 장사를 해도 이왕이면 맛있게 굽는 사람이 있는

것이다. 또한 남과 다른 차별화로 구두 닦는 동안 드시라고 그 당시에도 귀하다면 귀했던 미제 껌을 한 개씩 드렸다. 참 좋아들 하셨다.

내가 구두를 잘못 닦으면 단골을 놓친다는 프로의식을 한시도 잊은 적이 없었던 것이다. 비록 어린 나이지만 구두닦이를 할망정 항상 깔끔하게 하고 다녔다. 하숙비 한 번 밀린 적이 없으니 주인 아주머니께서 내 옷을 깨끗하게 세탁해 주셨다.

어느 날은 단골 아저씨가 나를 차에 태우고 집으로 데려갔는데 상당한 부잣집이었다. 나를 집안으로 데려가더니 집에 있는 구두를 다 내놓으면서 이 구두를 전부 닦으라고 했다. 아저씨 구두, 사모님 구두, 학생 구두 할 것 없이 대략 30켤레 정도가 되었다. 나는 그 구두를 닦으면서 깜짝 놀랄 일을 발견했다. 거실 식탁 위를 보니 돈 뭉치와 금반지가 눈에 띄었다. 저 돈만 있으면 내가 원하는 공부도 할 수 있다, 구두약도 많이 살 수 있다, 좋은 옷도 사 입을 수 있다는 등 별별 생각이 머리를 스치며 나의 가슴은 방망이질을 쳤다. 그러나 눈을 잠시

감으며 생각했다. '아니다, 아니다. 지금 난 행복해. 도둑질은 할 수가 없어!' 뚜렷한 목표가 있는 나에게는 돈의 유혹도 물리칠 수가 있었다. 구두 30켤레를 다 닦았을 무렵, 주인 아저씨가 오셨다. 닦아 놓은 구두를 보시며 꽤 만족해 하셨다.

　나의 마음을 떠보려고 돈을 그렇게 보이도록 두고 가신 것도 알게 되었다. 구두 한 켤레 닦는데 3원, 그래서 내가 받을 구두 닦은 값은 합계 90원인데 200원을 주셨다.

　돈이 많아서 행복이 아니다. 내가 하는 일을 즐기면 그것이 행복이다. 행복이란 별 다른 게 아니라는 것, 항상 즐겁게 생활했다.

　항상 프로 의식을 가지고 생활했기에 그나마 같은 업종에서도 뒤지는 일은 없었다.

　프로란 무엇인가! 뚜렷한 목표 의식을 가지고 나만의 노하우와 남보다 한 단계 업그레이드한 생활을 하면 프로인 것이다.

**톡소휴게소**

**[도둑과 경찰의 대화]**

경찰 : 직업은?

도둑 : 빈부 차이를 없애려고 노력하는 사회 운동가입니다.

경찰 : 자네 혼자야? 짝은 없어?

도둑 : 세상에 믿을 놈이 있어야지요.

경찰 : 마누라도 도망갔다면서?

도둑 : 그거야, 또 훔쳐오면 되지요.

경찰 : 도둑은 휴가 안 가나?

도둑 : 내가 잡히는 날이 휴가입니다.

경찰 : 자녀교육은 어떻게 시키나?

도둑 : 절대 안 들키게 현장에서 특별 과외시킵니다.

# 행복하고 싶다면
# 행복의 목표를 정하라

당신이 진정 행복하길 바란다면 행복한 보금자리의 목표를 확실히 정하라. 목표가 정확해야 화살을 쏠 수 있다. 과녁판 없이 어떻게 화살을 쏠 수 있는가? 나는 행복에 관한 강의를 하면서 청중들에게 반드시 목표에 대해 물어 본다. 회사 직원과의 목표가 일치되어야 회사가 발전되는 것이고, 부모와 자식간의 목표가 일치되어야 행복한 가정을 꾸릴 수 있다. 내가 행복한 삶을 살기 위해서 인간관계를 맺고 베풀면서 사는 것이다. 지금 많은 사람들이 행복을 위해 살아간다. 보통은 자신의 행복, 사랑하는 사람의 행복을 기원하고, 그것이 크게 확대되면 타인의 행복과 인류의 행복을 위해 살아가는 것이다. 행복을 느끼는 사람은 바나나만 먹고 가진 게 아무것도 없는 오지의 원시인도 지극히 행복하다고 느낄 수 있는 것이며, 최첨단 현대사회에서 온갖 최신식 가구와 아름다운 부인과 자식이 있는데도 불구하고 불행하다고 느끼는 사람이 있을 수 있는 것이다. 그것은 행복하게 살겠다는 목표가 없기 때문이다.

억만장자인 유전 소유자 J. P. 게티는 죽기 2년 전에 다음과 같이 말했다.

"돈이란 반드시 행복과 관련이 있는 것은 아니다. 아마 불행과 더 관련이 있을지 모른다."

또한 우리를 돌봐준다고 하는 사람의 우정이 어떤 방법으론가 돈에 의하여 좌우된 경우라면, 돈은 우리의 참다운 행복에 기여하지 못할 것이다.

내가 만약 어느 날 갑자기 장님이나 귀머거리가 될지 모른다고 생각하면서 우리의 눈과 귀를 사용한다면 어떤 일이 일어날까? 아마도 우리 자신과 주변에서 더 많은 아름다움을 느낄 수 있을 것이다. 생각보다 훨씬 더 많은 것을 우리가 가지고 있다는 것을 안다면, 그리고 소유하고 있는 것을 더 진지하게 사용한다면 지금보다 더 넓은 마음을 가지고 행복을 느낄 수 있지 않을까. 우리 주변에 마지못해 사는 사람이 얼마나 많은가? 일단 우리의 삶을 원하는 목표로 잡고, 계획을 세우고, 열심히 노력해 보라. 기분도 좋아지고 삶의 의욕도 생긴다.

나는 가끔 아내와 추억 만들기를 하기 위해서 일찍 집에 들어갈 때가 많다. 이날 아내가 미리 눈치를 채고 맥주 5병과 오징어와 땅콩을 사다 놓는다. 우리는 이것을 들고 우리 집 아파트 공원에 같이 앉아 추억의 이야기를 주고받는다.

"여보, 첫 아이 낳을 때 병원비 없어서 흑백 TV를 전당포에 잡히고 병원비 준 생각이 너무 아련해요. 우리 대견하죠?"

우리는 나비처럼 꽃들에게 희망도 주고 많은 사람과 더불어 희망을 나누어야 한다. 나는 가끔 아이들을 모아놓고 행복의 목표에 대해 물어본다.

"막내야, 넌 이 다음에 뭐가 되고 싶니? 너의 목표가 뭐야?"라고 물으면, "아빠, 제발 그런 거 좀 묻지 마세요. 그냥 되는 대로 사는 거지요. 그러다 보면 좋은 일도 있을 거예요."

당돌함에 난 조금 당황한다.

우리는 반드시 행복의 목표를 가지고 살아야 한다. 나 역시 이 책 한 권으로 행복에 관해서 끝장을 내겠다는 목표가 있기 때문에 쓰고 있다. 목표가 없는 꿈은 그냥 묻혀버리고 만다. 또 목표만 정했다고 행복의 달인이 되는 것은 아니다. 확실한 목표를 정했으면 실천하는 행동이 중요하다. 그래야 비로소 목표를 달성할 수 있다.

구슬이 서 말이라도 꿰어야 보배가 된다는 말이 있지 않은가?

2002년 월드컵 메시지인 '꿈은 이루어진다'로 정말 꿈이 이루어졌다. 이처럼 뚜렷한 목표를 가지면 행복이 이루어진다.

**통신휴게소**

어느 신부가 수녀원을 방문하여 수녀에게 말했다.

"자매님, 배가 좀 나오신 것 같네요."

"아~, 배에 가스가 좀 차서요."

두 달 후에 신부가 다시 수녀원을 찾았다.

"자매님, 배가 더 나온 것 같네요. 혹시 무슨 일이라도?"

"아니예요. 배에 가스가 좀 차 있어서…."

다시 몇 달 뒤 신부가 수녀원을 찾자, 수녀가 유모차에 아기를 태우고 놀고 있었다.

그러자 신부가 아기를 보며 말했다.

"드디어 방귀가 나왔군요."

# 아름다운 삶

행복이란 백화점에 가서 돈을 주고 사오는 것이 아니고 내가 행복하다고 느낌을 갖는 것이다. 내가 걷는 것도 행복하고 나의 가정생활도 행복하다고 느끼는 것이다.

전쟁터에서 한 군인이 한쪽 팔에 심한 총상을 입었다. 생명이 위독한 상황이라 다른 병원으로 옮길 수도 없고, 그냥 야전병원에서 수술을 할 수밖에 없었다.

수술대 위에서 피를 흘리고 있는 군인에게 군의관이 조용히 말했다.

"좀 안됐지만 한쪽 팔을 잘라야 하겠습니다."

천만다행으로 수술을 무사히 마쳐 목숨을 구할 수가 있었다. 힘겹게 눈을 뜬 군인에게 군의관은 이렇게 말했다.

"괜찮을 겁니다. 너무 걱정 마십시오. 수술은 잘됐습니다. 그런데 당신은 한쪽 팔을 잃었습니다. 목숨을 구하기 위해서는 어쩔 수가 없었습니다.'

군의관의 말을 듣고 있던 군인은 잠시 눈을 감았다가 다시 뜨고 살며시 미소를 지으면서 이렇게 말했다.

"저는 팔을 잃은 것이 아니라 내 조국에 팔을 하나 바친 것뿐입니다."

이렇게 생각의 차이가 인생을 다르게 만든다.

만약 이 사람이 인생을 비관하며 산다면 불행의 늪에 빠질 것이다.

내가 모 교도소에서 행복에 관한 정신교육 강의를 할 때의 일이다.

한 무기수가 새로 들어온 재소자마다 대야에 물을 떠와서 발을 깨끗이 씻겨준다는 것이다. 어디 그 뿐인가. 사후에 자신의 장기를 기증하기로 서약을 했고, 교도소 내의 모든 일을 솔선수범하는 모범 무기수였다.

사람이 처음부터 나쁜 사람은 없다고 생각한다. 누구든 잘못된 선택을 할 수는 있어도 잘못된 인간은 없는 것이다. 나쁜 선택을 한 것뿐이다. 그로 인해 많은 사람들은 미처 어떤 가치를 발견하지 못하고 마지막에 후회하는 경우가 많다. 나는 이 무기수에게,

"참 좋은 일 많이 하십니다."

"한 생명을 빼앗고 가족에게도 버림받은 죄인이지만 속죄하는 마음으로 남은 여생을 착하게 살아가겠습니다."

이 말을 듣고 나는 가슴 저미는 아픔을 느꼈다.

이와 같은 느낌은 자연이 인간에게 주는 최고의 선물이다. 우리가 살면서 저절로 배고프고, 저절로 배부르고, 저절로 불행하고, 저절로 행복한 이 모든 것이 느낌이다.

인생을 살면서 잠 든 시간, 밥 먹는 시간, 화장실 가는 시간, 병 든 시간 등 이 모든 시간을 다 제하면 단 40년도 못 산다. 이 짧은 인생을 살면서 서로 티격태격 싸우면 정말 행복을 땅에 묻어버리는 것이다. 수 천만 원의 금전보다 더 귀중한 것이 바로 행복한 삶이다.

나는 아주 어려운 노인들에게 무료로 수의 옷을 만들어 주는 아름다운 할아버지를 보았다. 이 일을 시작하게 된 것은 아는 사람 병문안을 갔을 때 너무 충격적인 장면을 보았다고 한다. 수의도 입지 못한 채 담요 한 장 걸치고 입관하는 모습을 보았다고 한다. '아무리 세상살이

가 팍팍하다 하더라도 마지막 저승갈 때 입고 갈 옷 한 벌 없이 눈을 감을 수가 있을까?' 하는 안타까운 마음에 양복 재단사 일을 하고 계시는 이 할아버지는 수의를 만들어 구청이나 복지관에 들고 가서 수의가 없는 분들에게 나누어 주라고 부탁한다고 한다. 나는 이 천사의 날개옷을 만들어 무료봉사하는 할아버지가 너무 사랑스럽게 느껴진다.

지금 이 순간에도 우리 주변에 아름다운 삶을 사는 사람이 얼마나 많은가.

내가 사업 실패로 부도를 맞아 가족을 집에 두고 서울역에서 노숙자 생활할 때의 일이다.

그야말로 4일 정도를 물만 마시며 지내니까 견딜 수 없도록 배가 고팠다. 이때 같은 동료 노숙자가 빵을 한 개를 내밀었다.

"여보게, 내가 오늘 빵집에서 얻어 온 건데, 자네 먹어 난 배불러."

빵을 뺏다시피 하여 입에 넣은 적이 있었다. 그리고 그 동료가 너무 고마웠다.

배부른 사람에게 돈을 보태주는 것보다 배고픈 사람에게 보리밥 한 덩어리 주는 것이 훨씬 더 고마운 것이다.

폭설이 내리는 어느 겨울날 길을 지나가다가 나는 이상한 문구를 하나 발견했다.

'구두를 500원에 닦아드립니다' 라고 쓰여 있었다.

아니 요즘 500원에 과자 한 봉지도 못 사는 세상에 단돈 500원에 구두를 닦아준다니 믿을 말인가? 40년 이상 구두를 닦아온 이 할아버지는 천장과 벽도 없는 노상에서 찬바람을 맞으며 구두를 닦고 있었다.

"할아버지 500원이면 너무 싸요. 천원이라도 받으세요."

"이 힘든 세상 너도 나도 올리면 어떻게 살아? 나만이라도 좀 기쁘게 해줘야지."

그러면서 구두 닦는 일이 참으로 행복하다는 것이다.

이 말을 들은 나는 또 한 번 가슴이 뭉클해졌다.

진정한 사랑의 그물이 지구를 가로 지른다. 미묘하게 빛나는 선들이 세상의 한쪽 끝에서 다른 쪽 끝까지 가는 망을 만든다. 이를 두고 신과학 운동의 거장 프리초프 카프라(Fritjof Capra)는 '생명의 그물'이라는 말을 사용한다. 즉, 이 세상의 모든 것들은 근본적으로 상호 의존하고 있으며, 자연이라는 전체의 순환적 과정들 속에 깊숙이 묻혀 있다는 것이다. 그러므로 우주는 생명의 그물 안에서, 모든 차이는 그 자체로 본질적인 가치를 가지며 서로 기대어 아름다운 일치를 이루는 존재들인 것이다.

이처럼 모든 사람들이 아름다운 삶을 살면 얼마나 좋을까!

제7부

# 직장 행복 만들기
# 작전 '11단계'

- 1단계 즐거운 직장 즐거운 행복
- 2단계 당신의 직업을 천직으로 생각하라
- 3단계 먼저 주어라! 그리하면 행복이 온다
- 4단계 막말은 하지마라
- 5단계 비교하지 마라
- 6단계 기쁨 주는 말, 상처 주는 말
- 7단계 행복의 가장 큰 적은 불평불만이다
- 8단계 배려는 행복의 원천이다
- 9단계 행복한 사람은 표정과 경청을 잘한다
- 10단계 행복한 세일즈맨
- 11단계 세일즈의 성공 비법은 유머다

# 즐거운 직장 즐거운 행복

난 직장에서도 늘 즐겁고 행복한 하루를 보낸다. 행복은 누가 주는 것이 아니고 내가 만들면 된다. 나는 회사 출근과 동시에 한바탕 신나게 웃고 나서 근무를 시작한다. 웃음이 끝나면 항상 직원 한 사람이 유머를 날린다.

"원장님, 큰일 났습니다."

"큰일이 일어났다구? 무슨 큰 일이 일어나?"

볼펜 한 자루를 세워 보이면서,

"보세요, 큰일이 일어났잖아요~."

그러면서 웃는다. 또 다른 직원이 이에 질세라 또 다른 유머를 날린다.

"원장님, 5대양 6대주가 어디 어디인 줄 아세요?"

"잘 모르겠는데….."

"5대양은 김양, 이양, 박양, 최양, 권양, 6대주는 소주, 맥주, 탁주, 양주, 고량주예요."

"뭐~라구?! 하하하하하~."

직원들과 한바탕 웃어댄다.

이와 같이 나는 직원들에게 매일같이 유머 한 가지씩을 발표하게 한다.

내가 웃음과 행복을 팔러 다니다 보니 직원들도 유머를 잘한다. 직원들과 한바탕 웃고 나면 일의 능률도 훨씬 더 많이 오르고, 즐겁고 행복한 직장생활이 되는 것이다.

한번은 사무실에 들어서는 날 보고 경리 아가씨가 "원장님, 남대문이 열렸어요" 하며 웃어댄다. 웃음과 행복을 팔러 다니는 사람이 이 말을 듣고 가만 있을 수는 없지 않은가?

나는 재빨리 "미스 김, 그때 혹시 에쿠스같은 큰 차 보았나?"

"에쿠스는 못 봤고요. 바람 빠지고 바퀴 두 개 달린 티코는 봤어요."

이와 같이 요즘은 직장에서도 즐거운 사내 분위기를 위해 서로간 웃음을 유발시킨다.


나는 직업이 '행복을 팔러 다니는 행복장수' 다.

난 처음부터 행복을 팔러 다니지 않았다. 열심히 웃으며 살다 보니까 나도 모르게 행복해진 것이다. 그리고 이 좋은 행복은 많은 사람들과 공유해야 한다고 생각하였다.

눈물과 함께 빵을 씹어 본 사람만이 인생의 맛을 알 수 있다고 했다.

나는 사업 실패로 자살 기도를 수 없이 하고 노숙자 생활을 통해 한 번밖에 없는 인생을 헛되이 보내기 싫어 웃으면서 다시 일어선 것이다.

내가 '행복'을 다루는 이 일을 하게 된 건 불행했기 때문이다. 어려운 일을 겪고 매일 고통 속에서 허우적거릴 때, 살기 위해서 웃음과 행복을 찾아낸 것이다.

웃을 일 하나 없는 상황을 탓하고만 있을 수는 없지 않은가!

'행복해서 웃는 것이 아니라 웃기 때문에 행복해진다.'

당신이 성공하려고 일부러 시간과 노력을 들여 운동을 하듯이, 행복해지려면 웃는 운동을 해서 긍정적인 에너지를 키워야 한다.

하루는 직원이 퇴근을 하며 이렇게 말하는 바람에 한바탕 웃고 말았다.

"집에 좀 다녀오겠습니다."

집에서 직장엘 다녀오는 것이 아니고 직장에서 집엘 다녀 온다구? 아마 그날따라 퇴근이 늦어지고, 회사에서 머무르는 시간이 길어지니 우스갯소리로 한번 해본 것 같다.

실제로 직장인이 하루 중 가장 많은 시간을 보내는 곳은 가정이 아니고 직장이다. 직장인들이 가정에 머무르는 시간이 길다 하지만, 대부분 잠자는 데 사용한다. 이럴 때 웃음과 행복이 없다면 감옥살이만큼도 못한 것이다. 그러니 직장 동료들은 가족이나 친척 못지않게 가까운 사람들이다. 직장에서의 하루가 행복하면 하루 종일이 행복해지고, 인생이 행복해질 수 있다. 그러나 직장에서의 하루가 고통스러우면 하루 종일이 고통스럽고, 인생이 불행해질 수 있다. 그러므로 지금 내가 몸담고 있는 직장을 천국이라고 생각하고 감사한 마음으로 행복하게 근무해야 한다.

어떤 사람이 집에서 빈둥빈둥 놀기만 하다가 직장암이 걸렸다고 한다. 아니 직장도 없는 놈이 직장암에 왜 걸렸는지 모르겠다. 하하하~.

남을 웃기는 사람보다 내가 먼저 웃어 주는 사람이 더 행복한 것이다. 내 직장의 동료나 부하 직원이 웃기면 기꺼이 웃어줘라. 그러면 당신이 행복해진다.

"부장님, 제가 유머 한마디 하겠습니다."

"그래, 한 번 웃겨봐."

"세계 콧구멍 크기 대회가 열렸는데요. 미국 사람이 콧구멍에서 자동차를 꺼냈더니 사람들이 열광했어요. 그 다음엔 일본인이 나와서 비행기를 꺼냈더니 사람들은 환호성을 지르며 난리였죠. 마지막엔 한국 사람이 나와서 너구리 2마리를 꺼냈어요. 사람들이 별거 아니라는 듯 우~ 우~ 했어요. 그러자 너구리가 말했어요. '어서 오세요, 여기는 롯데월드입니다~' 라고 했답니다. 어때요? 부장님, 웃기지요?"

뒤집어지게 웃어줘라. 그러면 당신이 행복하다.

직장이 즐거워야 가정에서도 행복하다. 직장생활 행복 지수는 직원들의 웃음에 비례한다.

기업 경영자라면 모두가 고객만족을 말한다. 그렇다면 고객만족의 원천은 무엇일까? 이에 대해 '직원 만족, 직장 행복'을 꼽는 경영자들이 많다. 내부 고객인 직원이 만족하고 행복해야 외부의 고객에게 만족스러운 서비스를 제공할 수 있으며, 결국 이것이 고객만족을 통한 지속가능한 성장으로 이어진다는 논리다.

그렇기 때문에 몇 년 전부터 국내 기업 CEO들도 '웃음경영', '행복경영' 등의 경영트랜드에 관심을 가지기 시작했다. 이는 효율성 높은 조직문화 구축에 따른 고객만족 극대화를 노린 방법론들 중 하나이기도 하다. 그렇다면 우리는 지금부터 늘 웃으면서 즐거운 직장, 행복한 직장을 만들어야 한다. 나도 열심히 행복을 팔러 다녀야겠다.

"행복사세요. 행복사세요!"

# 당신의 직업을 천직으로 생각하라

나는 어릴 때부터 남에게 웃음 주는 일을 천직으로 생각했다. 만 가지 재주를 가진 사람보다 자기가 제일 잘하는 일을 즐기고 그 일을 업그레이드 시켜서 발전시키면 가장 행복한 사람이 아닐까!

택시를 타고 가다 심심해서 운전기사님께 말을 걸었다.

"요즘 불경기라서 돈벌이가 좀 안 좋지요?"

기사님이 활짝 웃으면서,

"저는 돈 때문에 다닌다고 생각하지 않습니다. 바쁘고 급한 사람들의 손과 발이 되어 준다는 마음으로 운전을 하니까 즐겁습니다. 선생님도 급하셨으니까 제 차를 타셨지요? 맞지요? 사람들의 발이 되어주는 재미있는 놀이라고 생각하면서 일을 합니다."

참 행복한 기사님이라고 생각했다.

어느 자동차 정비공이 하는 일이 너무 힘들어서 일을 그만 두겠다고 말했다. 그러자 사장은 "자네가 자동차를 고치면 누가 좋아 하겠나?"

"그거야 차 주인이 좋아하겠지요."

"그럼, 차 주인이 이 고친 차를 타고 다니면 어떤 도움을 받는가?"

"그거야 사고를 미리 예방해 주니까 생명을 잃지 않겠지요."

"바로 그걸세. 자네는 차를 고치는 사람이 아니라 많은 사람들의 목숨을 잃지 않도록 해주는 일을 하고 있다네."

그 후 이 정비공은 사람들의 생명을 구해주는 보람된 일을 한다고 생각하니 즐겁고 힘들지 않았다고 한다.

이와 같이 자기의 직업관에 대하여 소신과 철학이 있다면 항상 사는 것이 즐겁고 일이 재미가 있어서 성과도 효율적으로 올라간다.

내가 하는 일도 그렇다. 청중들에게 원맨쇼, 성대모사, 각종 게임, 스토리 텔링, 유머를 해서 청중이 마음껏 웃고 행복감을 느끼는 것을 보면 더욱 열정과 자신감이 생겨서 즐거운 인생을 살고 있다는 걸 느끼게 된다. 이처럼 자신의 직업에 확실한 관념을 가지고 일하면 그 일 자체가 마치 놀이와 같아 즐겁게 할 수 있다. 내가 하고 있는 일을 하늘에서 내린 천직으로 생각하고 임해야 한다. 지금 당신이 하는 일이 짜증스럽고 힘든 이유는 바로 당신의 일에 대해서 투철한 철학이 없기 때문이라고 생각하라.

오늘도 많은 사람들을 즐겁게 해주었구나 생각하면 잠도 잘 온다. 난 웃음을 팔러 다니는 행복장수이므로 오늘도, 내일도 웃고 싶고 행복하고 싶은 사람은 또 나를 부른다.

재산이 아주 많은 위암 말기 환자가 밥을 맛있게 먹고 있는 거지에게 말했다.

"여보게, 나의 재산을 다 줄 테니 당신 위를 나와 바꿀 수 없소."

"나는 비록 가진 건 없어도 나의 튼튼한 위 덕분에 맛있게 먹는 것이 너무 행복합니다. 내가 거지라고 우습게보지 마세요. 이래 뵈도 스케줄이 바쁜 사람입니다. 요즘 장례식장에서 얻어먹는 일로 스케줄이 꽉 차 있습니다."

하하하하~.

여담이지만 이처럼 직업에 관계없이 자기의 하는 일이 즐거우면 행복하다.

이 지구상의 인구가 약 60억 명이 된다고 한다. 우리는 이 60억 가운데 한 생명체로 태어난 것이다. 이렇게 귀한 나의 가치관은 돈으로 환산할 수 없는 아주 귀한 존재이다.

귀한 나의 가치관을 아주 높게 생각하면 행복한 삶을 누릴 것이고 내가 별볼일 없는 존재라고 생각하면 정말 그렇게 되어 불행한 삶을 만나게 된다.

신은 우리에게 똑같은 24시간을 주었다. 어떤 사람은 '아니 저녁이 왜 빨리 안와 지겨워 죽겠네' 라고 생각하며 하루를 보내는 사람이 있고, 어떤 사람은 너무 즐겁게 시간 가는 줄 모르고 일하다 '아니 벌써 저녁이야!' 라며 아깝다 생각하는 사람이 있을 것이다. 나는 내가 하는 일을 하늘의 뜻으로 생각한다. 노인복지원, 재활원, 교도소, 군부대, 밤무대, 관공서, 기업체, 봉사단체 어디 할 거 없이 연락만 오면 무조건 달려가서 웃음과 행복을 준다.

그리곤 미리 철저하게 준비한다.

나는 돈이 인생의 전부가 아니라고 생각한다. 돈 욕심으로 나의 일생을 망치고 싶지 않다. 오히려 가난한 사람들이 더 행복하게 살고 있지 않은가? 바로 욕심이 행복을 파괴한다고 본다. 더 좋은 직장, 더 높은 직위를 원하기보다는 현재의 내가 하고 있는 일을 하늘의 뜻으로 알고 즐기면 그것이 곧 행복이다.

# 먼저 주어라! 그리하면 행복이 온다

내가 두 개를 얻을 마음이 있다면 한 개를 주어라.

나는 사람 한 사람을 사귀기 위해 자장면을 백 그릇을 사준 적도 있다. 성공한 사람의 이야기를 들어보면 가장 중요한 것이 인간관계라고 한다.

나는 인간관계에서 모든 것이 다 중요하지만 관심과 배려라고 생각한다. 배려라는 것은 돈으로 하는 배려보다는 마음의 배려가 진정한 배려이다.

나의 경우, 만나는 사람에게 명함을 주면서도 재미있는 유머를 마음의 선물로 준다. 또 어려운 곳에는 그 사람들에게 웃음과 행복을 주기 위해 무료 강의도 많이 해주었다. 그로 인하여 나에게는 많은 행복의 변화가 왔다.

이와 같이 내가 먼저 배려하면 그것은 부메랑이 되어 나에게 행복으로 돌아오는 것이다.

행복하게 살려면 사람을 많이 사귀어라.

내가 어려울 때, 힘들 때, 위기에 닥쳤을 때, 바로 사람이 도와주는 것이다. 그래서 사람이 재산이라는 말이 있지 않은가!

‘내가 힘들게 번 돈을 왜 남을 줘? 나 먹고 살기도 바쁜데 누굴 도와줘요?’

그건 절대 모르고 하는 말이다. 천만의 말씀 만만의 콩떡이다.

배려하는 걸 내가 손해를 보고 희생하는 것으로 생각하면 안 된다. 내가 배려한 만큼 반드시 행복으로 돌아오는 것이다. 내가 배려하다보면 그만큼 일도 더 열심히 하게 되고 인간관계가 맺어지는 것이다.

내가 많은 사람들에게 유머 기법과 행복하게 사는 법을 가르쳐 주겠다는 광고를 냈었다.

처음엔 사람들이 ‘무슨 꿍꿍이속이 있겠지, 왜 무료로 가르쳐 줘’ 하며 의심의 눈초리를 보냈다. 차차 그 사실이 진실임을 알게 되자, 많은 사람들이 몰려 왔다.

내가 무엇을 바라고 배려하면 안 된다. 배려하다보면 좋은 일도 나에게 오는 것이다.

노래도 있지 않은가? ‘네가 만약 괴로울 때면 내가 위로해 줄게. 네가 만약 슬플 때는 내가 기뻐해 줄게. 나는 너의 영원한 형제여. 나는, 나는 너의 기쁨이요~.’

배려하고 웃다 보면 행복이 오는 것이다.

아하하하~. 하품을 해도 웃고 에헤헤헤~. 헤어져도 웃고 오호호호~. 호탕하게 웃고 우후후후~. 후련하게 웃다보면 없던 복도 굴러오고 행복도 오는 것이다.

얼마 전의 일이다. 늘 남에게 배려하고 사셨던 김수환 추기경님이 별세하셨다는 뉴스 속보가 나오기 시작했다.

온통 사회는 정신적인 큰 지도자를 잃어버린 슬픔에 휩싸였다. 넉넉한 미소의 생전 모습에 슬픔이 더했다. 전국에서 몰려드는 조문 행렬이 명동성당을 향해 길게 늘어섰고 애도의 메시지가 가슴으로 전해 왔다. 영하의 날씨지만 밤새워 몇 시간을 기다려 문상하는 그 행렬은 오

로지 김수환 추기경님의 생전의 삶을 존경하여 애도하는 마음의 순수함 그 자체였다. 모두가 동감하며 스스로 이루어내는 추모 행렬이었다.

"태어날 때는 혼자 울고 주위 사람들이 모두 웃지만, 죽을 때는 혼자 웃고 주변 사람들 모두 울게 하는 삶을 살아라"라는 말씀이 고 김수환 추기경님의 삶에 대한 우리들의 깨달음이었다.

그분은 사는 동안 정의를 위해 싸우고, 욕심도 없었고, 가진 것도 없이 남에게 오직 배려하면서 살다 가셨다. 세상에는 오직 생전에 기증한 두 눈과 "사랑하라, 고맙습니다"라는 소중한 말씀을 남기고 떠나셨다. 우리의 가슴에 큰 감동을 주셨고, 벌써 그리워지는 것이다. 한 평생을 남을 위해 살다 가신 위대한 분이다.

죽고 난 후에 성직자 김수환 추기경님처럼 생전의 삶이 다시 빛나고 모든 이에게 존경을 받는 삶을 살 수 없을까?

수없이 많은 사람이 죽음이라는 이름으로 이 세상을 떠난다. 과연 그런 분이 우리 역사에 몇 분이나 될까?

어느 한 분이 겨우 65세를 조금 넘기고 암으로 1년여 동안 투병하며 고생하다 돌아가셨다. 옛날 같으면 그 나이를 두고 장수했다고 말할 수 있지만, 요즘은 너무 일찍 죽은 것이다. 그는 정말 억울하고 아쉬운 생을 마감하였다. 다른 사람들이 그의 죽음을 애도하기보다는 겨우 그렇게 빨리 갈 것도 모르고 남을 배려할 줄도 모르고 돈에 벌벌 떠는 구두쇠로 살다가 죽느냐고 비아냥이다. 돈이 무척 많은 부자이면서 이웃을 위해 베풀 줄 모르고 살았다고 죽은 사람에 대하여 비난의 목소리가 들린다. 왜 그렇게 모자라는 삶을 살다가 갔을까? 좀 더 멋있게 살다가 죽을 수는 없었는가? 왜 그렇게 구두쇠로 살았는지 이미 죽은 사람에게 물어볼 수야 없는 일이지만 이제부터라도 우리는 이 세상 떠나고 난 뒤, 살아 있는 사람들이 죽은 이에게 던지는 말을 한 번쯤 생각하며 살아갈 일이다.

당신이 정말 행복한 삶으로 즐겁게 인생을 살다 가고 싶다면 소유하는 재산도, 소장품도, 지식도, 기술도 너그럽게 아낌없이 나누어 주고 가야 한다. 그것을 가족에게 또는 자녀에게만 주고 가겠다고 몸부림치다가 갑자기 돌아가니까 비난이 쏟아지는 것이다.

알량한, 쥐꼬리만 한 지식을 가지고 나 혼자 알고 떠들고 즐기다가 가면 무슨 보람이 있겠는가. 나 역시 강의와 모임을 통해 기회가 되면 가슴속에 담아 두었던 이야기를 학생들과 모두에게 남김없이 토해내고 가야 한다. 친구나 후배들을 만나면 저녁식사 값 먼저 내고, 신세지고 고마운 분에게 차라도 한 잔 배려하라.

부모는 자녀에게 배려하고, 남편은 아내에게 배려하고, 아내는 남편에게 배려할 줄 알아야 한다.

덕을 쌓으려면 마음과 지갑을 열라는 말이 있다.

남보다 지식과 지위와 돈을 좀 더 가졌다고 자랑할 것이 아니라, 더 큰 삶의 가치를 창조하려면 먼저 그것을 이웃과 지역사회에 나누고 배려할 줄 알아야 한다.

어차피 누구나 살다 가는 인생, 구두쇠로 인색하게 누구에게도 도움을 주지 못하는 삶보다는 균형 감각을 지니고 이웃에게 모든 것을 나누어주고 배려하면서 살자. 그래야 한평생 삶에 대해 모든 이가 존경하고 그의 죽음을 진실로 애도할 것이다.

복 중에 많은 복이 있지만 그 중에 가장 행복한 복이 또한 '죽음복'이 아닐까 생각한다.

90세가 되신 고령자의 장례식에 갔더니 조문객 중에는 나이가 많으신 분들이 상당히 많았다. 아마 고인의 친구나 후배 되시는 분들 같다. 얼마나 아름다운 죽음인가?

# 막말은 하지 마라

부부가 같이 살면서 관 속에 들어갈 때까지 어떤 일이 있어도 막말은 해선 안 된다. 말이 씨가 된다는 말이 있지 않은가?

어느 두 부부가 모처럼 노래방엘 갔는데 하필이면 그 많은 노래 중에,

'아~~, 사랑은 이제 그만. 잊지 못할 사랑은 이제 그만~.'

'잘~있어요, 잘 가세요. 인사만 했었네~.'

서로 이 노래 한 곡씩 부르고 헤어졌다고 한다.

이와 같이 막말은 행복을 깨트려버린다. 더욱 문제가 심각한 건 사회 지도층이라는 사람들이 막말을 한다.

"지 에미 애비가 죽어도 그 짓거리를 하겠느냐."

"분향하기에 더욱 아늑하다."

정부도 툭하면 '법과 원칙에 따라 엄중히 처벌할 것'이라 한다. 이건 소통이 아니라 호통이다. 최근 우리 사회엔 상처를 후벼 파고 소금 뿌리고 사포로 문지르는 말이 너무 많다. 인사라고 던지는 말이 "자네, 어디 아파? 안색이 안 좋아."

아무 일 없던 사람도 이 말을 들으면 갑자기 아파지기 시작한다. 개업 집에 가서도 "요즘 불경기라던데, 김밥집이 잘될까? 하여튼 축하

해.” 그 말에 ‘김밥천국’이 ‘김밥지옥’이 되어버린다.

특히, 부부가 같이 살면서 사소한 말끝에 “이젠 더 이상 못 살겠어”라는 막말은 하지 말자. 그러다 정말 헤어지면 그보다 더 좋은 배우자를 만날 수 있겠는가. 차라리 못살겠다는 말 대신에 “적응하기 힘들다. 살아가기 점점 어렵다”고 말을 하라. 어른들은 서로 좋아서 만나고 싫어서 헤어지지만 아이들의 충격은 평생 남게 된다. 많은 부부가 성격 문제, 남편의 도박, 폭력 등으로 헤어지게 되는데, 이것은 서로 노력하면 얼마든지 고칠 수가 있다.

부부가 처음에는 누구나 ‘너 없이는 못살아’ 하며 살다가 ‘너 때문에 못살아’로 바뀐다.

처음 만나서 데이트할 때 남자가 “뭘 드시겠어요?” 하면 수줍어서 “아무거나요” 그럼 남자가 소리친다. “여기 갈보 둘 주세요.”(갈보 = 갈비탕 보통 2)

또 남자가 자장면을 시키면 “저두요.” 그러나 어느 정도 살다보면 서로 다투기 시작한다. 남자가 자장면을 시키면 여자는 “나는 짬뽕 주세요.” 남자가 “냉면 둘!” 하면 “왜 당신 맘대로 시켜요? 물어보지도 않고!” 하며 쏘아붙인다.

말은 한 번 해 놓으면 다시 담을 수가 없다. 내가 지금 아내와 행복하게 사는 이유인즉, 아무리 말다툼을 해도 지난 과거 이야기나 신체적인 험담을 하지 않기 때문이다.

사실 나의 얼굴은 전 세계 여성들이 거부하는 얼굴이다.

다방에 붙어있는 현상수배범 얼굴과 비슷하다. 그렇지만 아내는 아무리 화가 나도 “당신, 왜 이렇게 못생겼어”, “당신, 왜 이렇게 돈도 못 벌어”라는 말 대신에 “당신, 어쩜 가수 비와 똑같이 눈, 코, 입, 귀가 제 자리에 딱 박혀있네”라고 유머러스하게 말을 한다. 또 내가 돈을 못 벌어올 때는 “여보, 돈 걱정하지 마세요. 내일부터 내가 몸 팔러 다니면 되니까!"라고 또 나를 웃게 만든다. 어디 그 뿐인가. 아주 심하게 다툴 때 내가 물건이라도 집어던지면 아내가 그 물건들을 주우면서 "오랜만에 날 운동하게 해줘서 고마워요"라고 한다. 그렇기 때문에 말다툼을 해도 다시 사는 것이다.

이와 같이 우리는 '너 때문에 못 살아' 대신 '당신 덕분에 살아' 로 고치면 된다.

이 세상에 100% 완벽한 인간이 어디 있는가. 얼마든지 고쳐서 쓸 수가 있다. 이제부터라도 '끝장이야' 대신 '시작이야' 로, '못 살겠어' 대신 '살고야 말거야' 로, '지겨워 죽겠어' 대신 '너무 좋아 죽겠어' 로, '꼴도 보기 싫어' 대신 '볼수록 귀여워라' 로 말을 고쳐보자. 그야말로 행복한 삶이 될 것이다.


들꽃이 싱글벙글 피고 있다. 단풍나무가 하하하 물들고 있다. 시냇물이 깔깔깔 흘러가고 있다. 새가 히죽히죽 날아가고 있다. 나비가 호호호 날개를 펄럭이고 있다.

힘들어도 우리 웃고 살자. 이 땅에 존재하는 모든 만물 중에 사람만이 웃고 살아간다. 칭찬하는 사람은 언제나 마음의 여유가 있다. 마음의 여유가 없으면 불가능하고 노력하지 않으면 잘 안 된다. 사랑도 좋은 것이기에 희생하는 노력이 필요하고, 봉사도 자신을 쳐서 복종시키는 아픔이 있어야 제대로 감당할 수 있는 것이다.

같이 살아가면서 아무리 화가 나도 막말을 하지 않고 오히려 이것을 웃음으로 만들 줄 아는 사람이야말로 멋쟁이 중의 멋쟁이다. 왜냐면 웃음은 곧 행복을 표현하는 방법이기 때문이다. 우리 인간은 흐르는 세월 속에서 대략 80년 정도를 살게 되는데 남자들은 성질이 급해서 일찍 죽고, 여자는 그 이상을 사는 사람도 많다.

어느 노부부가 80년 동안 하루도 빠짐없이 떨어지지 않고 같이 지냈다고 한다. 이렇게 오랜 세월을 같이 산 비결이 뭐냐고 묻자, 노부부는 이렇게 말했다고 한다.

"별거 아닙니다. 우리는 말을 딱 두 마디만 하면서 살았어요."

그 말은 '미안해, 사랑해' 라고 한다.

어느 날 내가 강의를 마치고 가려는데 어떤 여자 분께서 면담 요청을 했다.

"원장님, 제 남편은 돈을 벌 줄 몰라서 제가 새벽에 우유배달과 파출부 일을 해서 먹고 삽니다. 남편이 돈을 못 벌어 도저히 못 살 것 같아요. 어떡해야 합니까?"

이 말을 들은 나는 이렇게 답변했다.

"그럼 남편이 집에 가만히 있습니까?"

"아닙니다. 청소는 하지요. 또 밥도 할 줄 압니다. 집에 들어와 보면 밥은 해놓았어요."

"그럼 아이들은 누구하고 낳습니까? 사랑은 해줍니까?"

"아이들은 당연히 이 남자하고 낳았지요."

"그럼 됐습니다. 남편이 단지 돈만 못 벌어 오는 것뿐이지 밥도 할 줄 알고 청소도 하잖아요. 돈 못 버는 남편 심정은 오죽 하겠어요. 같이 사시는 편이 훨씬 낫습니다. 요즘도 밥하고 바람 피우는 남자가 얼마나 많아요. 그것도 사모님의 행복입니다."

이렇게 설득한 몇 년 후, 소식을 들으니 행복하게 잘 살고 있다고 한다.

그렇다. 우리가 행복해지려면 아주 쉽다. 카드란 박사는 이렇게 말했다.

"지금 가지고 있는 많은 재산은 행복이 아니다. 서로 시시비비 가리지 않고 존중하며, 막말하지 않고 이 순간에 웃는 것이 가장 큰 행복이다"라고 했다.

나는 강의 도중에 청중들과 우스갯소리를 많이 하는 편이다.

남편을 10년에 한 번씩 바꿔가며 살면 좋겠다고 말을 해서 청중에게 맞아 죽을 뻔했다. 그 이유인즉, '무슨 10년이냐, 3년에 한 번씩은 바꿔야지' 라는 것이다.

하하하하~. 물론 웃자고 하는 소리지만!

이 세상에서 가장 가까운 사람은 부모, 자식, 친구, 친척이 아니라 부부이다.

나도 모르게 내뱉는 막말! 야, 너, 네가 등과 시집, 처갓집 헐뜯는 이야기, 살아온 과정 등에서 화근이 된다.

지금까지 부부에 대한 모든 조사에 의하면 '여보, 당신' 이라는 말을 가장 듣고 싶어하는 것으로 나타났다. 이제부터라도 서로 막말하지 말고 존중하고 살기를 바란다.

독소유게소

애타게 기다리던 첫 아이를 본 맹구가 한숨만 푹푹 쉬고 있었다.
이를 이상하게 여긴 맹구씨 아내,
"이렇게 기쁜 날, 왜 땅이 꺼져라 한숨만 쉬고 있는 거죠?"
"음, 그게 말이야…. 아무래도 우리 아이는 우유로 키워야 될 것 같아."
"무슨 소리예요? 의사 선생님이 말했잖아요! 모유가 아기에게는 최고라고."
"하지만… 의사 선생님이 아기 입에 들어가는 건…."
"무조건 펄펄 끓이라 했잖아!!…쒸…."

# 비교하지 마라

사람들은 태어나면서부터 회사에서나 가정에서나 남과 비교하며 끊임없는 경쟁이 시작된다. 바로 그 비교가 불행의 씨앗이 되는 줄을 전혀 모르고 나도 모르게 말을 함부로 하는 경우가 많다. 저 여자는 왜 나보다 예쁠까? 저 사람은 왜 나보다 잘 생겼을까? 저 사람은 왜 노래를 잘할까? 저 사람은 왜 잘 웃길까? 이와 같은 사람이라고 해서 행복한 것은 절대 아니다.

비교를 아주 잘하는 어머니가 자식 몰래 써놓은 글을 아들이 발견했다.

아들은 사춘기가 되면 남남이 되고, 군대에 가면 손님이 되고, 장가 가면 사돈이 된다. 아들을 낳으면 1촌, 대학 가면 4촌, 군대 다녀오면 8촌, 장가가면 사돈의 8촌, 아이를 낳으면 동포, 이민 가면 해외 동포, 딸 둘에 아들 하나면 금메달, 딸만 둘이면 은메달, 딸 하나 아들 하나면 동메달, 아들 둘이면 목 메달, 장가간 아들은 '희미한 옛 사랑의 그림자', 며느리는 '가까이 하기엔 너무 먼 당신', 딸은 '아직도 그대는 내 사랑.' 자녀들을 모두 출가시키고 나면 아들은 큰 도둑, 며느리는 좀 도둑, 딸은 예쁜 도둑….

이 글을 읽은 아들은 울분을 참지 못하고 가출을 하여 평생 집에 안 들어 왔다고 한다.

아무리 요즈음 아들보다 딸을 선호하는 시대라지만 이런 식으로 비교해서는 안되겠다. 어려서부터 엄마는 남의 자식보다 좋은 것을 먹이려 하고 입히려 한다. 또한 청소년 시기에는 남보다 좋은 학교에 가야 하고 남보다 많은 학원을 보내려고 한다. 과연 그렇게 해준다고 자녀들이 행복할까? 그것뿐인가? 사회에 나와서는 남보다 타고 다니는 차가 좋아야 하고, 집도 좋아야 하고, 또한 배우자도 남보다 나아야 된다고 생각한다. 그렇게 남보다 나은 사람이 진정 행복한 사람일까? 그런 사람은 끝없이 남과 비교하며 계속 쫓기며 살아야 할 것이다. 그래서 여지없이 '비교는 불행의 씨앗' 이라고 한다.

잘 사는 사람이라 해서 행복한 것은 결코 아니다. 만약 그렇다면 잘 사는 사람은 우울증에 걸리지 말아야 하며, 스트레스 역시 받지 않아야 하며, 절대로 자살을 하지 않아야 한다. 그러나 현실은 어떤가? 가난한 사람이 오히려 행복하게 사는 경우를 우리는 수도 없이 보아왔다.

개그맨 이홍렬 씨의 말이다.

"누구랑 비교하는 순간 불행은 시작돼요. 요즘 아침 일찍 일어나서 차 몰고 방송하러 오는 길이 얼마나 행복한데요. 그냥 하는 말이 아니라 정말 행복하고 감사하게 하고 있어요. 어머니가 인덕을 물려주신 것 같아요. PD 복도 있고, 작가 복도 있고. 네 달 동안 얼마나 즐겁게 지냈는지 몰라요."

'즐거운 것을 하는 게 좋다' 는 그는 스스로 목표까지 세워뒀다. "첫 번째 목표는 〈라디오쇼〉가 자체 1위를 하는 거예요. 오전 10시대가 다른 시간에 비해 시청률이 떨어질 수 있어요. 하지만 광고는 중요하지 않아요. 음식이 맛있으면 광고 전단을 돌리지 않아도 사람들이 찾아오거든요"라고 한다.

최근 '사촌이 땅을 사면 특히 배가 아픈' 사람은 더욱 불행하고 자살 위험도 높아지는 것으로 나타났다. 얼마 전 유럽인들의 생활 환경 조사 결과 비교 의식이 클수록 만족도는 낮았고, 특히 소득을 비교하는 사람은 질투심 때문에 두 배나 더 불행한 것으로 나타났다. 유럽인의 75%가 소득 비교를 중요하게 여기고, 가난한 사람일수록 더 잘 비교하지만, 같은 월급을 받아도 월급여액 비교에 연연하는 사람은 삶에 대한 만족도가 떨어졌다고 연구진은 밝혔다. 아이들이 자라면서 부모로부터 받는 마음의 상처는 '핀잔' 과 '비교' 다.

'형처럼만 해봐라' 거나 '동생보다 못하냐?' 는 핀잔을 받게 되면 '부모의 편애' 에 반발심이 생긴다. 열 손가락 깨물어 안 아픈 손가락 없듯이 부모 입장에서는 자식 사랑이 똑같다 할지 몰라도 핀잔 받는 아이의 서운함은 쉽게 치유되지 않는다. '엄마 친구 아들은 착하고 전교 1등이라는데 넌 뭐냐?' 하고 비교하면 자존심이 구겨지고 열등감에 빠지게 된다. 똑똑한 젊은 엄마들도 툭하면 남의 자식과 비교하여 아이들의 심사를 뒤틀어놓기 일쑤다. 입장을 바꿔 자식이 '친구 엄마는 예쁘고 돈도 잘 벌어 용돈을 많이 준다는 데' 라고 반격하면 엄마도 뒷골이 뻣뻣해질 게 틀림없다. 지나치게 남과 비교하면 불행의 불씨가 되어 마음의 병이 된다. '남의 떡이 더 커 보인다' 는 속담처럼 남의 장점은 돋보이고 나의 단점만 극대화되어 '나만 못난 것이 아닌가' 하고 자괴감에 빠진다. '위를 보고 살지 말고 내려다보고 살라' 는 옛말은 비교 스트레스에 빠지지 말라는 평범한 생활의 지혜다. 인생의 가장 큰 비참함은 '비교' 로부터 온다. 비교란 인간이 선택할 수 있는 가장 어리석은 행동이다. 그래서 비교란 '자살폭탄' 과 같다.

어떤 사람이 버스를 타고 가는데 차가 전신주에 부딪혔다. 그래서 다리가 부러졌다. "아이, 재수 없어. 왜 나만 다리가 부러져." 다시 버스 안을 둘러보니 다른 사람들은 다 죽어 있다. 이 버스 안에 살아있는 사람은 나밖에 없다. 사람이 다 죽었는데 나는 다리만 부러졌지, 멀쩡

한 것이다. 구사일생이란 이런 것이고, 운수대통이란 것이 이런 것이다. 내가 주위의 다른 사람보다 상황이 좀 나아보이면 행복하다고 하고, 주위의 다른 사람보다 상황이 안 좋으면 불행하다고 한다. 이러한 것은 남과 비교하는, 과욕을 버리지 못하기 때문이다. 과욕을 버리지 못하면 평생 불행에서 벗어날 수 없다. 욕심은 끝이 없기 때문이다. 부정적인 사고방식을 가지고 있기 때문이다. 부정적으로 나쁘게 생각할수록 나 자신만 괴롭고 불행해지기 마련이다. 자기는 노력하지 않고 부모 형제에게 의지하려고 하기 때문이다. 그러다가 이루어지지 않으면 불만을 가지게 되고 불행하다고 생각하게 된다. 남과의 비교에서 많은 불행을 초래하게 된다. 내 분수는 생각지 않고 늘 나보다 나은 사람, 나보다 나은 가정만 비교하다 보니 나는 작아지고 상대적 불행함을 자초하게 되기 마련이다. 특히, 자기는 베풀 줄 모르면서 늘 받는 것만 생각하기 때문이다.

내가 조금 남보다 부족하다고 해서 비교를 하면 결국 자신감을 잃고 열등감에 빠져 불행을 자초한다.

말기암에 걸린 할머니 집에 도둑이 들어왔다.
도둑 : 조용히 하고, 있는 돈 다 내 놓으면 목숨은 살려 주겠다.
그러자 할머니가 도둑의 뺨을 후려치면서,
"야, 의사도 못 살리는 내 병을 네가 어떻게 살리냐!"

# 기쁨 주는 말, 상처 주는 말

길을 걷다보면 '고객의 기쁨이 저희들의 행복입니다' 라는 글을 많이 보았을 것이다. 이 말을 나는 '남편과 아내의 기쁨이 나의 행복' 이라는 말과 같은 것으로 본다.

아침에 기분이 좋으면 하루 종일 기분이 좋듯이 기쁨을 주는 말 한마디가 하루의 기분을 좌우한다. 나는 강의 다닐 때 주로 대중교통을 많이 이용한다.

한 번은 너무 바빠서 택시를 탔다. 운전기사님이 길을 몰라 네비게이션으로 목적지를 찾아 가는 도중 기사님이 박하사탕 한 개를 먹으라고 주었다. 나는 그 박하사탕을 얼마나 맛있게 먹었는지 모른다. 또 입안이 개운하고 기분이 상쾌하였는데 목적지에 도착을 하니 손수 뒷문까지 열어 주었다. '우리나라에도 이런 친절한 기사님이 있구나' 생각하며 나는 그날 하루 종일 기분이 좋았다.

사람은 이렇게 그날 하루 누구를 만나느냐에 따라 기분이 좋아질 수도 나빠질 수도 있고, 불행해질 수도 있고 행복해질 수도 있다.

머슴은 주인을 잘 만나야 일이 편하고, 여자는 남편을 잘 만나야 행복하다는 말이 있다. 말 한마디에 하루의 기분이 좌우되므로 상대방에게 상처를 주는 말인지 기쁨을 주는 말인지 미리 잘 생각해서 해야 한다.

세치 혀에서 나오는 말 한마디가 사람을 죽일 수도 있고 살릴 수도 있다. 혀는 뼈처럼 단단하지는 않지만 뼈를 부러트릴 수 있는 힘을 가지고 있다. 그래서 말 한마디에 천 냥 빚을 갚는다는 말이 있고, 가는 말이 고와야 오는 말이 곱다는 말이 있는 것이다.

내가 욱 하는 성질을 죽이고 좋은 말 한마디만 하면 10년의 행복이 보장된다.

예를 들어 남편이 와이셔츠에 립스틱을 묻히고 왔어도 한 눈을 지그시 감아라. 그리고 자기의 눈을 빼고 시어머니 눈으로 보면 오히려 남편이 사랑스럽게 보인다.

'그래도 이놈이 사내 구실은 하는구나….'

또 남편의 잘함에는 두 눈을 크게 뜨고 맞장구 쳐주고 남편의 호주머니는 뒤지지 말아라. (현장에서 걸리면 현행범이다) 남 앞에서는 남편의 위신을 세워줘라. 으쓱으쓱!

그리고 남편에게 친절하라. 서비스가 좋아야 남편을 사로잡을 수 있다. 또 남편이 올 때까지 절대 자지 마라. (먼저 자면 하숙집 아줌마다)

남편이 화가 났을 때 침묵은 황금이고 맞잡아 치면 자살골이다.

또 요즘 자식은 가까이 하면서 남편을 멀리하는 주부가 많은데 자식은 출가하면 가끔 만나지만 남편은 죽는 날까지 함께 있는 사람임을 명심하라.

회사에서 야근을 하고 늦게 들어와서 "여보, 나 밥 좀 줘"라고 하니 "여보, 밤늦게 먹으면 안 좋아요. 과일 먹고 자요." 이때 아들이 과외 공부 끝나고 들어오면서 "엄마, 밥줘" 하니 "응, 그래. 배고프지. 조금만 기다려 얼른 차려줄게" 하는 것이 아닌가! 이게 얼마나 웃기는 짬뽕 같은 말인가? 이로써 남편은 상처를 받았다.

난 사랑이란 서로 한 사람이 사랑하는 것이고, 그외에는 바람이라 생각한다.

텔레비전이나 세탁기도 고쳐 쓰는데, 하물며 부부가 살면서 서로 좀 미운 점이 있다면 고쳐 살면 되지 않는가!

이 세상에서 가장 행복해야 할 사람은 그대 그리고 나다.

가정이란 가족이 서로 따뜻한 보금자리를 만드는 곳이다. 항상 웃음이 묻어 나와야 한다. 인간이나 동물이나 화를 먼저 내는 사람이 지는 것이다.

전 세계를 깨끗이 하고 싶으면 자기 집 앞부터 쓸어라. 마음을 조금씩 넓혀 가면 상처받은 사람도 위로가 된다.

인생은 누에고치와 같다고 한다. 몸체는 8센티밖에 안 되지만 수십 미터의 실을 뽑아낼 수 있다. 씨앗에서 싹이 틀 때는 수십 배의 힘이 솟아난다.

살면서 서로 위로해 주는 말 한마디가 행복의 느낌을 맛볼 수 있다. 부부의 사랑은 일회용 냄비가 되어서는 안 된다. 서로 퍼줘도, 퍼줘도 끝이 없는 가마솥 사랑이 되어야 한다.

나는 사랑하는 나의 아내와 남의 집 셋방살이로 20년이나 돌아다녔다. 어느 집에 가면 신혼부부가 많이 살기 때문에 애들이 있으면 시끄러워서 방을 못 주겠단다. 그럼 난 큰소리로 한마디 한다.

"우리가 시끄러워? 신혼부부가 더 시끄럽지!"

이렇게 한바탕 소리치면 속이 후련해진다.

힘들고 어려운 시절에 서로 "여보, 내가 있잖아. 내가 도와줄게."

이 따뜻한 말 한마디로 오늘날의 행복으로 지속되고 있다.

바라건데 가정이 행복하려면 가끔 아내 앞에서 깜짝쇼를 하라. 작은 선물이라도 상관없다. 아내는 감동을 받는다.

이 세상에 자기 입에 맞는 떡이 항상 있는가? 세상에 내 입 안의 혀처럼 해줄 사람은 없다.

내가 싱글벙글 웃으며 퇴근하면 아내도 싱글벙글 전염된다.

가장 중요한 것은 서로 상처주는 말은 하지 말자.

"뭘 먹고 이렇게 살이 쪘나?"

"당신 엉덩이를 보면 김장독이 필요 없군."

"멸치 사촌인가? 왜 이렇게 빼싹 말랐지?"

"이런 미련 곰탱이 같으니…."

"친정 가서 AS 받고 와. 저런 거 낳고 미역국 먹었겠지?"

"음식 좀 맛있게 해봐. 도대체 음식이야 사료야?"

"애들이 당신보고 뭘 배우겠어?"

이러한 상처주는 말은 같이 살지 않겠다는 것과 똑같은 것이다.

아내 역시 남편에게 상처주는 말을 해서는 안 된다.

"꼴값 떠네", "놀구 있네", "아이구 지겨워", "나가 죽어라. 이걸 돈(월급)이라고 가져오냐?"

"술 좀 작작 마셔라. 그 돈 나한테 주면 10배는 불려 줄 거다."

이것만은 꼭 알아두자. 남편에게, 아내에게 서로 친절하라.

남편은 마지막 하루처럼 아내를 사랑하라. 또한 아내는 남편에게 서비스(?)를 다하여 사로잡아라. 부부 서로의 따뜻한 키스와 포옹이 행복의 특효약이다.

**통신휴게소**

목사가 너무 지루하게 설교를 하자, 신도들이 거의 졸고 있었다.

이때 뒤에서 어린아이가 엄마에게 물었다.

"엄마, 아직도 주일이야?"

# 행복의 가장 큰 적은 불평불만이다

보통 불평불만이 많은 사람이 너무 소심하고, 이기적이고, 앙심을 품는 경우가 많다.

얼마 전에 남대문을 불질렀던 끔찍한 사건을 보았을 것이다. 이 사람은 하루도 빠지지 않고 나라에 대한 불평불만을 했다고 한다.

이렇게 불평불만의 습관을 가지게 되면 자기 아내가 화장하는 것만 봐도 의심한다고 한다.

인간은 하나님에게 왜 장미에 가시가 있는지를 불평한다고 한다. 반대로 가시 속에 장미가 피어난다는 것을 하나님께 감사하다고 생각하는 편이 더 나을 것이다.

쇼펜하우어는 이렇게 말했다.

"어떤 사람에게는 세상은 재미없고 피상적이고 지루할 것이다. 그러나 어떤 사람에게는 세상이 흥미롭고, 소중하고, 의미가 있을 것이다."

아무리 상대가 나보다 나아도 이것을 불평하지 않고 반대로 생각하면 그것처럼 행복할 수가 없다. 만약 내가 키가 작아 불평이라면 하늘에서 재면 내가 제일 크다 생각하고, 배가 나왔다고 하면 이 건 배가 나온 게 아니라 가슴이 밑으로 흘러 내렸다고 생각하라.

사람 욕심은 끝이 없다.

서면 앉고 싶고, 앉으면 눕고 싶고, 누우면 자고 싶은 것이 인간의 마음이다.

한 주부님께서 나에게 자신의 가정 이야기를 털어놓았다.

아들이 너무 말을 안 들어 속상해 죽고 싶단다. 도대체 뭐가 불만이냐고 물으면, "내가 지금 고등학생인데 왜 만날 엄마는 초등학생 취급하세요. 저도 알 거 다 안단 말예요."

자초지종을 말해 주면 엄마하곤 말이 통하질 않는다며 답답해서 자살 충동까지 느낀다는 것이다.

"그럼, 아드님이 꿈은 있습니까?"

"그럼요. 꿈 없는 아이가 어디 있어요?"

"그럼, 공부는 열심히 하는 편입니까?"

"공부도 잘 하지요. 공부벌레처럼 공부밖에 몰라요."

"그럼 아드님 하는 일에 일체 간섭을 하지 마세요. 오히려 간섭했던 것이 화근이 됐습니다."

그 후 이 주부님으로부터 전화가 왔다. 내 말대로 했더니 말을 잘 듣는다는 것이다. 아이가 반감을 가질 때 무조건 어린아이 취급만 할 게 아니라, 무엇이 불만인지를 확실히 알아서 거기에 맞게 처방해 주어야 한다.

사람은 울면서 태어나, 불평하며 살다가, 실망하며 죽는다.

사람에 따라 각자 잘하는 것과 못하는 것이 있지만, 모두가 다 잘하는 것을 꼽으라면 아마 '불평'일 것이다. 불평의 근원은 만족하지 못하는 마음이다. 만족하지 못하는 것이 습관이 되면 불평도 습관이 된다. 물론 사람이 살아가는 동안 불평이 없을 수 없다. 이제까지 세상은 무언가에 '불만족' 한 사람들이 그 부분을 개선해 가면서 발전해 왔기 때문이다. 사실 변화는 불만으로부터 시작된다. 변화는 당신과 같은 누군가가 실제로 일어나고 있는 일과 원하는 일 사이의 간극을 보게 될 때 시작된다. 하지만 불평 자체는 문제를 해결하는 데 아무 도움이 되지 않는다.

세상이 처음 생겨날 때 창조자는 많은 고민을 하며 동물과 식물을 만들었고, 들과 산과 바다를 만들었다. 하지만 새들만 유달리 불평을 털어놓았다.

"다른 동물에게는 튼튼한 다리를 주면서 왜 우리에게는 젓가락처럼 가느다란 못생긴 다리를 주는 겁니까? 또 다른 동물들에게는 튼튼한 팔을 주면서 왜 우리에게는 양 어깨에 날개라는 무거운 짐을 주는 겁니까?"

창조자는 빙그레 웃으며 말했다.

"너희들이 무거운 짐이라고 하는 날개를 양쪽으로 펴보아라."

독수리가 맨 먼저 무거운 짐으로만 여겼던 날개를 펴보았다. 그리고 힘을 주자 놀랍게도 하늘로 나르는 것이다. 다른 새들도 날개를 펴자 훨훨 날아올랐다. 알고 보니 새들만이 하늘을 날게 하는 축복의 날개였다.

이와 같이 우리들 삶에는 불평과 불만이라는 장애물이 있는데, 이 장애물을 뚫고 위로 올라가야 한다. 당신이 어떤 상황에 대해 불평한다면 주변 사람들의 동조를 얻어내고 같이 불평할 수도 있기 때문이다. 이는 문제 해결에 아무런 도움이 되지 못한다. 대신 그 문제를 해결했을 때 어떤 상황이 올 것인가를 먼저 상상하고, 그 방향으로 이루어질 수 있도록 나아가는 것이 훨씬 중요하다. 다른 사람을 주체로 두지 말고 나 자신을 주체로 설정해야 그 문제를 진정으로 해결할 수 있다. 마틴 루터 킹(Martin Luther King Jr.) 목사가 흑인의 인권 향상에 대해 연설하면서, "우리는 정말 끔찍한 대우를 받고 있지 않습니까?"라고 했던가? 아니다. 그는 "제겐 꿈이 있습니다"로 시작하는 연설을 했고, 그 연설은 반세기가 지난 지금까지도 사람들의 심금을 울리고 있다. 그는 가진 것에 대해 불평하는 대신 자신이 가진 인종차별 없는 세상에 대한 꿈을 사람들에게 심어주었다.

미국의 토크 여왕 오프라 윈프리는 이렇게 말했다.

"불평하지 않는 법을 배우면서 내가 진정 원하는 것이 무엇인지 알게 되었다."

또 투데이 쇼에서는 "당신의 삶에서 필요치 않은 불평을 끊는 가장 효과적인 방법이다"라고 했다.

강의를 마치고 아주 늦게 집에 들어와 보니 막내 아이가 쓴 편지가 놓여 있었다.

'사랑하는 아빠, 저 막내예요. 항상 아빠의 따뜻한 보살핌 덕분에 지금까지 비뚤어지지 않고 잘 자랐어요. 얼마 전 뮤지컬 공연에서 좋은 성과를 올려 큰 상을 받아서 감사의 마음을 담아 아빠께 편지 드립니

다. 저를 뮤지컬 배우로서 입문하게 해주신 아빠가 그 당시 너무 미웠고 불만이 너무 많았습니다. 이제 와서 생각 하니 아~, 내가 지금까지 행복에 겨운 불평불만을 하고 살았구나 하는 생각이 들어요. 아빠 죄송해요. 그런데 이렇게 막상 뮤지컬 배우가 되고나니 아빠의 고마움을 이제 알 것 같아요. 감사합니다.'

누구에게나 역경과 시련이 있다. 그런데 나만 힘들다고, 가난하다고 생각하면 그 순간부터 불행해진다. 미움과 원망이 잔뜩 똬리를 틀고 있는데 무슨 일이 즐겁겠는가? 세상을 비관적으로 바라보는데 어떻게 행복이 찾아들겠는가? 불평불만을 한다고 해결책이 있는 것은 절대 아니다. 끄집어낼수록 서운한 일들이 꼬리를 무는 게 불평불만이다.

나 역시 세상의 온갖 것들이 불평불만이던 시절이 있었다. 하지만 행복은 멀리 있는 파랑새가 아니었다. 작고 사소한 일들에서 행복을 찾아야 인생살이가 즐겁다는 걸 알았기 때문에 행복 강의를 하러 다닌다. 그렇게 살아보니 점점 내 주변의 인간관계가 넓혀지고 모든 것들이 사랑스러워진다.

행복은 만족에서 오고, 불행은 불만에서 온다. 모든 일에 불평과 불만으로 대하는 사람은 가장 불행한 사람이다. 불평과 불만은 자기 열등감의 표현이며, 자기 부정의 표현이다. 당신이 진정 행복하기를 원한다면 한번만 주어진 소중한 내 인생을 긍정과 감사로 보낼 수 있어야 한다. 불평과 불만은 행복을 파괴하는 무서운 적이다.

어느 중년 사내의 신체 기관들이 모여 심각한 회의를 하고 있었다. 맨 먼저 시커먼 폐가 입을 열었다.

"의장님, 전 도대체 더는 못 살겠습니다. 이 남자는 하루에 담배를 두 갑씩 핍니다. 제 혈색을 보세요."

그러자 지방이 가득 낀 간이 말했다.

"그건 별거 아닙니다. 저에게 끼어 있는 지방들 좀 보세요. 전 이제 지방간이 되었습니다."

그랬더니 이번에는 축 처진 위가 말했다.

"전 밥을 안 먹다가, 또 급하게 많이 먹다가 해서 위하수증에 걸렸어요."

그때였다. 저쪽 사타구니 아래서 누군가가 궁시렁 거리며 입을 열었다.

"저는 제발 며칠에 한 번만이라도 설 수 있으면 원이 없겠습니다."

물론 웃자고 하는 소리지만 불평불만이란 이렇게 끝도 한도 없다는 말이다.

## 톱스휴게소

### [못 생긴 남자의 설움]

다리에 털 많은 잘 생긴 남자가 반바지를 입고가면 = 어쩜 저리 남자다울까?

다리에 털 많은 못 생긴 남자가 반바지를 입고가면 = 저게 사람이야? 원숭이 새끼지!

잘 생긴 남자가 혼자 커피숍에 앉아 있으면 = 와~낭만적! 애인과 헤어졌나봐 나쁜 년!

못 생긴 남자가 혼자 커피숍에 앉아 있으면 = 짜식, 왕따 당했군!

잘 생긴 남자가 지나가다 한 번 웃어주면 = 친구한테 일일이 전화 걸어 자랑한다.

못 생긴 남자가 지나가다 씨익 웃어주면 = 에이 재수 없어, 변태라고 신고해버린다!

# 배려는 행복의 원천이다

나는 아침에 일어나 거울을 보면서 이렇게 외친다.

"당신 덕분이예요."

"당신이 나보다 나아요."

"당신은 참 행복해 보이네요."

"당신은 훌륭하십니다."

"당신은 역시 최고예요."

이런 말을 반복하면 마치 내가 그렇게 된 사람처럼 기분이 좋다. 그렇다. 져주는 사람이 이기는 것이다. 겸손하고 남을 배려할 줄 아는 사람이 이기는 것이다.

내가 구청에서 주민을 위한 강연을 할 때였다.

점심시간에 식당에서 특별메뉴로 돈까스가 나왔다. 식사를 하고 있는데 잠시 후 여자 2명과 남자 1명이 식권을 내면서 음식을 가져가는데 가만히 보니 몸짓이 좀 이상했다. 머리와 팔이 심하게 흔들렸다. 지체부자유 장애인들이었다. 저 장애인들이 몸이 불편한데 오늘 왜 왔을까? 고기 한 점을 먹기에도 힘겨워 보였는데 나름대로 식사법이 있었다. 몸이 더 불편한 한 사람을 위해 나머지 두 사람이 번갈아가며 고기를 먹여주기도 하고 물을 마시게 해 주었다. 옆의 사람들은 아무 생각 없이 즐겁게 웃으며 식사를 하고 있었다. 식사를 마친 뒤 그들은 서로의 손을 꼭 잡고서 금방이라도 넘어질 것 같은 불편한 몸을 서로 의지하면서 기대어 아름다운 모습으로 걸어가고 있었다.

지금 당신의 삶을 되돌아보라. 불행이 닥치기 전까지는 당신이 행복한 삶을 살았는지 모른다. 친구의 소중함도 마찬가지다. 당신의 곁을 떠나고 없어질 때까지 친구에게 배려하지 않았기 때문이다. 우정이 깊으면 말하지 않아도 서로의 마음을 알 수가 있다. 우정이 오래 가려면 먼저 당신이 친구 말에 귀를 기울여주고 배려할 줄 알아야 한다.

우정이 아주 두터운 A와 B라는 두 친구가 있었다. 어느 날 한 친구가 다른 친구를 찾아와 하소연을 했다.

"에이, 이 나이에 이게 뭐야. 난 집사람하고 도저히 못 살겠어. 이혼하기로 결심했어."

B가 말했다.

"아니 도대체 부인이 뭘 잘못했는데 이혼해. 바람이라도 피웠어?"

이 말을 들은 친구는 "참 기가 막혀서! 차라리 그러면 낫겠다."

"집사람은 항상 속이 얼음같이 차고, 무뚝뚝하고, 인정도 없고, 집에 들어가면 인사도 하지 않고, 남자 자존심 상하는 말만 하고, 썰렁하고, 이젠 지겨워서 못 살겠어. 지금까지 살면서 위로 한 번 받아본 적도 없고, 사사건건 간섭이나 하고, 정말 지긋지긋해."

B는 A 친구에게 이렇게 말해줬다.

"야~! 정말 지긋지긋한 여자군. 부인이 너무 심하다. 친구, 좋은 수가 있네. 부인한테 고통당한 걸 복수하는 방법은 오늘 집에 갈 때 장미꽃 몇 송이를 사들고 가서 환한 미소로 집사람이 정말 예쁘다고 칭찬해 주게. 이렇게 한 달만 하고 바로 그때 이혼을 하게나. 자네 부인이 얼마나 황당하고 괴롭겠는가?"

한 달이 지난 후 이혼하려던 친구가 찾아와서 이렇게 말했다.

"알고 보니 똑같은 말을 우리 집사람에게도 했더군. 아무튼 나는 자네가 시키는 대로 해서 지금 집사람하고 행복하게 잘 살고 있다네. 고맙네, 친구."

이처럼 배우자가 미워질 때 웃음으로 배려하면 더욱 정이 깊어진다.

여기서 한 번 웃고 넘어가자.

어느 날 친구 집에 놀러갔는데 친구 부인이 저녁을 먹고 가라고 했다. 그런데 부인이 밥에다 코를 빠뜨리는 것이 아닌가! 나는 모른 척하고 앉았다가 바쁜 일이 있어 가보겠노라 하고 일어섰다. 다음에 놀러 갔더니 친구 부인이 식혜를 한 사발 주었다. 웬 식혜냐고 했더니 그때 내가 밥을 안 먹고 가서 그 밥으로 식혜를 했다는 것이다.

물론 웃자고 하는 소리지만 상대의 배려를 무시하면 안 된다는 뜻이기도 하다. 배려란 물질로 하는 배려보다 마음의 배려가 진짜 배려이다.

비 오는 날 5살 된 꼬마가 "아저씨, 우산 같이 쓰고 가세요." 이것이 진짜 배려인 것이다.^^

아들이 술을 마시고 집에 들어왔다.

"아이고~, 우리 아들 술 마시고 왔구나. 그럴 줄 알고 아빠가 꿀물 타 놓고 기다렸지. 그런데 너무 많이 마시진 말어. 더구나 넌 지금 중3이잖아!"

이 말은 배려하는 마음이 너무 깊은 어느 아버지의 말이다.

내가 겪은 강사님 가운데 가장 존경하고 싶은 분이라면 절실한 기독교 신자이신 이보규 강사님이다. 그는 정말 어려운 곳에 가서 무료강의를 많이 해 주시는 배려 깊은 강사님이시다. 연세가 많으신 데도 불구하고 열심히 활동하신다.

이 세상을 가장 아름답게 하는 것은 경쟁이 아니라 배려이다. 또한 일을 즐기며 배려하는 사람만이 행복의 원동력을 가지게 되는 것이다.

내가 강의할 때도 마찬가지다. 어느 곳에 가면 청중들의 박수소리도 유별나게 크고 호탕하게 웃어주는 것 또한, 청중들의 배려하는 마음에서 우러나온다고 본다.

오늘 바로 내 앞에 있는 사람에게 말을 걸어보자.

"당신은 돈복이 있어 보이네요."

"당신은 나보다 나아 보이네요."

"당신은 참 아름다워 보여요."

톡소휴게소

어느 날 만득이가 기분 좋게 티코를 타고 드라이브를 즐겼다.
그런데 옆에서 그랜저를 탄 친구가 비웃었다.
"만득아, 그 깍두기 같은 차 티코 얼마 줬냐?"
화가 난 만득이가 한마디 했다.
"야 인마. 벤츠 사니까 덤으로 끼워주드라."
"그런데 그 쪼그만 차가 왜 그렇게 잘 달리냐?"
만득이가 말했다.
"빨리 달린 게 아니라 바람에 날려서 왔다, 왜!"

# 행복한 사람은 표정과 경청을 잘한다

눈은 무언의 메시지를 전하는 신비의 신체 기관이다. 미소 가득한 눈빛으로 1, 2초간 상대를 지긋이 바라보라. 특히, 사랑하는 아내와 남편 그리고 자녀가 말했을 때 상대가 말한 것이 너무 기분이 좋다는 표정으로 바라보아 주면 그것처럼 상대가 기분 좋은 것은 없을 것이다. 어떠한 미사여구보다도 더 빠르고 정확하게 당신의 마음을 상대방에게 전달시킬 수 있을 것이다. 행복의 열쇠는 바로 대화다. 그러나 대부분의 사람들이 이렇게 하지 않는 게 현실이다. 시선을 어디다 둘지 몰라 어색해서 서로 모르는 척한다. 그리고 상대가 한 말이 마음에 들지 않는다는 태도를 취한다. 이것이 바로 불행의 원인인 것이다. 항상 밝은 표정과 따뜻한 눈빛의 시선은 마음의 표현이다. 우리나라 사람들은 예로부터 남의 눈을 똑바로 쳐다보는 것에 그리 익숙하지 않다. 그러다 보니 시선을 마주치는 데도 몹시 서툴다. 반면 서양인들은 처음 만난 상대일수록 망설임 없이 눈을 똑바로 보고, 대화를 하는 중에도 상대의 눈을 정면으로 마주보며 이야기한다. '바라본다는 것은 자신의 의사를 나타내는 것이다. 나는 당신에게 마음을 두고 있다는 일종의 사인이다. 그러나 자기를 표현하는 데 서툴다 보면 상대를 제대로 바라보기가 어려워진다. 따라서 상대의 눈을 바라보는 게 중요하다는 것을 잘 알면서도 행동으로 실천하지 못한다. 하지만 눈을 마주치는 것이 어렵게 느껴지더라도 다음에서 설명하는 두 가지의 눈 마주치는 방법을 살펴보고 몇 번 연습을 해보면 자연스럽게 해낼 수 있다.

우선 상대보다 1초 길게 눈을 바라보라. 매일 아침 회사에 나와서 "안녕하십니까?"라고 인사할 때 상대보다 1초 정도 길게 눈을 바라보자. 이것은 타인의 눈길을 피하지 않는 연습이다. 처음에는 어색하고 신경이 쓰이겠지만 노력하다 보면 차츰 상대의 눈을 똑바로 바라볼 수 있고, 자신의 시선에 힘이 실리는 것을 느낄 수 있을 것이다.

"천국에 혼자 산다면 그보다 더 큰 고통은 없으리라." – 괴테. 가까운 사람일수록 대화가 필요하다. 그러나 내가 상대에 대해 잘 알고 있고, 상대 또한 나에 대해 잘 알고 있다는 안이한 착각에 빠지게 되면 커뮤니케이션에 무심해지면서 대화가 부족해지기 쉽다.

부부는 한 지붕 아래에서 같은 공간을 공유하면서 살아가는, 세상에서 가장 가까운 사람들이다. 그러나 같은 공간에서 함께 지내는 것만으로는 부족하다. 사랑하는 사람과 함께 산다는 것만으로도 삶의 자극은 매우 크겠지만, 오랜 시간 함께 지내다보면 인사말도 그저 습관이 되어 말 속에 묻어나는 애틋함은 줄어들기 마련이다. 그러나 가까운 사이라고 예의에 어긋날 만큼 허물없는 태도를 보이는 것은 좋지 않다. 꼬치꼬치 캐묻거나 간섭하지 말아야 하며, 상대방에 대해 미리 단정 짓지 말고 상대의 영역을 인정해주는 태도가 필요하다.

인간이 서로 어울려 살다 보면 자신이 상처를 입더라도 상대방을 위해 자신의 속마음을 보여야 할 때도 있다. 그렇게 부딪쳐서 관계가 깨어질지 아니면 반대로 깊어질지는 직접 이야기해 보지 않고서는 모르는 것이다. 참된 선량함이란 마냥 다가가지 않고 그냥 거리를 두는 것만은 아니다. 상대방에게 필요하면 자신이 상처를 입더라고 거침없이 상대의 인격을 높여주는 조심성 있는 말 한마디가 중요할 것이다. 그 것이야말로 행복으로 가는 지름길인 것이다. 사람은 누구나 '어떻게 하면 말을 잘할까, 어떻게 하면 재치 있게 사람들을 이끌까' 하는 궁리를 하게 된다. 대부분의 사람들이 쉽게 빠지는 함정이 바로 이 부분이다. 사람들 앞에 나가서 어떻게 하면 이야기를 잘할 것인가 하는 생각에만 골몰하느라 남의 연설은 귀에도 들어오지 않는다. 그런 사람일수록 연단에 올라서면 어설픈 이야기만 하다가 내려오고 만다. 대화도 마찬가지이다. 남의 이야기를 잘 들으면 나도 이야기하기가 쉬워진다. 남의 이야기를 귀 기울여 들으면 거기서 많은 것을 배울 수 있다. 잘하면 잘하는 대로, 못하면 못하는 대로 간접 경험의 사례가 되는 것이다. 남의 말을 들어주는 것도 일종의 표현이다. '듣기'도 커뮤니케이션이다. 특히, 가장 중요한 것은 가정이다. 부부끼리 부모와 자녀 사이에서 아무 표정 없이, 아무 반응도 보이지 않은 채 그저 듣기만 한다면 '나는 아무튼 귀를 열어 놓을 테니 너는 말해라' 라고 선언하는 것이나 마찬가지이다.

대화에서 가장 중요한 것은 상대방의 인격을 높여주는 경청이다.

'코미디언을 죽이는 데 칼은 필요 없다. 하품 한 번이면 족하다.'

듣기는 이야기하는 사람에게 강력한 영향력을 미친다. 어떻게 들어주느냐에 따라 말하는 사람을 살릴 수도, 죽일 수도 있다는 점에 주목하라. 내가 정말 행복하게 살고 싶다면 우선 느긋한 마음으로 즐겁게 상대의 말을 듣는 습관이 필요하다. 내가 이야기를 시작하면 갑자기 정색을 하고 자세를 바로잡으며 귀를 쫑긋 세우는 사람이 있다. 이렇게 정색을 하고 무언가를 간절히 바라는 표정으로 바라보는 사람 앞에서 이야기하기란 쉬운 일이 아니다. 말하는 사람이 마음 편히 이야기하게 하려면, 그 이야기를 듣게 된 게 즐겁다는 표정으로 마음을 열고 들어주어야 한다.

많은 사람들이 이런 말을 한다. "남들은 모두 행복한데 난 왜 이렇게 불행해요." "내 남편이 내 아내가 왜 날 싫어하지요?" 우리가 이야기를 하다보면 내가 애써 하는 이야기를 들으면서 아무 소리도 없이 이따금 고개만 까딱거리는 사람이 있다. 이럴 때 이야기하는 사람의 입장에서는, 상대가 정말 자신의 얘기를 알아들었는지 의심스럽다. "저도 그 심정 이해해요." "바로 그렇죠." 이와 같이 맞장구를 치며 들어주는 사람이 있다면 화자는 한결 흥겨운 기분으로 쉽게 얘기를 풀어나갈 수 있다. 맞장구는 상대의 이야기 가락에 맞추어 흥을 돋워주기 위해 적절하게 질러 주는 일종의 추임새인 것이다.

대화는 이야기하기와 듣기가 균형 있게 이루어지도록 하는 것이 가장 현명하다. 상대에게 관심과 흥미를 가지고 상대방 중심으로 이야기를 주고받으면 이건 사실 그리 어려울 게 없다. 대화가 즐겁게 이어지기 위해서는 상대방의 이야기를 화제로 삼고 내 이야기로 그 흐름을 막지 않는 것이 중요하다. 우선 자신의 듣는 방식에 어떤 문제가 있는지 스스로 살펴보자. '나는 어떤 식으로 남의 이야기를 들어

주는가?' '내가 이야기를 들어주는 방식에 상대가 어떤 영향을 받는가?' '어떤 식으로 들어주는 것이 가장 바람직한가?' 이러한 항목에 대해 스스로 반성하다 보면 당신의 듣는 방식에 대한 문제점을 해결할 수 있을 것이다.

인간은 누구나 자신의 의견을 펼칠 권리가 있다. 그러나 문제는 의견을 말하는 것 자체가 아니라 '의견을 말하는 방식'에 있다. 인간은 이성만으로 대화를 나누지 않는다. 인간은 감정에 많이 의존하기 때문에 감정을 잘못 건드리면 이성은 온데간데없이 사라지고, 격한 감정만이 남아 더 이상의 대화가 불가능해진다.

따라서 자신의 의견을 내세울 때에는 상대의 '감정'이나 '기분'에 대한 배려가 무엇보다 소중한 것이다.

이를 위해 자신의 감정을 되새겨 무심코 던지는 말 한마디라도 신중하게 생각하면서 내뱉어야 하고, 상대의 의견을 인정하면서 이야기를 풀어나가는 습관을 가져야 한다. 화기애애한 분위기를 만들 수 있는 자신만의 표현을 익혀두거나 단 한마디의 말로 누군가를 행복하게 해 줄 수 있는 유머도 적절히 활용하면 큰 도움이 될 것이다.

## 톡톡튀기소

친구 1 : 벙어리가 슈퍼에 가서 칫솔을 달래려면 어떻게 해야 하지?

친구 2 : (이 닦는 시늉을 하며) 이렇게 하면 되지.

친구 1 : 그럼 장님이 슈퍼에 가서 지팡이를 달래려면 어떻게 해야 하지?

친구 2 : (지팡이 짚는 시늉을 하며) 이렇게 하면 되지.

친구 1 : 하하하! 또라이야, 장님은 말할 수 있어.

# 행복한 세일즈맨

나는 어린 구두닦이 시절에 이 다음에 어른이 되면 꼭 성공해서 행복하게 살겠다는 목표를 분명히 가지고 생활을 했다. 인맥을 넓히기 위해서 자꾸 다른 사람을 만났다. 그러던 중 또 새로운 일을 한번 해보고 싶어서 1967년 17살, 어느 아동 동화책을 만드는 출판사에 영업 세일즈맨으로 뛰어들었다.

사장님이 별볼일 없다는 눈치로 나에게 물었다.

"책을 팔아본 경험은 있는가?"

나는 책 팔아본 경험은 없어도 사람들을 웃기는 재주가 있다고 했더니, 그럼 한 번 웃겨 보라는 것이다. 열과 성을 다해 10분 정도를 소비했다. 사장님이 무척 재미있어 하시며 "그만, 그만! 그만 웃겨. 됐어, 됐어! 자네 정도라면 경험은 없어도 영업은 잘할 수 있을 거야." 흡족해 하시며 판매를 허락해 주셨다.

나는 영업을 하면서 단 한 번도 남 앞에서 허리를 굽히지 않았다. 뚜렷한 목표를 가지고 살았기 때문이다.

가령 어느 회사 사무실에 책을 팔러 가면 내가 세일즈맨인 것은 사실이지만, 먼 훗날 10년, 20년 후에 이 회사의 사장은 나라고 생각했다. 또한 내가 돈을 쫓아 다니면 안 된다 생각하며, 돈이 나를 쫓아 다닐 수 있도록 연구했다.

그러니 그렇게 하려면 내가 재미있는 사람이 되어야 한다는 것을 알았다.

내가 재미있으면 나에게 사람도 모여들고 돈도 따르는 것이다. 너무 돈돈 하면 돈도 도망을 간다.

나는 난생 처음으로 세일즈 가방을 들고 회사를 나섰다.

처음에는 어디에 가서 팔아야 될지 몰라 경험도 쌓을 겸 아무 버스에나 올라타서 승객들에게 소리를 질렀다. 나의 무기를 이용하여 승객들의 배꼽이 빠지도록 웃기고 책 설명을 하니까 여기저기서 책을 팔아 주었다. 이런 식으로 버스마다 올라타서 책을 많이 팔았다.

책 판 돈을 가지고 회사에 들어가니까 사장님이 나를 보고 깜짝 놀라셨다.

"아니, 자네같이 어린 사람이 첫날부터 이렇게 책을 많이 팔다니, 정말 놀라워! 자네는 얼음 물속에 빠져도, 절벽 끝에 세워 놔도 살아 날 사람이야."

첫날의 판매고로 인해 더욱 자신감이 생겼다. 그 후로 가정집, 사무실 할 것 없이 닥치는 대로 방문을 하였다. 아울러 어떻게 하면 더 많이 책을 팔 수 있나 연구를 했다.

상품이 아동서적이다 보니 대부분 아이들에게 다가가는 형태였다. 동네에 아이들이 모여 있는 곳이면 무조건 달려가 말한다.

"얘들아, 아저씨가 너희들 재미있는 거 보여 줄게."

오징어 춤(손으로 오징어 굽는 흉내), 오리 춤, 이주일 춤. 개구리 춤. 펭귄 춤 등을 추면 아이들이 재미있다고 까르륵 거린다. 이때 재빨리 책을 보여 주면서 "너희들도 이 책을 보면 이렇게 재미있는 사람이 된단다. 이걸 엄마한테 보여주지 않으련?" 하면서 책 설명서와 명함을 아이들에게 전달한다.

종일을 그렇게 지내고 회사에 들어갔더니 사장님이 내 손을 덥석 잡으시며 "여보게 성공이야, 성공! 책 주문이 여기저기서 들어온다네. 도대체 비결이 무언가?"

"비결은 없습니다. 아이들을 웃긴 거밖에요."

비결은 다름 아닌 책 주인인 아이들에게 재미있는 춤과 유머를 활용한 것이다.

세일즈란 정말 치열한 설득 싸움이다. 그렇지 않은가? 여러분은 고객이 물건을 사도록 설득하려고 한다. 반대로 고객은 자신에게 그 물건을 살 만한 경제적·시간적 여유가 없다거나 또는 그것을 필요로 하지 않다거나, 다른 곳에서 더 싼값으로 구입할 수 있다는 등의 말로 자신의 상황을 여러분에게 납득시키려고 노력한다. 하지만 여러분 중 결국 누군가는 설득에 성공할 것이다. 그렇다면 그들은 어떤 세일즈 기술을 가지고 있기에 고객을 설득할 수 있었을까? 그래서 나는 세일즈를 호떡이나 붕어빵 굽는 것과 똑같다고 생각을 했다.

제품 설명이 고객에게 무르익었을 때, 호떡이 설탕과 함께 어느 정도 익었을 때 빨리 뒤집는 것처럼 적시에 판매로 이끌어야 성공할 수 있다. 다시 말해서 타이밍을 잘 맞춰야 되는 것이다. 이것이 바로 상대를 일단 웃기는 유머활용법이다.

미국의 레이건 대통령은 미국 역사상 취임 후 더 젊어진 유일한 인물이다. 역대 대통령들은 임기 중 업무를 보면서 눈에 띄게 혈기를 잃어갔지만, 그는 더욱 활기차게 변했다.

무엇이 그를 그토록 강력한 압박감에서 벗어나게 할 수 있었을까? 가장 유력한 이유 중의 하나는 끊임없이 분출하는 유머 감각이었다. 레이건 대통령은 국무회의 도중 졸았다는 비난에 대해 다음과 같이 말했다.

"나는 회의 도중이라도 비상사태가 발생하면 반드시 깨우라고 명령을 했소!"

우리는 세일즈의 도구로 유머를 활용하여야 한다. 그리고 이 세상에는 오직 5종류의 유머만이 존재한다. 정말 그렇다. 상대를 웃게 만드는 유형은 5가지에 불과하다. 따라서 세일즈의 달인이 되고자 하는 사람은 그것이 무엇인지를 반드시 알아야 한다.

사람들을 웃게 만드는 이 5가지 유형의 유머를 이해하고 숙지하는 것은 글을 읽기 위해 알파벳을 배우는 일만큼이나 설득을 위해 중요하다.

**① 유머 유형 1 : 과장과 축소가 웃음을 자아낸다.**

사람들을 웃게 만드는 첫 번째 요소는 과장이다. 조니 카슨은 자신의 토크쇼에서 이렇게 말했다.

"뉴욕 날씨가 너무 추워서 자유의 여신상은 횃불을 치마 아래로 넣었답니다."

또 프레드 앨런은 이렇게 말했다.

"허수아비가 너무 무섭게 생겨서, 까마귀들이 옥수수 훔쳐 가는 일을 그만두었을 뿐만 아니라, 2년 전에 훔친 것까지 되돌려 주었답니다."

이것은 모두 상황을 과장하여 웃음을 유발하는 유머이다.

**② 유머 유형 2 : 말장난이 재미있는 웃음을 유발한다.**

아마 가장 널리 사용되고 있는 유머의 형태는 말장난일 것이다.

말장난이란 같은 단어이지만 문맥에 맞지 않게 사용하거나 동음이의어를 사용해 전혀 다른 의미를 부여하는 것을 뜻한다.

**③ 유머 유형 3 : 비방이 즐거운 웃음을 끌어낸다.**

세 번째 유형의 유머는 비방이다. 실제로 코미디언들은 자기 자신을 비방하면서 사람들에게 큰 즐거움을 주고 있다. 자기 자신을 비방하는 사람을 불쾌하게 여기는 사람은 아무도 없다. 케네디 대통령도 스스로를 농담의 대상으로 삼는 데 아주 능숙했다. 아버지의 돈을 가지고 상원의원 자리를 샀다는 소문에 대해 케네디는 주머니에서 전보문을 꺼내 아버지에게서 온 것이라며 소개했다. '사랑하는 내 아들에게. 필요 이상의 표는 절대 사지 말 것. 압도적으로 승리하면, 내게 엉덩이를 맞을 줄 알아!'

**④ 유머 유형 4 : 익살스러운 바보짓이 웃음을 선사한다.**

우리를 웃게 만드는 네 번째 유형의 유머는 바보짓이다. 미국의 코미디언 그루초 마르크스는 말했다. "지난밤에 내 잠옷을 입고 있는 사자를 죽였습니다. 어떻게 내 잠옷을 입을 수 있었는지 정말 궁금합니다."

사자가 잠옷을 입고 있는 모습을 상상하는 것만으로도 청중들은 즐겁다. 기존의 상식을 뛰어넘는 요소가 웃음 인자를 자극한 것이다.

**⑤ 유머 유형 5 : 기막힌 반전이 농축된 웃음을 터트린다.**

다섯 번째로 흔히 사용되는 유머의 유형은 바로 반전이다. 심각한 상황의 이야기를 하다가 갑자기 180도 다른 방향으로 이야기를 끌어가는 반전 기법은 상대에게 웃음을 유발한다. "여러분, 기뻐하십시오. 회계사들이 우리의 자금 문제에 대한 획기적인 해결책을 내놓았습니다. 그것은 바로 파산입니다."


나는 영업 마케팅 프로세일즈맨에 관한 강연을 할 때마다 청중들에게 카리스마가 무엇인지 정의해 달라고 요청하곤 하는데, 그 결과는 매우 흥미롭다. 아무도 카리스마를 정확하게 정의하지 못하기 때문이다. 사람들은 카리스마가 넘치는 사람을 보면 그 즉시 알아본다. 하지만 카리스마가 무엇인지는 정의하지 못한다. 무엇인가를 정의하기가 힘들다면 정반대의 것을 상상해 보라. 그 일은 훨씬 쉽다. 따라서 카리스마와 반대되는 성향들에는 어떤 것들이 있는지 떠올려보자.

최고의 유머 감각을 갖춰라. 카리스마의 중요한 자질 중 하나가 유머 감각이다. 도대체 카리스마와 유머는 어떤 관계가 있는 것일까? 카리스마는 고객을 내가 원하는 방향대로 이끄는 핵심 요소이며, 유머는 카리스마를 받치는 기둥 중 하나이다. 이 말이 와 닿지 않는다면, 뒤집어서 생각해 보길 바란다. 강력한 카리스마를 갖춘 인물 중 유머 감각이 결여된 사람이 있었던가?

“웃음이 사라진 세상은 너무 각박하지 않느냐”는 그는 자신은 아이들의 얼굴에서 웃음을 찾는다며 휴대폰 사진첩에 담긴 아이들을 보고 파안대소한다. 그러면서 그는 “언제라도 웃을 수 있는 자세, 남을 웃길 수 있는 능력을 키워야 한다”고 말했다.

‘유머는 이제 단지 삶의 윤활유가 아니라 경제적 능력’이라는 게 그의 철학인 듯했다.

# 세일즈의 성공 비법은 유머다

미국의 부시 전 대통령 취임 당시에 의원 한 사람이 부시에게 내 친구들이 각하에게 상당히 불만이 많다고 털어놓자, 부시는 이렇게 말했다. "그럼 친구를 바꾸세요."

이처럼 그때그때 상황에 따라서 유머를 활용하면 상당한 효과를 얻을 수 있다.

미국 사회를 웃음으로 사로잡은 한국 여성이 있다.

재미 기업인이자 전문 연설가로 활동 중인 진수 테리.

미국을 대표하는 100대 여성 기업인 가운데 한 명, 소수민족을 위한 국제무역 공로상 수상, ABC 방송 선정 올해의 아시안 지도자 등의 화려한 이력이 오늘날 그녀의 성공을 말해준다. 샌프란시스코시는 급기야 이 놀라운 여성의 이름을 딴 '진수 테리의 날' (매년 7월 10일)까지 지정했다. 동양인에 여성, 그리고 서툰 영어로 미국 사회에서 성공할 수 있었던 비결을 묻자, 진수 테리는 안 그래도 작은 눈을 더욱 가늘게 만들며 "하하하하~" 웃어 보인다.

그녀가 말하는 자신의 성공 비결은 바로 이 '웃음.' 그는 그렇게 어느 누구도 흉내낼 수 없는 자신만의 '웃음' 으로 미국을, 세계를 손에 쥐었다.

진수 테리. 한국에선 낯선 이름이다. 하지만 미국에서, 최소한 샌프란시스코에서 그녀를 모르는 사람은 없다.

서른 살에 남편을 따라 건너간 미국에서 접시닦이로 시작해 지금은 경영전문회사 CEO가 되었다. 열정적인 마인드로 세상을 자신의 것으로 만든 여자, 진수 테리가 전하는 행복과 성공의 키워드. "동양 여자, 게다가 영어까지 서툰 제가 해냈으면 여러분도 할 수 있습니다." 웃다가 성공한 여자, 진수 테리 "성공한 삶이요? 더 재미있게, 행복하게 사는 거죠."

요즘 미국, 특히 샌프란시스코에선 진수 테리의 '웃음 경영'에 대한 강의가 인기 절정이다. 급기야 미국 정부에서도 그녀에게 즐겁게 일하는 방법을 배우겠다고 두 팔을 걷고 나섰을 정도. 미국이 이렇게 진수 테리를 주목하고 있는 이유는 그녀가 웃음으로 미국 기업들을 바꾸고 있기 때문이다.

그는 요즘 힙합 삼매경에 빠져 산다. 얼마 전 귀국해 한국의 일반시민을 대상으로 강연회를 가졌을 때에도 진수 테리는 미국의 흑인 래퍼 한 명을 서울까지 동행케 했다.

그는 강연 도중 빨간 두건을 머리에 쓰고 랩송을 선보이는 것으로도 유명하다. 그로 인해 오락적인 요소를 곁들인 새로운 장르의 강연이 생겨난 것이다.

웃다 보니 인생이 달리 보이기 시작했고, 또 웃다 보니 성공했다는 '웃음 예찬론자' 다운 아이디어가 아닐 수 없다.

 웃음을 팔러 다니는 전성기의 행복장사

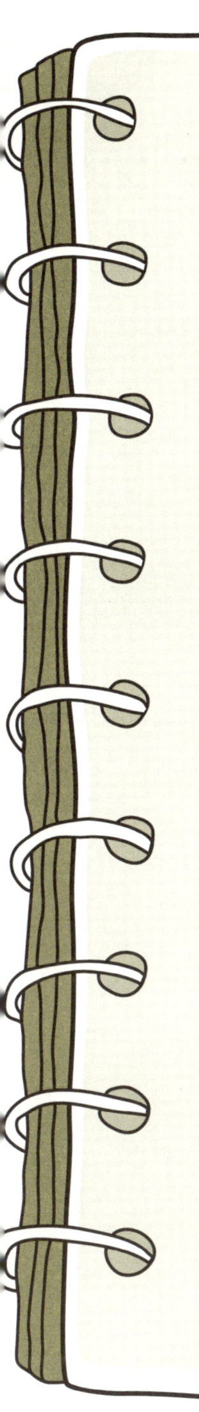



# 제8부

# 행복 만들기 작전 특별부록

- 1단계  자녀를 위한 행복워크
- 2단계  직장인 행복 만들기 작전
- 3단계  행복 만들기 작전 코너

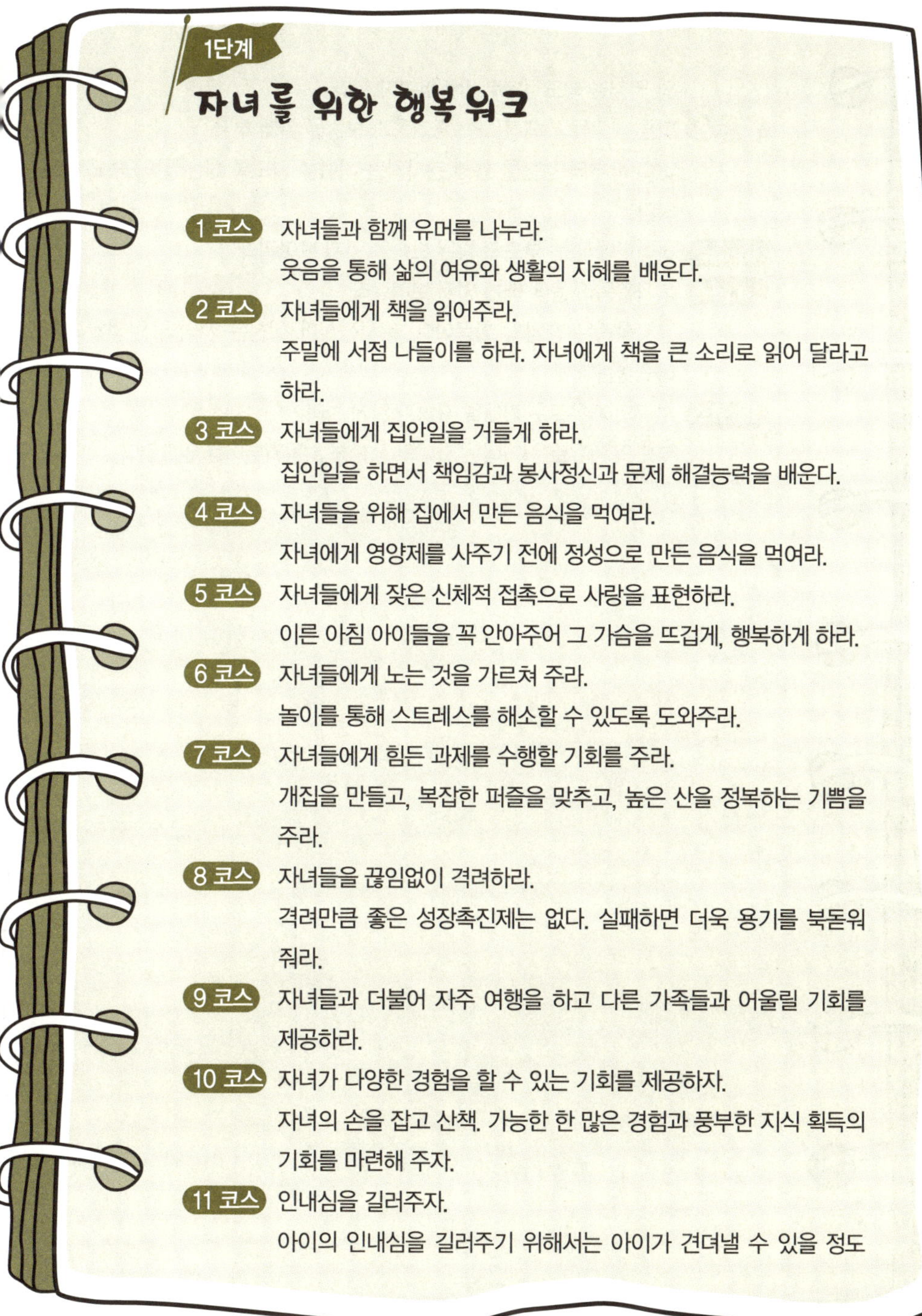



# 자녀를 위한 행복워크

**1 코스** 자녀들과 함께 유머를 나누라.

웃음을 통해 삶의 여유와 생활의 지혜를 배운다.

**2 코스** 자녀들에게 책을 읽어주라.

주말에 서점 나들이를 하라. 자녀에게 책을 큰 소리로 읽어 달라고 하라.

**3 코스** 자녀들에게 집안일을 거들게 하라.

집안일을 하면서 책임감과 봉사정신과 문제 해결능력을 배운다.

**4 코스** 자녀들을 위해 집에서 만든 음식을 먹여라.

자녀에게 영양제를 사주기 전에 정성으로 만든 음식을 먹여라.

**5 코스** 자녀들에게 잦은 신체적 접촉으로 사랑을 표현하라.

이른 아침 아이들을 꼭 안아주어 그 가슴을 뜨겁게, 행복하게 하라.

**6 코스** 자녀들에게 노는 것을 가르쳐 주라.

놀이를 통해 스트레스를 해소할 수 있도록 도와주라.

**7 코스** 자녀들에게 힘든 과제를 수행할 기회를 주라.

개집을 만들고, 복잡한 퍼즐을 맞추고, 높은 산을 정복하는 기쁨을 주라.

**8 코스** 자녀들을 끊임없이 격려하라.

격려만큼 좋은 성장촉진제는 없다. 실패하면 더욱 용기를 북돋워 줘라.

**9 코스** 자녀들과 더불어 자주 여행을 하고 다른 가족들과 어울릴 기회를 제공하라.

**10 코스** 자녀가 다양한 경험을 할 수 있는 기회를 제공하자.

자녀의 손을 잡고 산책. 가능한 한 많은 경험과 풍부한 지식 획득의 기회를 마련해 주자.

**11 코스** 인내심을 길러주자.

아이의 인내심을 길러주기 위해서는 아이가 견뎌낼 수 있을 정도의 역경을 의도적으로 만들어줘야 한다.

**12 코스** 다른 사람을 위해 일하는 즐거움과 보람을 알게 하자.

어릴 때부터 경험을 통해 봉사하는 기쁨을 알도록 하는 일이 중요하다.

**13 코스** 하나밖에 없는 부모의 참된 모습을 먼저 보여줘라.

**14 코스** 봉사활동이 몸에 배게 먼저 보여줘라.

봉사활동은 생명의 활동이다. 봉사정신과 실천은 자녀의 인생을 바꿔놓는다.

**15 코스** 부모의 자유로운 기대를 자녀가 알게 하라.

부모의 자유로운 기대는 자녀의 생산성과 동기부여를 일으킨다.

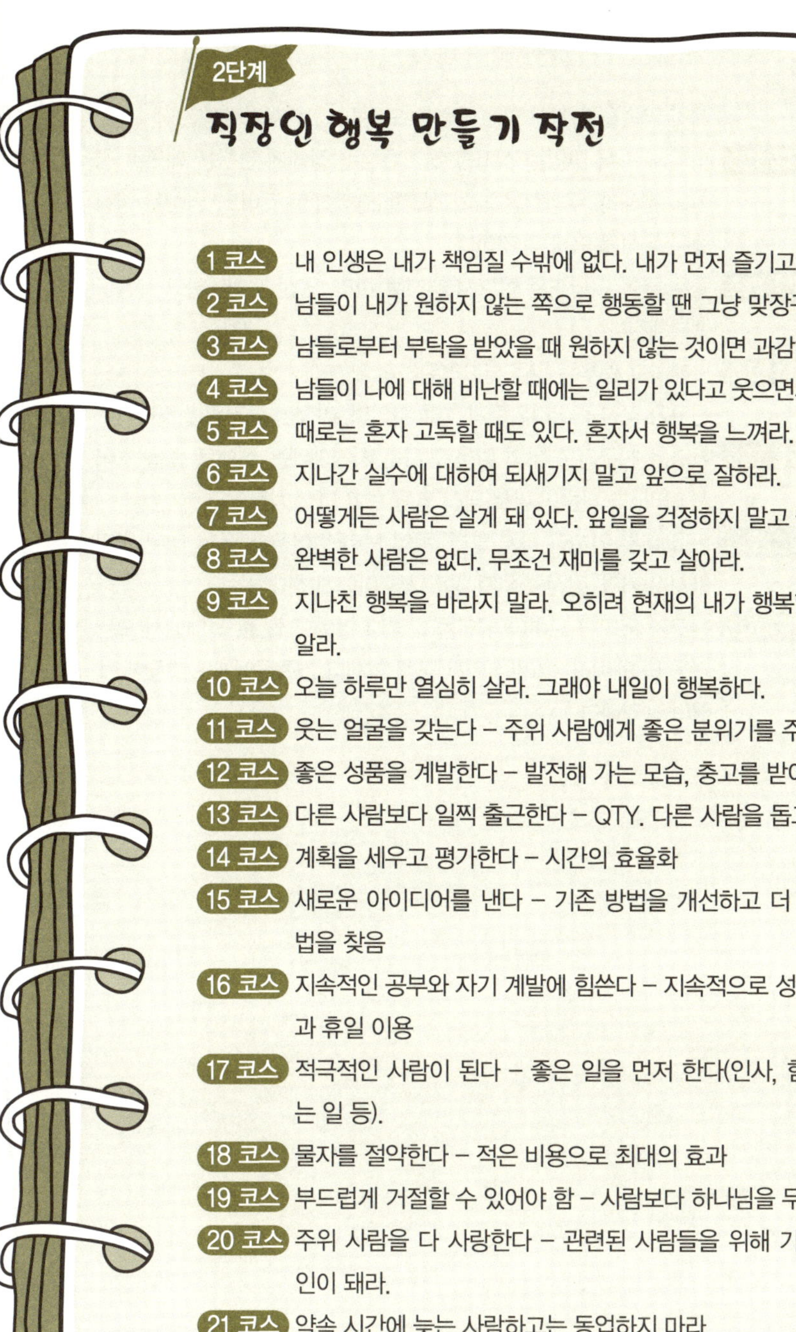

# 직장인 행복 만들기 작전

**1 코스** 내 인생은 내가 책임질 수밖에 없다. 내가 먼저 즐기고 행복하라.

**2 코스** 남들이 내가 원하지 않는 쪽으로 행동할 땐 그냥 맞장구만 쳐줘라.

**3 코스** 남들로부터 부탁을 받았을 때 원하지 않는 것이면 과감히 거절하라.

**4 코스** 남들이 나에 대해 비난할 때에는 일리가 있다고 웃으면서 수락하라.

**5 코스** 때로는 혼자 고독할 때도 있다. 혼자서 행복을 느껴라.

**6 코스** 지나간 실수에 대하여 되새기지 말고 앞으로 잘하라.

**7 코스** 어떻게든 사람은 살게 돼 있다. 앞일을 걱정하지 말고 즐겨라.

**8 코스** 완벽한 사람은 없다. 무조건 재미를 갖고 살아라.

**9 코스** 지나친 행복을 바라지 말라. 오히려 현재의 내가 행복할 수 있음을 알라.

**10 코스** 오늘 하루만 열심히 살라. 그래야 내일이 행복하다.

**11 코스** 웃는 얼굴을 갖는다 – 주위 사람에게 좋은 분위기를 주게 됨

**12 코스** 좋은 성품을 계발한다 – 발전해 가는 모습, 충고를 받아 드림

**13 코스** 다른 사람보다 일찍 출근한다 – QTY. 다른 사람을 돕고 본을 보임

**14 코스** 계획을 세우고 평가한다 – 시간의 효율화

**15 코스** 새로운 아이디어를 낸다 – 기존 방법을 개선하고 더 효과적인 방법을 찾음

**16 코스** 지속적인 공부와 자기 계발에 힘쓴다 – 지속적으로 성장한다. 아침과 휴일 이용

**17 코스** 적극적인 사람이 된다 – 좋은 일을 먼저 한다(인사, 힘든 일, 꺼리는 일 등).

**18 코스** 물자를 절약한다 – 적은 비용으로 최대의 효과

**19 코스** 부드럽게 거절할 수 있어야 함 – 사람보다 하나님을 두려워한다.

**20 코스** 주위 사람을 다 사랑한다 – 관련된 사람들을 위해 기도하는 직장인이 돼라.

**21 코스** 약속 시간에 늦는 사람하고는 동업하지 마라.

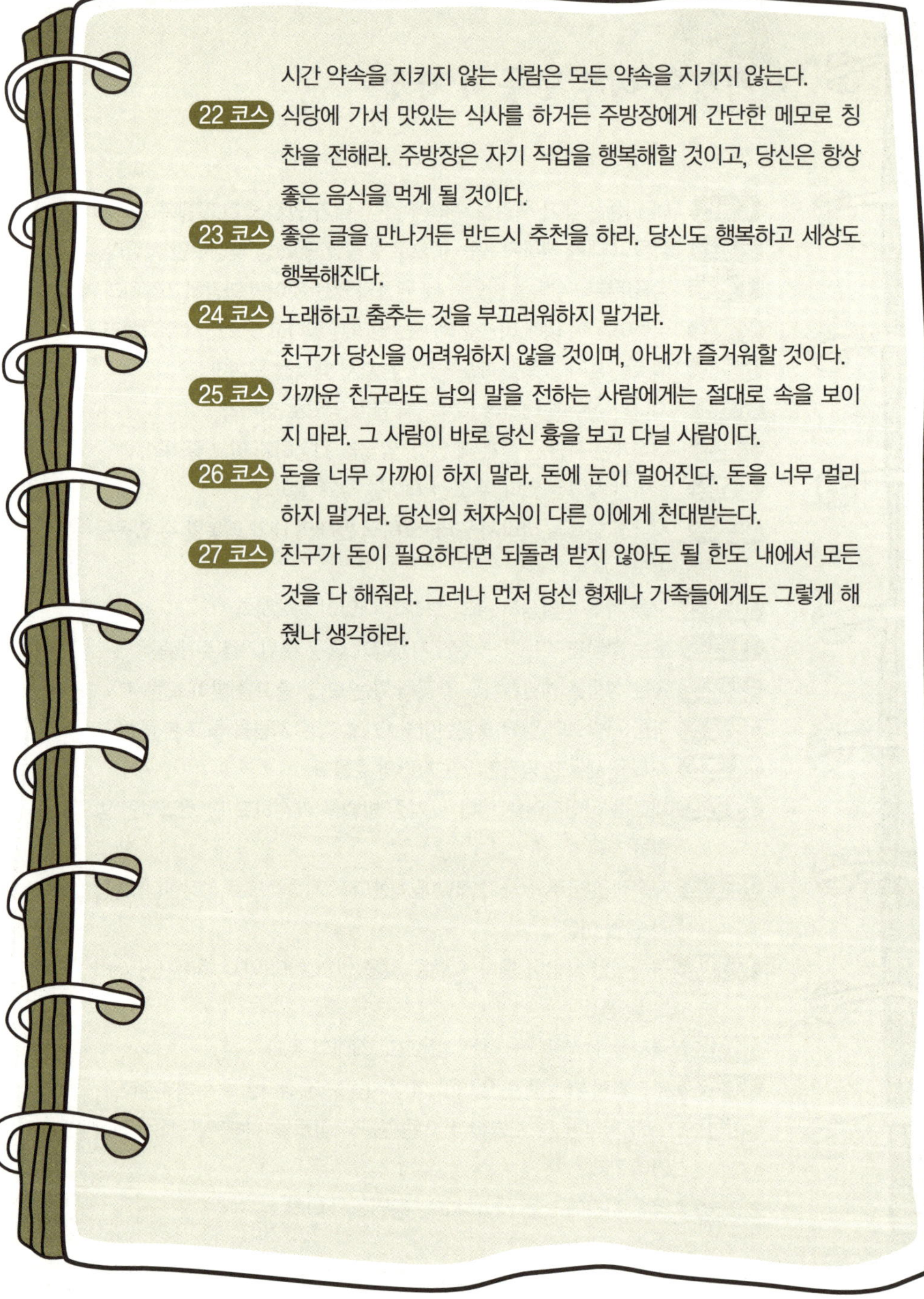

시간 약속을 지키지 않는 사람은 모든 약속을 지키지 않는다.

22 코스 식당에 가서 맛있는 식사를 하거든 주방장에게 간단한 메모로 칭찬을 전해라. 주방장은 자기 직업을 행복해할 것이고, 당신은 항상 좋은 음식을 먹게 될 것이다.

23 코스 좋은 글을 만나거든 반드시 추천을 하라. 당신도 행복하고 세상도 행복해진다.

24 코스 노래하고 춤추는 것을 부끄러워하지 말거라.
친구가 당신을 어려워하지 않을 것이며, 아내가 즐거워할 것이다.

25 코스 가까운 친구라도 남의 말을 전하는 사람에게는 절대로 속을 보이지 마라. 그 사람이 바로 당신 흉을 보고 다닐 사람이다.

26 코스 돈을 너무 가까이 하지 말라. 돈에 눈이 멀어진다. 돈을 너무 멀리 하지 말거라. 당신의 처자식이 다른 이에게 천대받는다.

27 코스 친구가 돈이 필요하다면 되돌려 받지 않아도 될 한도 내에서 모든 것을 다 해줘라. 그러나 먼저 당신 형제나 가족들에게도 그렇게 해줬나 생각하라.

# 행복 만들기 작전 코너

부부가 행복하려면 서로가 조금만 이해하고, 용서하고, 베풀면 된다. 부부싸움은 칼로 물 베기라는 말이 있다. 이 세상 끝나는 날까지 함께 영원한 동반자가 돼야 한다.

지구의 인구가 60억 명이라고 한다. 60억분의 1로 만난 것은 분명 하늘의 뜻이다.

이렇게 어렵게 만난 두 부부가 사소한 일로 말다툼하여 일생을 서로 후회하면서 사는 불행한 부부가 되지 말고, 영원이 변치 않는 원앙새가 돼야 한다.

**행복작전 1** 서로가 서로를 반드시 존중하자.
상대방의 자존심을 깎아내리는 말 한마디가 불씨가 돼서 불행한 일이 없도록 서로를 인정해주는 부부가 돼야 할 것이다.

**행복작전 2** 결혼 전과 신혼 초에 보였던 관심과 사랑이 계속 변치 않도록 노력하라.

**행복작전 3** 결혼기념일과 아내의 생일을 잊지 말라.

**행복작전 4** 평소 아내는 옷차림과 외모에 관심을 보이고, 남편은 아내의 사랑스러움을 가꾸는 정원사라는 것을 알아야 한다.

**행복작전 5** 아내가 만든 음식에 대해 말이나 행동으로 아내에 대한 감사를 표시하라.

**행복작전 6** 모든 일을 아내와 의논하고 결정하는 습관을 길러라.
결혼생활 중 행복이란 부부간의 사랑보다도 평소 부부가 얼마나 많은 대화를 나누는가에 달려 있다.

**행복작전 7** 아내의 마음에 상처를 주는 농담이나 행동을 삼가라.

**행복작전 8** 가정에 불화가 있을 때 남편은 한 걸음 아내에게 양보하라.

아내의 매력이 사랑스러움이라면 남편의 매력은 너그러움이다.

**행복작전 9** 가정 경제는 아내에게 일임하여 아내가 보람을 갖게 하라.

**행복작전 10** 아내의 개성과 취미를 존중해 주고 키워주도록 하라.

**행복작전 11** 하루에 두 번 이상 아내의 좋은 점을 발견하여 즉시 일러줌으로써 아내에게 기쁨을 주는 습관을 길러라.

**아내작전 1** 자기 자신과 가정을 아름답게 꾸밀 줄 아는 재치와 근면성을 길러라.

**아내작전 2** 음식 준비에 정성을 기울이고 남편의 식성에 유의하라.
식탁은 가정의 화목을 도모하고 대화를 나누는 친교의 광장이며, 하루의 피로를 풀고 내일을 꿈꾸는 희망의 산실이다.

**아내작전 3** 혼자만 말하지 말라.
남편에게 말할 기회를 주지 않아 부부가 충돌하는 경우가 의외로 많다.

**아내작전 4** 남들 앞에서 남편의 결점을 늘어놓거나 지나친 자랑을 하지 말라.

**아내작전 5** 남편에게 따져야 할 말이 있을 때는 그의 기분 상태를 참작하라.

**아내작전 6** 남편에게는 혼자만의 정신적인 휴식시간을 갖고 싶어 하는 심리가 있음을 잊지 말라.

**아내작전 7** 중요한 집안일을 결정할 때는 남편의 뜻에 따르라.

**아내작전 8** 남편의 수입에 맞춰 절도 있는 살림을 꾸려 나가도록 하라.

**아내작전 9** 모든 일에 참을성을 가져라.

**아내작전 10** 하루에 두 번 이상 남편의 좋은 점을 발견하고 지적해 줌으로써 남편이 기쁨과 긍지를 갖도록 하라.

서로를 격려하라. '당신 생각이 옳아요', '당신 차림이 어울려요' 라는 등 상대를 북돋우는 말을 자주 하자. 또 매일 한 끼는 함께 식사하라.

부부가 마주 앉아 정답게 식사를 하면 가족 전체의 평화도 가꿔

진다.

상대에 대한 칭찬과 고마움을 글로 나타낸다는 건 말과는 또 다른 흥분과 기쁨을 선사한다. 욕심을 줄이고 작은 일에 행복을 느낄 줄 아는 태도를 가지면 주어진 상황이 달라 보이고 스트레스가 덜 쌓인다.

### 〈부부의 날〉

5월 21일 남편은 아내에게 빨간 장미를, 아내는 남편에게 분홍 장미를 선물하는 '부부의 날'이 돌아왔다.

미혼 커플일 경우 개화가 되지 않은 못다 핀 꽃 한 송이를 선물해 마음을 표현하는 날이다.

'부부의 날'은 부부관계의 소중함을 일깨우고 화목한 가정을 일궈 나가자는 취지로 지난 2003년 국회 본회의를 거치면서 2007년 5월 2일 국가기념일로 선포됐다.

부부의 날은 가정의 달 5월에 둘(2)이 하나(1)되자'는 의미로 5월 21일로 제정됐다.

**첫째** 두 사람이 동시에 화내지 말라.
던지는 사람이 있으면 받는 사람이 있어야지 동시에 던지면 받는 사람이 없다.

**둘째** 집에서 불이 났을 때 이외에는 고함을 지르지 말라.
저쪽에서 소프라노로 나오면 이쪽에서는 베이스로 화음을 만들고, 저쪽에서 테너로 나오면 이쪽에서 알토로 화음을 만들어라.

**셋째** 눈이 있어도 그대의 흠을 보지 말 것이며, 입이 있어도 그대의 실수

를 말하지 말라. 비록 흠을 보거나 실언을 들었을지라도 사랑의 안경으로 보아라.

**넷째** 아내나 남편을 다른 사람과 비교하지 말라.

**다섯째** 아픈 곳을 긁지 말라.

상처는 싸매주는 것이지 긁는 것이 아닙니다. 지나간 일을 묻어두고 현재와 미래를 얘기하라. 함께 산다는 것은 아픈 곳을 긁는 것이 아니고, 가려운 것을 서로 긁어주는 것이다.

**여섯째** 분을 품고 잠자리에 들지 말라.

분은 기하급수적으로 늘어가는 습성이 있다. 잠들기 전에 풀어야 한다.

**일곱째** 처음 사랑을 잊지 말라.

연애 시절이나 결혼 초의 사랑을 회상하는 것은 결혼생활을 계속하는 가장 좋은 추진력이다.

**여덟째** 결코 단념하지 말라.

부부싸움은 칼로 물 베기란 속담이 있다.

**아홉째** 숨기지 말라.

숨기는 양이 많고 적음이 애정의 척도가 된다.

숨기는 것은 버릇이 되고 화근의 불씨가 된다.

**열 번째** 무조건 서로 칭찬하라.

**열한 번째** 출장이나 모임 때 부부 동반하라.

**열두 번째** 양가 부모를 동등하게 대하라(처가와 본가를 동등한 대우로).

**열세 번째** 자녀가 부모를 존중할 수 있게 하라(아이들 앞에서 잘잘못 따지면 안 됨).

**열네 번째** 부부 소풍을 자주 가라.